Johann Baptist Metz
Ein Bekenntnis zum Glauben in dieser Zeit
Band II

Johann Baptist Metz

Ein Bekenntnis zum Glauben in dieser Zeit
Vorlesungen zum Würzburger Synodendokument „Unsere Hoffnung"

Band II
Genese – Ausrichtung – Theologische Hintergrundprämissen

Bearbeitet und herausgegeben von
Johann Reikerstorfer

FREIBURG · BASEL · WIEN

© Verlag Herder GmbH, Freiburg im Breisgau 2022
Alle Rechte vorbehalten
www.herder.de
Umschlaggestaltung: Verlag Herder
Satz: Meta Systems Publishing & Printservices GmbH, Wustermark
Herstellung: CPI books GmbH, Leck

Printed in Germany

ISBN Print 978-3-451-39193-4
(Zwei Teilbände)

Inhalt

Teilband II

I. Zur Genese des Credo-Textes „Unsere Hoffnung.
Ein Bekenntnis zum Glauben in dieser Zeit":
Skizze eines Wegprotokolls 15

II. Textdokumentation

1. Unsere Hoffnung. Ein Glaubensbekenntnis in dieser Zeit
(Vorlage zur Ersten Lesung) 23

2. Johann Baptist Metz: Mündlicher Bericht
zur Ersten Lesung (8. Mai 1975) und Diskussionsbeiträge
des Berichterstatters 56

3. Johann Baptist Metz: Mündlicher Bericht zur Zweiten
Lesung (21. Nov. 1975) und Diskussionsbeiträge
des Berichterstatters 67

III. Einleitungen, Exkurse, theologische Hintergrundprämissen des Credo-Konzepts der Würzburger Synode

1. Aktuelle Einleitung: Religion und Politik 85

2. Einleitung, theologisch-biographisch 113

3. Basistheologie und wissenschaftlich-akademische
Theologie 124
   3.1 Zur Funktion wissenschaftlich-akademischer Theologie . . 124
       3.1.1 Aufspüren von Erfahrungen und Erinnerungen
          des christlichen Gedächtnisses 124
       3.1.2 Bezug neuer Praxis auf das Ganze
          des christlichen Gedächtnisses 125
       3.1.3 Interdisziplinäre Kritik und Rechtfertigung
          des Christentums 125
       3.1.4 Formen „schöpferischer"
          Theologieverweigerung 125
   3.2 Der Ansatz einer praktischen Fundamentaltheologie . . . 126

4. Vom inneren Antagonismus der Symbolwelt biblischer
Gottesrede 130

Inhalt

5. Nichts als Illusion (Projektion)? 132
5.1 Religion ohne Gott: Ludwig Feuerbach (1804–1872) ... 132
5.2 Religionskritische Strategie und die Frage nach
ihren Prämissen 133
5.3 Zur erkenntnistheoretischen Prämisse
der Projektionsthese 136
5.4 Individualistische Anthropologie? 137
5.5 Theologische Auseinandersetzung 138

6. Sitzhermeneutik und Weghermeneutik 142

7. Der apokalyptische Gott – Annäherungen 148
7.1 Hoffnung mit apokalyptischem Stachel 148
7.2 Systeme der Zeitlosigkeit 152
7.3 Theologie im Bann der Zeitlosigkeit 153
7.4 Wider den Bann der Zeitlosigkeit: Erinnerung
an die Apokalyptik 156

**8. Brot des Überlebens. Das Lebensprinzip der Religion
und die Überlebenskrise der Menschheit** 160
8.1 Die Überlebenskrise oder die gesellschaftliche
Apokalypse des herrscherlichen Lebens 160
8.2 Leben vom „Brot des Lebens" 162
8.3 Anthropologische Revolution 167
8.4 Basisgemeinden als Träger der anthropologischen
Revolution 169

**9. Hoffnung auf Reformation. Oder: die Zukunft
des Christentums in einer nachbürgerlichen Welt** 172
9.1 Von der Ersten Reformation zur Zweiten Reformation .. 172
9.2 Die Zweite Reformation 174
     *9.2.1 Anrufung der Gnade in den Sinnen –
die protestantische Spielart der Zweiten
Reformation* 174
     *9.2.2 Anrufung der Gnade in der Freiheit –
die katholische Spielart der Zweiten
Reformation* 179
     *9.2.3 Anrufung der Gnade in der Politik –
die politische Spielart der Zweiten
Reformation* 182
9.3 Träger der Zweiten Reformation 184

Inhalt 7

10. Exkurs: Nachfolge-Christologie als Weg-Christologie 188

11. Warum überhaupt Kirche? 192
  11.1 Konstitutionelle und institutionelle Kirchlichkeit 192
  11.2 Das katholische Prinzip der „Repräsentation" 199
  11.3 Institutionalisierung eines gefährlichen Gedächtnisses . . 203

12. Konsequenzen für die Zukunft der Kirche: Beharrliche
    Entfaltung zweier Konzilsimpulse 209
  12.1 Das Experiment der aufrechten Gangart – oder: Kirche
       im Horizont der Moderne 209
  12.2 Das Experiment einer kulturell polyzentrischen
       Weltkirche 214
     12.2.1 Der kirchengeschichtliche Ort und Rang
            des Aufbruchs 214
     12.2.2 Im Blick auf das Spannungsfeld „Erste Welt –
            Dritte Welt" 215
     12.2.3 Identitätsstiftende Zusammenhänge 216
     12.2.4 Reformatorischer Aufbruch? 218
     12.2.5 Herausforderungen an die europäische Kirche . . 221

13. Der theologische Grundansatz im Spiegel der Kirchenbilder:
    Leib Christi, Communio, Volk Gottes 226
  13.1 Der christologisch-christozentrische Ansatz:
       das Leib-Christi-Motiv 226
     13.1.1 Würdigung 228
     13.1.2 Gefahren und Kritik 229
  13.2 Pneumatologisch-trinitätstheologischer Ansatz
       im Kirchenverständnis: Kirche als „Communio"
       („Koinonia") 230
     13.2.1 Vorzüge und Gefahren
            des Communio-Modells 232
     13.2.2 Die Wiederentdeckung von „Communio"
            und „Receptio" (II. Vatikanum) 233
  13.3 Eschatologisch-gesellschaftskritisch: Kirche als Volk
       Gottes 235

14. Einheit, Heiligkeit, Katholizität, Apostolizität der Kirche.
    Unterwegs zu einem Paradigmenwechsel im Verständnis
    kirchlicher Kennzeichen 239
  14.1 „Einheit" (ecclesia una) 240

8 Inhalt

14.2 „Heiligkeit" (ecclesia sancta) 241
14.3 „Katholizität" (ecclesia catholica) 242
14.4 „Apostolizität" (ecclesia apostolica) 243

15. Vier Dimensionen der Ökumene heute 245
15.1 Ökumene im biblisch-messianischen Horizont – Christen
und Juden, Kirche und Synagoge 245
15.2 Ökumene im innerchristlichen Horizont – Einheit
der Christen 245
15.3 Ökumene im Horizont der Weltreligionen 247
15.4 Ökumene im Welthorizont 248

Anhang

Quellenverzeichnis 251
Abkürzungsverzeichnis 255
Personenregister 257

Inhalt 9

Teilband I

Vorwort des Herausgebers 17

Unsere Hoffnung. Ein Beschluss der Gemeinsamen Synode
der Bistümer in der Bundesrepublik Deutschland 21

Credo-Erläuterungen

I. Orientierungen zum christlichen Glaubensbekenntnis 59
   1. Zur Geschichte der Bekenntnisformeln 59
   2. Absicht und Anlage des synodalen Bekenntnistextes
     „Unsere Hoffung" 64
     2.1 Zur Absicht 64
     2.2 Zur Anlage 72
   3. Innere Struktur des Credotextes 74
   4. Theologische Leitlinien: eschatologische Orientierung,
     Theodizeefrage, intelligibler Rang der Nachfolge 75

II. Glaubensweisen 77
   1. Synoptische und paulinische Glaubensweise 79
   2. Glaube als Nachfolge in systematischer und
     korrektivischer Absicht 81
   3. Gefahr des nur „geglaubten Glaubens" 83
   4. Privatistische und rationalistische Reduktion
     des Christentums 84

III. Der Glaube der Christen 86
§ 1 Gott unserer Hoffnung 86
   1. Primat der Hoffnung mit apokalyptischem Stachel 86
   2. Gott der Geschichte 91
     2.1 Gott der Väter 95
     2.2 Gott der Religionen 104
        2.2.1 Indirekte Ökumene der Religionen 105
        2.2.2 Kritik des theologischen Religionsbegriffes . . 107
        2.2.3 Die Kritik der stillschweigenden
              Identifizierung von Christentum
              mit bürgerlicher Religion 110

§ 2 Der neuzeitlich verworfene oder totgesagte Gott 113
   1. Präargumentative Widerstände gegen das Gottesthema . . 113

1.1	*Der Protesttyp*	114
1.2	*Der Typ der Desillusionierung oder der Resignation*	115
1.3	*Der Typ der Verzweckung des Gottesgedankens*	115
2.	Argumentative Bestreitungen des Gottesgedankens	116

2.1	*Tod Gottes in der Natur*	116

2.2   Tod Gottes in der Geschichte oder die Destruktion jeglicher Theodizee 119

2.3   Die anthropologische Destruktion des Gottesgedankens 121

2.4   Die psychoanalytische Destruktion des Gottesgedankens 122

2.5   Tod Gottes in der Sprache 125

2.6   Tod Gottes in der Gesellschaft oder die ideologiekritische Destruktion des Gottesgedankens: Karl Marx und Georg W. F. Hegel 126

2.6.1   Die marxistische Religionskritik und Gotteswissen 126

2.6.2   Georg W. F. Hegel: Bürgerliche Gesellschaft als System wechselseitiger Bedürfnisbefriedigung 128

2.7   Sehnsucht und Bedürfnis 129

3.   Theologische Reaktionsweisen auf die Bestreitung des Gottesgedankens 133

3.1   Rückzug aus Bereichen, in denen der Tod Gottes proklamiert wurde 133

3.2   Preisgabe des Begriffs „Religion" 134

3.3   Konditionierung des Gottesgedankens 134

§ 3 **Leiden und Sterben Jesu Christi** 136

1.   Christologie als Nachfolge-Christologie 136

2.   Mystisch-politische Doppelstruktur der Nachfolge 138

3.   Radikaler Gehorsam als politische Menschenfreundlichkeit 139

4.   Die christologische Bedeutung der anonymen Leidensgeschichte der Welt 140

§ 4 **Auferweckung der Toten und Gericht** 142

1.   Kern der theologischen Argumentation 142

Inhalt 11

2. Die Grundstruktur der paulinischen Argumentation 146
3. Innerer Zusammenhang der Rede von der Auferweckung
   der Toten und dem Letzten Gericht 151
4. Notizen zur Semantik der Rede von Auferweckung
   und Gericht 159
5. Versuch einer gesellschaftskritischen Vermittlung
   des christlichen Auferweckungsglaubens 166

5.1 *Auferweckung und Gericht – Kategorien*
    des Widerstands gegen gesellschaftlichen
    Trauerverlust, gegen die Verhältnislosigkeit
    zu den Toten und damit auch als Versuch, den Bann
    des herrschenden Sinnlosigkeitsverdachts gegenüber
    der Trauer zu durchstoßen 166

5.2 *Auferweckungshoffnung – Kategorie des Widerstands*
    gegen ein am Haben und Besitz orientierten
    gesellschaftlichen Ideal menschlicher Identität 169

5.3 *Auferweckungsglaube – Kategorie des Widerstands*
    gegen das gesellschaftliche Ideal einer halbierten
    Gerechtigkeit 173

§ 5 Vergebung der Sünden 176
1. Schwierigkeiten mit dem Schuldbegriff 176
2. Christlicher Schuldbegriff 179

2.1 *Grenzenlosigkeit unseres Verantwortungsbereichs* .. 180
2.2 *Notwendigkeit einer Politisierung des christlichen*
    Gewissens 182
2.3 *Umkehr als Prüfstein für die Rede von der Vergebung*
    der Sünden 184
2.4 *Frage nach der theologischen Dignität*
    des politisch geprägten Schuldbegriffs: Transzendenz
    nach unten 186

3. Theorien vom Menschen als geschichtlichem Subjekt ... 190

3.1 *Bürgerlicher Idealismus: Entschuldigung*
    des Menschen als geschichtiches Subjekt
    durch Halbierung der Geschichte 193
3.2 *Historisch-dialektischer Materialismus:*
    Frage nach dem Verhältnis von Befreiungs-
    und Schuldgeschichte 193
3.3 *Positivismus: Entschuldigung des Menschen*
    durch Bestreitung seines Subjektseins 197

12 Inhalt

§ 6 Reich Gottes 200
  1. Kritische Erläuterungen zum Aufbau des einschlägigen
     Synodentextes (I.6) 200
  2. Reich-Gottes-Botschaft und Praxis der Nachfolge 203
  3. Auf dem Weg in die Moderne: Paulus – Augustinus –
     Luther 212
     *3.1 Perspektiven und Wirkungen paulinischer
     Theologie* 212
     3.2 Schwierigkeiten mit Röm 13,1–7 213
  4. Aurelius Augustinus 219
     *4.1 Die byzantinische Reichstheologie,
     eine Siegertheologie mit christlichem Vorzeichen* . . . 220
     4.2 Einseitigkeiten bei Augustinus 223
        4.2.1 Gefahr der Entgeschichtlichung
        der Eschatologie durch die Unterscheidung
        von Zeit und Ewigkeit 223
        4.2.2 Gefahr forcierter Verinnerlichung
        eschatologischer Verheißungsgehalte 223
        4.2.3 Gefahr der Identifizierung von Kirche
        und Reich Gottes 223
  5. Zu Martin Luthers Zwei-Reiche-Lehre 224
  6. Eschatologischer Glaube und Praxis der Nachfolge 228
  7. Perspektiven im Bekenntnistext 233

§ 7 Schöpfung 236
  1. Schöpfer-Gott und Erlöser-Gott 236
  2. Zustimmungsfähigkeit zur Welt 237
  3. Weltlichkeit der Welt 238
  4. Kein undialektisches Verhältnis von Ethik
     und Ästhetik 242
  5. Zwei Grundaspekte des Schöpfungsglaubens – primäre
     und sekundäre Bedrohungen des Schöpfungssinns 244
  6. Sekundäre Krisenerfahrungen des Schöpfungssinns 246
     6.1 Zur technologischen Krise 246
     6.2 Die ökologische Krise heute 250
     6.3 Die Wachstumskrise 253
  7. Primäre Krisenerfahrung 254
  8. Ansätze zu einer Zustimmung der Welt 259
     8.1 Stoizistisch-elitäre Zustimmung 259
     8.2 Dionysisches Ja zur Welt 259

Inhalt

8.3	*Prometheische Zustimmung*	260
8.4	*Biblische Zustimmung*	261
9.	Zum Sinn des Betens	261
10.	Auseinandersetzung mit der Hiob-Deutung Ernst Blochs	267
11.	Eschatologischer Schöpfungsglaube: Hoffnung auf den Gott der Lebenden und Toten	277

§ 8 Gemeinschaft der Kirche 287

1.	Die Frage nach den Subjekten	287
2.	Zwei soziologische Diagnosen: Peter L. Berger und Jürgen Habermas	291
3.	Kirche in gesellschaftlicher Entmächtigung und Minorisierung	295
4.	Theologische Reaktionen	297
5.	Erster Mut – Zweiter Mut	307

I. Zur Genese des Credo-Textes „Unsere Hoffnung. Ein Bekenntnis zum Glauben in dieser Zeit"[1]: Skizze eines Wegprotokolls

Der Beschluss des Bekenntnistextes „Unsere Hoffnung"[2] der Gemeinsamen Synode der Bistümer in der Bundesrepublik Deutschland ist das Ergebnis eines intensiven Ringens um ein Bekenntnis zum Glauben im lebensgeschichtlichen und gesellschaftlichen Kontext der 1970er Jahre.[3]

---

[1] Der Beschlusstext wird im 1. Band der offiziellen Gesamtausgabe der Synode dokumentiert: „Gemeinsame Synode der Bistümer in der Bundesrepublik Deutschland, Beschlüsse der Vollversammlung", hrsg. im Auftrag des Präsidiums der Gemeinsamen Synode der Bistümer in der Bundesrepublik Deutschland und der Deutschen Bischofskonferenz von *Ludwig Bertsch SJ / Philipp Boonen / Rudolf Hammerschmidt / Josef Homeyer / Friedrich Kronenberg, / Karl Lehmann* unter Mitarbeit von *Paul Imhof SJ*, Freiburg i. Br. – Basel – Wien 1976, 84–111. Der 2. Band dieser offiziellen Gesamtausgabe ist der „Ergänzungsband: Arbeitspapiere der Sachkommissionen", Freiburg i. Br. 1977. Er enthält auch ein Verzeichnis der Mitglieder, Berater und Organe der Synode, Register und Anhang. Zuerst erschien der Beschlusstext in Synode 4/1976, 5–22; ebenfalls als offizieller Sonderdruck in der „Heftreihe: Synodenbeschlüsse" 18, 16–43. Zum „synodalen Prinzip" in der Kirche und seinen geschichtlichen Wandlungen bis in die Gegenwart vgl. *Karl Lehmann*, „Allgemeine Einleitung", in: Band 1, a. a. O., 21–67. – Gegenwärtig sucht *Papst Franziskus* dieses „synodale Prinzip" im weltkirchlichen Paradigma wahrzunehmen, um der Einheit im Glauben in einer kulturell polyzentrischen Weltkirche den heute – im Abschied von einer eurozentrischen Kirchenperspektive – geforderten Ausdruck zu geben. So hat er einen kirchlichen Lernprozess angestoßen, der in die Weltbischofssynode 2023 münden soll. Vgl. dazu *Paul M. Zulehner*, Eine epochale Reformchance. Zum Synodalen Weg der katholischen Weltkirche, Ostfildern 2021.
[2] In der offiziellen Gesamtausgabe der Synode findet sich auch die „Einleitung" zum Credo-Text von *Theodor Schneider*, Mitglied der Sachkommission I, auf die wir uns in unserer Skizze des Wegprotokolls weithin stützen: Band 1, a. a. O., 71–84.
[3] Zu den Unterlagen der Entstehungsgeschichte des Textes in seinen einzelnen Schritten: Grundlegend ist die Vorlage zur *Ersten Lesung* (in: Synode 1, 1975, 1–16), die weiter unten in diesem Band dokumentiert wird. Leicht gekürzter Abdruck ohne den für die bundesrepublikanischen Kirche einschlägigen Teil IV: *Johann Baptist Metz*, Unsere Hoffnung. Die Kraft des Evangeliums für die Gestaltung der Zukunft, in: Concilium 11, H.12 (1975), 710–720. Metz hat die Ausführungen im Auftrag der Gemeinsamen Synode der Bistümer in der Bundesrepublik Deutschlands für die Sachkommission I (Glaubensfragen) entworfen und in den internationalen Concilium-Sprachen veröffentlicht. Der Text wurde zum ersten Mal im Januar 1974 in der Gesamtkommission diskutiert und in seinem Grundkonzept gutgeheißen. Vgl. auch den dazugehörenden Kommissionsbericht zur Vorlage „Unsere Hoffnung. Ein Glaubensbekenntnis in dieser Zeit" (Erste Lesung): Synode 2/1975, 59–64. – Der Text der Vorlage für die *Zweite Lesung* (in: Synode 6/1975, 9–25) wird in seinen Korrekturen und Veränderungen gegenüber dem Text der Ersten Lesung von uns berücksichtigt (eingearbeitet in den Anmerkungsteil der hier dokumentierten Vorlage zur Ersten Lesung). Es liegen

16 I. Zur Genese des Credo-Textes

Dieser Text sucht die „praktische Sinnkraft des Glaubens", die tröstende und provozierende, die befreiende und kritisch-verändernde Kraft unserer Hoffnung im Heute aufzudecken und zugänglich zu machen.[4] Die zeugnishafte Selbstdarstellung des christlichen Glaubens zielt nicht auf eine Interpretation von subjektlosen Inhalten und Ideen, sondern auf die Erläuterung und Anrufung einer Praxis, die in die Lebenswelt eingreift und so praktisch-kommunikative Authentizität gewinnt. Deshalb erfordert die methodische Eigenart dieses Zugangs eine offene, eine ausdrücklich kritische Auseinandersetzung mit gesellschaftlichen Grund- und Gegenerfahrungen, die für viele eine Zusammenführung von Glaubens- und Lebenswelt gefährden oder überhaupt verhindern.

In der konstituierenden Sitzung der Synode im Januar 1971 waren der Sachkommission I unter dem Titel „Glaubenssituation und Verkündigung" eine Reihe thematischer Aufgaben zugewiesen worden. Zum Themenkatalog gehörten auch die grundlegenden Fragen nach der Einstufung der Glaubenssituation heute und entsprechend auch hinsichtlich der inhaltlichen Schwerpunkte der Verkündigung. Diese als dringliche Aufgabe der Synode angesehenen Herausforderungen bestätigten auch die im Auftrag der Deutschen Bischofskonferenz erfolgten Umfragen vor und während der Synode.[5] Die *Glaubensnot* in der heutigen Lebenswelt wurde als besonders bedrängend und unumgehbar empfunden. „Die Dringlichkeit dieser Aufgabe spitzt sich zu in dem Maße, wie nicht nur Einzelaspekte des Glaubens in Frage stehen, sondern seine Grundinhalte insgesamt und seine Sinnhaftigkeit selber verdunkelt und angefochten erscheinen."[6]

---

auch die Stellungnahmen der Deutschen Bischofskonferenz zur Vorlage der Ersten Lesung (Synode 3/1975, 9 f.) und zur Zweiten Lesung (Synode 7/1975, 33–35) vor. Sehr aufschlussreich für die Entstehungsgeschichte sind die Protokolle der 7. Vollversammlung vom 7.–11. Mai 1975 (TOP 3, 11–46) und der 8. Vollversammlung der Gemeinsamen Synode vom 18.–23 Nov. 1975 (TOP 9, 145–193).

[4] *Johann Baptist Metz / Burkard Sauermost*, Unsere Hoffnung. Ein Bekenntnis zum Glauben in dieser Zeit, in: Synode – Ende oder Anfang (hrsg. v. *Dieter Emeis u. Burkard Sauermost*), Düsseldorf 1976, 53–75, 62.

[5] Siehe *Gerhard Schmidtchen* (Hrsg.), Zwischen Kirche und Gesellschaft, Freiburg i. Br. ²1973; *Karl Forster* (Hrsg.), Befragte Katholiken – Zur Zukunft von Glaube und Kirche. Auswertungen und Kommentare zu den Umfragen für die Gemeinsame Synode der Bistümer der Bundesrepublik Deutschlands, Freiburg i. Br. 1973; *Karl Forster* (Hrsg.), Priester zwischen Anpassung und Unterscheidung, Freiburg i. Br. 1974; *Gerhard Schmidtchen* (Hrsg.), Priester in Deutschland. Forschungsbericht über die im Auftrag der Deutschen Bischofskonferenz durchgeführten Umfragen unter allen Welt- und Ordenspriestern in der Bundesrepublik Deutschland, Freiburg i. Br. 1973.

[6] *Theodor Schneider*, Einleitung, a. a. O., 71.

I. Zur Genese des Credo-Textes

Wohl gab es weder in der Vollversammlung noch in der Sachkommission I je einen ernsthaften Zweifel darüber, dass von der Synode etwas Grundlegendes über den „Glauben in dieser Zeit" und vom „Sinn des Christseins heute" gesagt werden müsse. Doch herrschte zuweilen „große Ratlosigkeit" in Bezug auf die Art und Weise der konkreten Realisierung. Neben den anderen Projekten stand für die Sachkommission I schon eine Art „Grundlagenpapier" im Blick. Eine eigens eingesetzte Arbeitsgruppe bemühte sich, das damit gegebene Problemfeld „experimentierend" in einem mühsamen Erkenntnisprozess erstmals zu sichten und zu strukturieren. Es musste die konkrete Situation von Glaube und Kirche in der Bundesrepublik Deutschland der 1970er Jahre in die Einzelaussagen eingebracht und berücksichtigt werden. Auch wurde sehr bald klar, dass der Versuch, die Aussagen des Glaubens in ihrer inneren Nähe zu den menschlichen Erfahrungen zur Sprache zu bringen, ein Reflexionsniveau verlangt, in dem die Praxis nicht nachträglich bleibt, sondern auch für die Einsicht und das Verstehen eine konstitutive Rolle spielt. „Schließlich blieb unübersehbar, welche entscheidende Rolle die *Erfahrung der konkreten Kirche* spielt. Ließ sich eine Ermutigung im Glauben überhaupt anzielen, ohne auf die Enttäuschungen mit der Kirche und die Kritik an ihr einzugehen und diese aufzuarbeiten?"[7]

Während auf der Ersten Sitzung der Kommission rasch eine Einigung über Ziele und Inhalte bestimmter Verkündigungsvorgänge erzielt werden konnte, blieb man bei der „Grundlagenfrage" lange im Ungewissen, was die Verquickung von theoretischem Anspruch und praktischer Basiserfahrung anlangt. Für die weitere Arbeit sollte zum einen eine genaue Auswertung der verschiedenen Synodenumfragen[8] im Blick auf „*Glaubenssituation und Verkündigung*" vorgenommen werden.[9] Die andere Zielsetzung sollte den Themenbereich „*Glaube und Bekenntnis*" mit dem Thema „*Gotteserfahrung*" verbinden.[10] Als Desiderat kam hinzu eine grundlegende Orientierung zur Frage: „Kirchliche und außerkirchliche Frömmigkeit". Aus all dem entstand schließlich der Arbeitstitel zur geplanten Vorlage: „*Die*

---

[7] *Theodor Schneider*, a. a. O., 72.

[8] Vgl. Anmerkung 5. Dazu: *Sekretariat der Synode* (Hrsg.), Pressespiegel: 7. Vollversammlung, 7. bis 11. Mai 1975, Bonn (1975); *Sekretariat der Synode*, Pressespiegel: 8. Vollversammlung, 18.–23. November 1975, a. a. O.

[9] Hierfür wurden auch sehr instruktive, von soziologischer Fachkenntnis geprägte Ausarbeitungen vorgelegt und eingehend behandelt.

[10] Siehe dazu den ersten Lagebericht aus der Sachkommission I von *Karl Lehmann*, Glaubenssituation und Verkündigung in der Gegenwart: Synode 7/1971, bes. 17–20.

18 I. Zur Genese des Credo-Textes

*geistige und gesellschaftliche Situation von heute im Hinblick auf die Verkündigung der Kirche in der Bundesrepublik, ihre theologische Deutung und
ihre grundlegenden Konsequenzen."* Nachdem in der Februar-Sitzung 1972 zunächst länger erwogen wurde, eventuell zwei Vorlagen auszuarbeiten („Warum glauben?" und
„Wozu Kirche?"), entschloss man sich schließlich zu der Formulierung
„Unsere Hoffnung. Vom Versuch, heute Kirche zu sein". In ihr wollte man
beide Aspekte, die Frage nach dem Glauben und die Frage nach der Kirche als konkreter Lebensgemeinschaft miteinander verbunden wissen.
Angesichts der Schwierigkeiten des Glaubens in unserer heutigen Lebenssituation sollte in einer *innovativen* Bekenntnissprache auch der Motivationsgrund für ein gemeinschaftliches Leben als „Kirche Jesu Christi" aufleuchten.

Nachdem es im Zuge der thematischen Straffung der Synodenarbeit
einige Monate so ausgesehen hatte, als würde dieses Vorhaben zu einem
bloßen „Arbeitspapier" zurückgestuft werden, wurde auf der Vollversammlung im Januar 1973 endgültig festgelegt, eine Grundlagenaussage
über den Glauben in Form einer Vorlage zu erstellen, die in ihrem Anspruch als eine Art „inspirierender Präambel" (Henry Fischer) für die synodalen Beratungsprozesse gelten sollte. „Hier kommt die Kommission
einem Auftrag nach, der ihr von der Vollversammlung unter dem Rahmenthema ‚Analyse der Glaubenssituation und praktische Orientierungshilfen für die zentralen Themen der Glaubensverkündigung' übergeben
war."[11]

Die Vollversammlung der Synode vom Januar 1973 machte die Unerlässlichkeit einer Grundlagenaussage zum christlichen Glauben deutlich.[12] Nach der Entscheidung des Präsidiums sollte es in der Vorlage um
die Frage gehen: *Wie kann man heute Christ sein?*

In der Überzeugung, dass für einen solchen Text eine „gedankliche,
stilistische und sprachliche Einheit" notwendig erscheint, entschied die
Sachkommission I im April 1973, den Münsteraner Fundamentaltheologen *Johann Baptist Metz*, Berater in der Sachkommission I, mit der Aus-

---

[11] Bericht *Hans Werners* (Vorsitzender der Sachkommission I) in seiner Einführung
in die Vorlage, in: Synode 1/1975,1.
[12] Dazu die einschlägigen Wortmeldungen in: *Josef Homeyer* (Hrsg.), Tagesprotokoll
3.–7.1.1973, a. a. O., 88–91.

I. Zur Genese des Credo-Textes

arbeitung eines von ihm vorgeschlagenen Gliederungsentwurfs zu beauftragen.[13] In einer neugebildeten Arbeitsgruppe wuchs der von ihm formulierte Textvorschlag. Um den Inhalt der angezielten Hoffnungsinterpretation als gegenwartsbezogene Konzeption zu verdeutlichen, wählte man den neuen Untertitel: „Ein Glaubensbekenntnis in dieser Zeit".[14] Nach ausführlichen Diskussionen des Entwurfs in einer Arbeitsgruppe und in der Gesamtkommission wurde der Text der Vorlage am 25./ 26. Oktober 1974 für die Erste Lesung einstimmig bei einer Enthaltung verabschiedet.

1. Erste Lesung

Auf der 7. Vollversammlung am 8. Mai 1975 fand die Erste Lesung statt.[15] Als Berichterstatter der Sachkommission hob Johann Baptist Metz als leitende Absicht hervor, die heute besonders gefährdeten und gemiedenen Glaubensinhalte nicht an den Widerständen der Zeit vorbei zu formulieren, sondern ihre Sinn- und Tröstungskraft in den geschichtlichen und gesellschaftlichen Lebenszusammenhängen zu erschließen.[16] „Die rund 60 eingesandten schriftlichen Änderungsanträge der Synodalen verfolgten, aufs Ganze gesehen, vor allem drei Tendenzen: a) sprachliche und inhaltliche Verdeutlichungen am Text: sie kamen fast alle zum Zuge. b) Ergänzung und Auffüllung der Vorlage im Sinne einer inhaltlichen ‚Vollständigkeit': sie wurde nur bedingt als hilfreich empfunden. c) Abschwächung oder Zurücknahme der selbst- und kirchenkritischen Passagen des Textes: dieser Versuch wurde von der Vollversammlung weitgehend zurückgewiesen. Im Ganzen zeigte sich sowohl in der Öffentlichkeit – abgesehen von wenigen,

---

[13] *Theodor Schneider*, a. a. O., 72.

[14] Erst in der letzten Sitzung der Synodenvollversammlung wurde die endgültige Formulierung des Untertitels beschlossen: *„Ein Bekenntnis zum Glauben in dieser Zeit".* Vor allem die Deutsche Bischofskonferenz „wollte den unmittelbaren Anklang an das ‚offizielle' liturgische Glaubensbekenntnis vermieden sehen und wehrte sich deshalb auch noch gegen den Vorschlag zur Zweiten Lesung: Ein Bekenntnis des Glaubens in dieser Zeit (...). Der Antrag, stattdessen „Zeugnis des Glaubens" zu sagen (...), fand keine Mehrheit. Die meisten Synodalen verstanden unter Glaubenszeugnis das Tat- und Lebenszeugnis, während es sich hier bei aller konkreten Ausrichtung eben doch um einen Bekenntnistext handelt, der zum Zeugnis anstiften will." (*Theodor Schneider*, a. a. O., 73).

[15] Text der Ersten Lesung (mit Korrekturen und Ergänzungen der Zweiten Lesung) siehe unten im Abschnitt „Textdokumentation".

[16] Siehe „Mündlicher Bericht zur Ersten Lesung" von *Johann Baptist Metz* im 2. Teil („Textdokumentation").

20 I. Zur Genese des Credo-Textes

teils sehr unsachlichen Gegenstimmen (...) – in der Synodenaula ein überaus positives Echo."[17] Die Deutsche Bischofskonferenz begrüßte den Text als „ein eindrucksvolles Zeugnis lebendigen Glaubens", das „zu einer Gewissenserforschung" für Christen heute anrege.[18] Schließlich wurde der Text mit 220 Ja-, 20 Nein-Stimmen und 8 Enthaltungen als Grundlage der weiteren Beratung angenommen und „seine Konzeption, sein Stil und seine inhaltliche Substanz" gutgeheißen.[19]

2. Zweite Lesung

Innerhalb weniger Wochen musste die Sachkommission I den Text für die Zweite Lesung überarbeiten. Weil zudem für die abschließende Lesung eine Flut von weit über hundert – zum Teil sehr umfangreiche und inhaltlich differierende – Änderungsanträge eingingen, musste die Sachkommission I kurz vor der Zweiten Lesung in der Vollversammlung noch einmal unter großem Zeitdruck Korrekturvorschläge berücksichtigen. Dazu bemerkt Theodor Schneider[20]: „Immerhin empfahl die Sachkommission die Übernahme von 70 Anträgen, wenn auch meist in überarbeiteter Form ... Der gleich zu Beginn der Debatte gemachte Vorschlag, wegen des mehrfach betonten eigenen Charakters dieser Vorlage nur noch über diese Anträge zu verhandeln und abzustimmen, stieß auf wenig Gegenliebe. (...) So wurde diese zweitgrößte Zahl von jemals zur 2. Lesung eingereichten Änderungsanträgen in einer langen Debatte, in der noch einmal sehr tiefgehende Meinungsverschiedenheiten zutage traten, behandelt und schließlich abgestimmt. Die Deutsche Bischofskonferenz blieb bei ihrer insgesamt positiven Wertung der Vorlage."[21]

Am 22. November 1975 verabschiedete die 8. und abschließende Vollversammlung der Synode die letzte Vorlage unter dem Titel „Unsere Hoffnung. Ein Bekenntnis zum Glauben in dieser Zeit" mit 225 Ja- und 26 Nein-Stimmen (bei 15 Stimmenthaltungen).

---

[17] *Theodor Schneider*, a. a. O., 73
[18] *Ders.*, a. a. O., 73.
[19] Dazu *ders.*, a. a. O., 73.
[20] *Ders.*, a. a. O., 74.
[21] Vgl. dazu *Johann Baptist Metz*, Mündlicher Bericht zur Zweiten Lesung, in: Protokoll VIII, 146–150. Der Text wurde mit Diskussionsbeiträgen des Berichterstatters in diesen Band aufgenommen (unter „Textdokumentation").

II. Textdokumentation

1. Unsere Hoffnung. Ein Glaubensbekenntnis in dieser Zeit (Vorlage zur Ersten Lesung)[1]

Einleitung: „Rechenschaft über unsere Hoffnung" als synodale Aufgabe[2]
Eine Kirche, die sich erneuern will, muss wissen, wer sie ist und wohin sie zielt. Nichts fordert so viel Treue wie lebendiger Wandel. Darum[3] müssen wir als synodale Gemeinschaft, die der Reform dienen will, gerade auch davon sprechen, wer wir als Christen und Glieder dieser Kirche sind und was allen Bemühungen um eine lebendige Kirche in unserer Zeit zugrunde liegt.

Wir müssen versuchen, uns und den Menschen, mit denen wir leben, „Rechenschaft zu geben über die Hoffnung, die in uns ist" (1 Petr 3,15). Wir müssen zusehen, dass über den vielen Einzelfragen und Einzelinitiativen nicht jene Fragen unterschlagen werden, die unter uns selbst und in der Gesellschaft, in der wir leben, aufgebrochen sind und nicht mehr verstummen: die Fragen nach dem Sinn des Christseins in dieser Zeit überhaupt. Gewiss, darauf wird es schließlich so viele konkrete Antworten geben wie es Gestalten lebendigen Christentums unter uns gibt. Gleichwohl dürfen wir den Einzelnen in der Feuerprobe solcher Fragen nicht allein lassen, wenn wir nicht hilflose Vereinsamung, Indifferenz

---

[1] „Während der Titel ‚Unsere Hoffnung' von Anfang an blieb, wurde der frühere Untertitel ‚Vom Versuch heute Kirche zu sein' ersetzt durch die Formulierung ‚Ein Glaubensbekenntnis in dieser Zeit'. Dieser Untertitel verweist darauf, dass es sich bei der Vorlage um ein inhaltlich bestimmtes Glaubensbekenntnis handelt, in dem sich unsere Hoffnung ausdrückt. Die Einleitung erläutert, wie dieses Bekenntnis sich als synodalen Vorgang verstehen möchte, als ‚eine Rechenschaft über unsere Hoffnung'": so *Hans Werners*, Vorsitzender der Sachkommission I, in: Synode 1/1975, 1–16, hier 1. Im Text der Zweiten Lesung wurde aus dem Untertitel „Ein Glaubensbekenntnis in dieser Zeit" die dann auch im Beschlusstext endgültige Wendung: „Ein Bekenntnis zum Glauben in dieser Zeit". Wir stützen uns für den Textvergleich auf die Veröffentlichung des Textes der Zweiten Lesung in: Synode 6 (1975), 25–41. Im Folgenden wird der Text für die Erste Lesung dokumentiert. In den Anmerkungen werden Einschübe, Ergänzungen und Korrekturen der Zweiten Lesung zusätzlich berücksichtigt. Der endgültige Beschluss des Textes findet sich in Band I unserer Ausgabe.
[2] In der Vorlage zur Zweiten Lesung heißt es: „‚Rechenschaft über unsere Hoffnung als Aufgabe der Kirche'". Die „Änderung der Überschrift und die entsprechenden Umformulierungen suchen den Text so vorzustellen, dass er nicht nur von der Vollversammlung der Synode allein her spricht, sondern auch die nachsynodale Arbeit mit der Vorlage im Auge behält." (Vgl. Kommissions-Bericht zur Vorlage „Unsere Hoffnung – Ein Bekenntnis des Glaubens in dieser Zeit", in: Synode 6/1975, 28).
[3] Zweite Lesung (Korrektur): „Darum muss auch eine Synode, die der Reform dienen will, davon sprechen, wer ...".

24 II. Textdokumentation

und lautlosen Abfall (weiter) riskieren wollen und wenn wir nicht tatenlos zusehen wollen, dass die innere Distanz zur Kirche immer mehr wächst. Wir dürfen die Augen nicht davor verschließen, dass allzu viele zwar noch einen rein feierlichen, aber immer weniger einen ernsten, lebensprägenden Gebrauch von den Geheimnissen unserer Kirche machen. Sich solchen „radikalen" Fragen in der Öffentlichkeit der Kirche zu stellen, gehört zur Radikalität der pastoralen Situation, in der unsere Kirche heute steht und das Zeugnis ihrer Hoffnung weitergibt. Nur wenn unsere Kirche diese Fragen – wenigstens ansatzweise – im Blick behält, wird sie den Eindruck vermeiden, als gäbe sie vielfach nur Antworten, die eigentlich gar nicht erfragt sind. Nur so wird sie auch dem Vorurteil entgegenwirken, sie wolle durch letztlich müßige Reformen den Verlust an Sinn- und Tröstungskraft des christlichen Glaubens überspielen. Sie[4] darf nicht nur von einzelnen innerkirchlichen Reformen sprechen, wenn ihr tagtäglich der Verdacht entgegenschlägt, dass das Christentum den Fragen und Ängsten, den Konflikten und Hoffnungen in unserer Lebenswelt, der mühsam verdeckten Sinnlosigkeit unseres sterblichen Lebens und unserer öffentlichen und individuellen Leidensgeschichten nur noch mit verbrauchten Geheimnissen antworte.

Hier müssen wir von unserer Hoffnung selbst öffentlich reden; sie nämlich scheint vor allem herausgefordert und heimlich gesucht. In ihr uns zu erneuern und aus ihr den „Beweis des Geistes und der Kraft" für unsere Zeit zu erbringen, muss schließlich das Interesse sein, das[5] alle Einzelerwägungen und Einzelinitiativen unserer synodalen Arbeit leitet. So wollen wir von der tröstenden und provozierenden Kraft unserer Hoffnung sprechen – vor uns selbst, vor allen und für alle, die mit uns in der Gemeinschaft dieser Kirche leben, aber auch für alle, die sich schwertun mit dieser Kirche, für die Bekümmerten und Enttäuschten, für die Verletzten und Verbitterten, für die Suchenden, die sich nicht mit dem drohenden Verdacht der Sinnlosigkeit des Lebens ausgesöhnt haben und für die deshalb auch Religion nicht von vornherein als durchschaute Illusion gilt,

---

[4] Zweite Lesung (Korrektur): „Sie darf nicht nur von einzelnen innerkirchlichen Reformen sprechen, wenn ihr tagtäglich der Verdacht entgegenschlägt, dass das Christentum nur noch mit verbrauchten Geheimnissen den Fragen und Ängsten, den Konflikten und Hoffnungen in unserer Lebenswelt, der mühsam verdeckten Sinnlosigkeit unseres sterblichen Lebens und unserer öffentlichen und individuellen Leidensgeschichten antworte."
[5] Zweite Lesung (Korrektur): „... das alle Einzelinitiativen dieser Gemeinsamen Synode leitet."

1. Unsere Hoffnung. Ein Glaubensbekenntnis in dieser Zeit   25

als ein Restbestand früherer Kultur- und Entwicklungsstufen der Menschheit.[6]

Teil 1: Zeugnis der Hoffnung in unserer Gesellschaft
Wenn wir hier vom Inhalt und Grund unserer Hoffnung sprechen, so können wir das nur in Andeutung und Auswahl tun[7]; wir können nicht die ganze Fülle unseres christlichen Credos entfalten. Doch nicht Geschmack und nicht Willkür lassen uns auswählen, sondern der Auftrag, unsere Hoffnung in dieser Zeit und für diese Zeit zu verantworten. Wir wollen von dem sprechen, was uns hier und jetzt notwendig erscheint – vor allem im Blick auf unsere Lebenswelt in der Bundesrepublik Deutschland.

Diese Lebenswelt ist[8] nicht mehr die einer selbstverständlich religiösen Gesellschaft. Im Gegenteil, die „Selbstverständlichkeiten", die in ihr herrschen, wirken oft wie kollektive Gegenstimmungen zu unserer Hoffnung. Sie machen es deshalb auch besonders schwer, die Botschaft dieser Hoffnung und die Erfahrungen unserer Lebenswelt zusammenzuführen, und sie verstärken in vielen den Eindruck, als wären sie von dieser Botschaft nicht mehr inmitten ihrer Lebenssituation getroffen und gedeutet, getröstet und angespornt. Deshalb wollen wir versuchen, das Zeugnis unserer Hoffnung gerade auf diese vermeintlichen „Selbstverständlichkeiten" unserer gesellschaftlichen Lebenswelt zu richten. Es geht uns dabei nicht um unbelehrbare Selbstverteidigung, sondern immer auch um kritische Selbstbefragung[9], um die Einheit von Sinn und Tun, von Geist und Praxis, damit sich unser Zeugnis in eine Einladung zur Hoffnung verwandle.

1. Gott unserer Hoffnung
Der Gott, den wir bekennen, ist der Grund unserer Hoffnung, nicht der Lückenbüßer für unsere Enttäuschungen.[10] Dieser Gottesname ist tief ein-

---

[6] Zweite Lesung (Korrektur): „... gilt, nicht als ein ...".
[7] Zweite Lesung (Korrektur): „... tun. Die gewählten Inhalte sind jedoch durchlässig auf die ganze Fülle des kirchlichen Credo, das auch die Grundlage dieses Bekenntnistextes bildet. Nicht Geschmack ...".
[8] Zweite Lesung (Korrektur): „... ist nicht mehr die einer selbstverständlich religiös geprägten Gesellschaft."
[9] Zweite Lesung (Korrektur): „... Selbstbefragung; alles zielt auf die Einheit von Sinn und Tun, von Geist und Praxis, damit ...".
[10] Im Text für die Zweite Lesung wurde der erste Satz gestrichen und leicht verändert nach hinten (Anfang zweiter Absatz) verschoben. Hier beginnt der Absatz: „Der Name unseres Gottes ist tief eingegraben in die Hoffnungs- und Leidensgeschichte der Menschheit. In ihr begegnet uns ...".

26 II. Textdokumentation

gegraben in die Hoffnungs- und Leidensgeschichte der Menschheit. In ihr begegnet uns dieser Name, aufleuchtend und verdunkelt, verehrt und verneint, missbraucht, geschändet und doch unvergessen. Der „Gott unserer Hoffnung" (vgl. Röm 15,13) ist „der Gott Abrahams, Isaaks und Jakobs" (Ex 3,6; Mt 22,32), dessen öffentliches Gedächtnis wir mit dem jüdischen Volk und auch mit der Religion des Islam teilen, so wie wir alte Hoffnungsrufe bis in unsere Tage weiterbeten: „Ich irre umher in meiner Klage. Ich bin in Unruhe wegen des Lärmes der Feinde, des Schreiens der Gottlosen ... Mein Herz ängstigt sich in meiner Brust, und die Schrecken des Todes befallen mich. Furcht und Zittern kommt mich an, und Grauen bedeckt mich. Hätte ich doch Flügel wie eine Taube! ... Ich rufe zu Gott, und der Herr wird mir beistehen" (Psalm 55,3–7a; 17)! Wenn[11] wir diese Hoffnungsworte heute weitersprechen, dann stehen wir nicht allein und abgesondert; dann räumen wir vielmehr der Geschichte der Menschheit, die schließlich bis in unsere Gegenwart immer auch Religionsgeschichte ist, ein Stimmrecht, sozusagen ein Mitspracherecht bei dem ein, was wir von uns selbst zu halten haben und worauf wir vertrauen dürfen.

Nun[12] versteht sich die Gesellschaft, in der wir leben, immer mehr als eine reine Bedürfnisgesellschaft, als ein Netz und System von Bedürfnissen. Wo jedoch die gesellschaftlichen und öffentlichen Interessen ausschließlich von dieser Bedürfnisstruktur geprägt sind, hat unsere christliche Hoffnung nur ein verschwindendes Dasein. Denn in dieser Hoffnung drückt sich eine Sehnsucht aus, die alle unsere Bedürfnisse übersteigt. Wer sich vom Zwang eines reinen Bedürfnisdenkens nicht freimachen kann, wird den „Gott unserer Hoffnung" letztlich nur als vergebliche Vorspiegelung, als eingebildete Erfüllung vereitelter Bedürfnisse, als Täuschung und falsches Bewusstsein kritisieren können, und er wird die Religion der Hoffnung leicht als eine inzwischen durchschaute und eigentlich schon überholte Phase in der Geschichte menschlicher Selbstgestaltung ansehen. Die Gottesbotschaft unserer christlichen Hoffnung widersetzt sich einem schlechthin geheimnisleeren Bild vom Menschen, das nur einen reinen Bedürfnismenschen zeigt, einen Menschen ohne Sehnsucht, das heißt aber auch ohne Fähigkeit zu trauern und darum ohne Fähigkeit, sich wirklich trösten zu lassen und Trost anders zu verstehen denn als

---

[11] Zweite Lesung (Korrektur): „Wenn wir solche Hoffnungsworte ...".
[12] Der Text der Zweiten Lesung beginnt mit dem Einschub: „Der Gott unseres Glaubens ist der Grund unserer Hoffnung, nicht der Lückenbüßer für reine Enttäuschungen. Nun versteht sich die Gesellschaft, in der wir leben, immer mehr als eine reine Bedürfnisgesellschaft, als ein Netz von Bedürfnissen und deren Befriedigung. Wo jedoch ...".

1. Unsere Hoffnung. Ein Glaubensbekenntnis in dieser Zeit 27

reine Vertröstung. Die Gottesbotschaft unserer Hoffnung widersteht einer totalen Anpassung der Sehnsucht des Menschen an seine Bedürfniswelt. Dadurch wird der Name Gottes nicht zum Deckwort für eine gefährliche Beschwichtigung oder vorschnelle Aussöhnung mit unserer leidvoll zerrissenen Wirklichkeit. Erst[13] diese Hoffnung auf Gott ist es ja, die uns am sinnlosen Leiden immer wieder leiden macht. Sie ist es, die uns verbietet, mit der Sinnlosigkeit dieses Leidens zu paktieren und unsere widerspenstigen, unangepassten Erwartungen entsprechend zu zähmen. Sie ist es, die in uns immer neu den Hunger nach Sinn, das Dürsten nach Gerechtigkeit für alle, für die Lebenden und die Toten, die Kommenden und Gewesenen weckt und die es uns verwehrt, uns ausschließlich innerhalb der verkleinerten Maßstäbe unserer Bedürfniswelt erfolgreich einzurichten.

2. Leben und Sterben Jesu Christi
Wir Christen benennen unsere Hoffnung nach Jesus Christus, in dem sich der Gott unserer Hoffnung als „Vater" kundgetan und unwiderruflich zugesagt hat.

In neuer Weise ist heute unter vielen Menschen das Interesse am Leben und Verhalten Jesu erwacht: das Interesse an seiner Menschenfreundlichkeit, an seiner selbstlosen Teilnahme an fremden, geächteten Schicksalen, an der Art, wie er seinen Zuhörern ein neues zukunftsreiches Verständnis ihres Daseins erschließt, wie er sie aus Angst und Verblendung befreit und ihnen zugleich die Augen öffnet für ihre menschenverachtenden Vorurteile, für ihre Selbstgerechtigkeit und Hartherzigkeit angesichts fremden Leids, und wie er sie in all dem immer wieder aus Hörern zu Tätern seiner Worte zu machen sucht. In solchen Begegnungen mit Jesus lassen sich wichtige Impulse und Weisungen für ein Leben aus der Hoffnung gewinnen. Und es ist von entscheidender Bedeutung, dass diese Impulse das öffentliche Leben der Kirche ebenso prägen wie das Handeln der einzelnen Christen. Nur[14] dann kann auch jener Zwiespalt hilfreich überwunden werden, in dem heute nicht wenige Christen zu leben schei-

---

[13] Zweite Lesung (Korrektur): „Denn gerade diese Hoffnung auf Gott ist es ja, die die uns an sinnlosem Leiden immer wieder leiden macht. Sie ist es, die uns verbietet, mit der Sinnlosigkeit dieses Leidens zu paktieren und unsere unangepassten, widerspenstigen Erwartungen zu zähmen. Sie ist es, die uns in uns ...".

[14] Für die Zweite Lesung wurde der Satz umformuliert: „Nur dann kann der Zwiespalt hilfreich überwunden werden, in dem heute nicht wenige Christen leben: der Zwiespalt nämlich zwischen der Lebensorientierung an Jesus und der Lebensorientierung an einer Kirche, deren öffentliches Erscheinungsbild nicht hinreichend geprägt ist vom Geist Jesu. Freilich kann ...".

28 II. Textdokumentation

nen, nämlich der Zwiespalt zwischen der Lebensorientierung an Jesus und der Lebensorientierung an einer Kirche, deren öffentliches Erscheinungsbild nicht hinreichend durchprägt ist vom befreienden Geist des Lebens und Verhaltens Jesu. Freilich kann dieser Zwiespalt nicht dadurch vermieden werden, dass wir das Gottgeheimnis im Leben Jesu zugunsten seiner vermeintlich eingängigeren und praktischeren Liebesbotschaft zurücktreten oder verblassen lassen. Denn schließlich fiele die Liebe, die Jesus tatsächlich kündete, ohne sein Gottgeheimnis ins Leere. Sie würde in ihrer Radikalität – bis hin zur Feindesliebe – allenfalls als eine groteske Überforderung der Menschen anmuten.

Die Hoffnungsgeschichte[15], die in Jesus angebrochen ist, gewinnt im Bekenntnis zu ihm als dem „Christus Gottes" (Lk 23,35) ihre lebensbestimmende und befreiende Macht über uns. Diese Hoffnungsgeschichte, in der sich Jesus als der lebendige Sohn Gottes erweist, ist keine ungebrochene Erfolgsgeschichte nach unseren Maßstäben, sie ist keine Siegergeschichte. Sie ist vielmehr eine Leidensgeschichte, und nur in ihr und durch sie hindurch können wir Christen von jenem Glück und jener Freude, von jener Freiheit und jenem Frieden sprechen, die der Sohn uns in seiner Botschaft vom „Vater" und vom „Reich Gottes" verheißen hat.

Der Sinn einer solchen Hoffnungsgeschichte scheint sich freilich gerade für den Menschen unserer Wohlstandsgesellschaft nachhaltig zu verdunkeln. Gerät nicht unsere Gesellschaft immer mehr unter den Bann einer allgemeinen Verständnislosigkeit, einer tiefsitzenden Unempfindlichkeit gegenüber dem Leiden? Verführt von der Illusion einer leidfreien Gesellschaft befinden wir uns allenthalben auf der Flucht vor dem Leiden, das wir längst heimlich zu einer sinnleeren Verlegenheit degradiert haben. Ein entsprechend steil und hoch angesetztes Ideal von totaler Emanzipation weiß nichts mehr vom Leid, kennt es nur als abgestreifte Vorgeschichte des endgültigen Sieges menschlicher Freiheit und Selbstbefreiung. Leid wurde zu abschaffbarem Leid verdinglicht. In sozialen und politischen Utopien unserer Tage wird die menschliche Leidensgeschichte oft zu problemlos mit der Geschichte abschaffbarer sozialer Unterdrückung einfach identifiziert.

Um dem Sinn unserer christlichen Hoffnungsgeschichte näher zu kommen, müssen wir deshalb zuvor das anonym verhängte Leidensverbot in

---

[15] Zweite Lesung (Einschub): „Die Hoffnungsgeschichte unseres Glaubens ist in Jesu Auferweckung unbesieglich geworden. Sie gewinnt im Bekenntnis zu ihm als dem „Christus Gottes" (Lk 23,35) ihre lebensbestimmende und befreiende Macht über uns. Diese Hoffnungsgeschichte, ...".

1. Unsere Hoffnung. Ein Glaubensbekenntnis in dieser Zeit   29

unserer „fortschrittlichen" Gesellschaft durchbrechen. Dabei[16] geht es nicht darum, auf dieses Leidensverbot mit einem abstrakten Gegenkult des Leidens zu reagieren. Es geht vielmehr darum, uns selbst leidensfähig zu machen, um dann auch am Leiden anderer zu leiden und darin dem Mysterium des Leidens Jesu nahezukommen. Ohne diese Leidensfähigkeit mag es Fortschritte in der Technik und in der Zivilisation geben. In Sachen der Wahrheit und der Freiheit jedoch kommen wir ohne sie nicht voran. Und einer Hoffnung, die auf einen leidenden, gekreuzigten Messias blickt, nicht einen Schritt näher! Hier können wir Christen unsere Hoffnung nur in kritischer Zeitgenossenschaft bezeugen.

Freilich wendet sich die Botschaft Jesu sofort und immer auch gegen uns selbst, die wir hoffnungsvoll auf sein Kreuz blicken. Sie lässt es nämlich nicht zu, dass wir über seiner Leidensgeschichte die anonyme Leidensgeschichte der Welt vergessen; sie lässt es nicht zu, dass wir über seinem Kreuz die vielen Kreuze in der Welt übersehen, neben seiner Passion die vielen Qualen verschweigen, die ungezählten namenlosen Untergänge, das sprachlos erstickte Leiden, die verfolgten Kinder seit den Zeiten des Herodes bis Auschwitz und Vietnam. Haben wir indes, in der Geschichte unserer Kirche und des Christentums, sein hoffnungschaffendes Leid nicht zu sehr von der einen Leidensgeschichte der Menschheit abgehoben? Haben wir durch die ausschließliche Beziehung des christlichen Leidensgedankens auf sein Kreuz und auf uns, die ihm Nachfolgenden, nicht Zwischenräume in unserer Welt geschaffen, Zwischenräume des ungeschützten fremden Leidens? Sind wir Christen diesem Leiden gegenüber nicht oft in einer erschreckenden Weise fühllos und gleichgültig gewesen? Haben wir es nicht in den „rein profanen Bereich" ausgestoßen – so als hätten wir nie davon gehört, dass der, auf den unsere Hoffnung blickt, uns gerade aus dieser „profanen" Leidensgeschichte entgegentritt und den Ernst unserer Hoffnung prüft: „Und sie wunderten sich und fingen an, ihn zu fragen: ‚Herr, wann hätten wir dich je leidend gesehen?' ... ‚Wahrlich, ich sage euch, was ihr einem dieser Geringsten getan habt, habt ihr mir getan.'" (vgl. Mt 25) Nur wo wir Christen ein Ohr haben für die dunkle Prophetie dieses Leidens und ihm uns hilfreich zuwenden, hören und bekennen wir die hoffnungsvolle Botschaft von seinem Leiden zurecht.

---

[16] Zweite Lesung (Korrektur): „Dabei geht es nicht darum, den notwendigen Kampf gegen das Leid zu behindern oder gar auf dieses Leidensverbot mit einem abstrakten Gegenkult des Leidens zu reagieren, Es geht vielmehr darum, uns selbst leidensfähig zu machen, um so auch am Leiden anderer zu leiden und darin ...".

30 II. Textdokumentation

3. *Auferweckung der Toten*[17]

Im Blick auf Jesus, den Gekreuzigten und Auferstandenen, erhoffen wir die Auferweckung der Toten. Unserer heutigen Lebenswelt scheint dieses Geheimnis unserer Hoffnung besonders weit entrückt. Offenbar stehen wir alle zu sehr unter dem anonymen Druck eines gesellschaftlichen Bewusstseins, das uns von der Botschaft der Auferweckung der Toten immer weiter entfernt, weil es uns zuvor schon von der Sinngemeinschaft mit den Toten überhaupt getrennt hat. Gewiss, auch wir Menschen von heute werden noch heimgesucht vom Schmerz und von der Trauer, von der Melancholie und vom oft sprachlosen Leiden am ungetrösteten Leid der Vergangenheit, am Leid der Toten. Aber stärker, so scheint es, ist unsere Berührungsangst vor dem Tod überhaupt, unsere Fühllosigkeit gegenüber den Toten.[18] Wer bewahrt, sucht sich gar Freunde, Brüder unter diesen Toten? Wer spürt etwas von ihrer Unzufriedenheit? Von ihrem stummen Protest gegen unsere Gleichgültigkeit, gegen unsere allzu eilfertige Bereitschaft, über sie hinweg zur Tagesordnung überzugehen?

Wir wissen uns zumeist gegen solche und ähnliche Fragen energisch zu schützen. Wir verdrängen sie oder denunzieren sie als „unrealistisch". Doch was definiert dabei unseren „Realismus"?[19] Etwa Flüchtigkeit unseres unglücklichen Bewusstseins und die Banalität unserer Depressionen? Ein solcher „Realismus" hat offensichtlich wiederum seine eigenen Tabus: z. B. jene Verbote der Trauer, jene Verbote der Melancholie, die in seinem Namen über unser gesellschaftliches Bewusstsein verhängt sind und die die Frage nach dem Leben der Toten als müßig und sinnlos erscheinen lassen.

---

[17] Zweite Lesung (Einschub): „Jesus hat in seiner Passion den Abgrund des Leidens bis zum bitteren Ende am Kreuz erfahren. Kein Mensch wird erfinden, dass der Tod eines Gekreuzigten, eines als Verbrecher Gehenkten, Sinn und Rettung für uns alle in sich bergen könnte – ebenso wenig wie die Untergänge und Tode, denen wir allenthalben begegnen. Gott aber hat diesen gekreuzigten Jesus gerettet und ihn ein für allemal der Nacht des Todes entrissen, indem er seinen Gerechten auch durch das äußerste Leid und die letzte Verlassenheit hindurch gehalten hat. Dies bekennen wir mit dem Credo der frühen Christenheit: ‚Christus starb für unsere Sünden, wie es die Schriften gesagt haben, und wurde begraben. Er ist am dritten Tag auferweckt worden, wie es die Schriften gesagt haben, und erschien dem Kefas, dann den Zwölf' (1 Kor 15,3–5). Der Gekreuzigte ist so zum Tod des Todes und für alle zum ‚Anführer des Lebens' (Apg 3,15; 5,31; vgl. Hebr 2,10) geworden.
Im Blick auf diesen Jesus, den Gekreuzigten und Auferstandenen, erhoffen wir auch für uns ...".
[18] Zweite Lesung (Korrektur): „Gib es nicht zu wenige, die sich unter diesen Toten Freunde und Brüder bewahren oder gar suchen? Wer spürt ...".
[19] Zweite Lesung (Korrektur): „... ‚Realismus'? Etwa die Flüchtigkeit und Flachheit unseres unglücklichen Bewusstseins und die Banalität unserer Sorgen? Ein solcher ‚Realismus' ...".

1. Unsere Hoffnung. Ein Glaubensbekenntnis in dieser Zeit   31

Doch diese Frage nach dem Leben der Toten zu vergessen und zu verdrängen, ist zutiefst inhuman. Denn es bedeutet, die vergangenen Leiden zu vergessen und zu verdrängen und uns der Sinnlosigkeit dieser Leiden widerspruchslos zu ergeben. Schließlich macht auch kein Glück der Enkel das Leid der Väter wieder gut, und kein sozialer Fortschritt versöhnt die Ungerechtigkeit, die den Toten widerfahren ist. Wenn wir uns zu lange der Sinnlosigkeit des Todes und der Toten unterwerfen, werden wir am Ende auch für die Lebenden nur noch banale Versprechen parat haben. Nicht nur das Wachstum unseres wirtschaftlichen Potentials ist begrenzt, wie man uns heute einschärft; auch das Potential an Sinn scheint begrenzt und es ist, als gingen die Reserven zur Neige und als bestünde die Gefahr, dass den großen Worten, unter denen wir unsere eigene Geschichte betreiben – Freiheit, Emanzipation, Gerechtigkeit, Glück – am Ende nur noch ein ausgelaugter, ausgetrockneter Sinn entspricht.

In dieser Situation bekennen wir Christen unsere Hoffnung auf die Auferweckung der Toten. Sie ist keine schön ersonnene Utopie; sie wurzelt vielmehr im Zeugnis von Christi Auferstehung, das von Anbeginn die Mitte unserer christlichen Gemeinschaft bildet, in jenem Zeugnis, das nicht den Wunschträumen der Jünger entsprang, sondern das sich gegen ihre Zweifel in ihnen durchsetzte: „Der Herr ist wahrhaft auferstanden" (Lk 24,34)! Das Hoffnungswort von der Auferweckung der Toten, das sich auf dieses österliche Geschehen gründet, spricht von einer Zukunft für alle, für die Lebenden und die Toten. Und gerade weil es von einer Zukunft für die Toten spricht, davon, dass sie, die längst Vergessenen, unvergesslich sind im Gedenken des lebendigen Gottes, spricht dieses Hoffnungswort von einer wahrhaft menschlichen Zukunft, die nicht immer wieder von den Wogen einer anonymen Evolution überrollt, von einem gleichgültigen Naturschicksal verschlungen wird. Gerade weil es von einer Zukunft für die Toten spricht, ist es ein Wort der Gerechtigkeit, ein Wort des Widerstands gegen jeden Versuch, den immer wieder ersehnten und gesuchten Sinn menschlichen Lebens einfach zu halbieren und ihn allenfalls für die jeweils Kommenden, die Durchgekommenen, gewissermaßen für die glücklichen Endsieger und Nutznießer unserer Geschichte zu reservieren.

Die Hoffnung auf die Auferweckung der Toten, der Glaube an die Durchbrechung der Schranke des Todes macht uns frei zu einem Leben gegen die reine Selbstbehauptung, deren Wahrheit der Tod ist. Diese Hoffnung stiftet uns dazu an, für andere da zu sein, das Leben anderer durch solidarisches und stellvertretendes Leiden zu verwandeln. Darin machen wir unsere Hoffnung anschaulich und lebendig, darin erfahren wir uns und teilen uns mit als österliche Menschen. „Wir wissen, dass wir vom Tod zum Leben hinübergeschritten sind, weil wir die Brüder lieben; wer nicht liebt, der bleibt im Tode" (1 Joh 3,14).

4. Gericht

Eng verbunden mit unserer Hoffnung auf die Auferweckung der Toten ist die christliche Hoffnung als Erwartung des endzeitlichen Gerichts Gottes über unsere Welt und ihre Geschichte. Lässt sich aber die Botschaft vom Gerichte Gottes überhaupt als Ausdruck unserer Hoffnung artikulieren? Gewiss, sie mag unseren eigenen Fortschritts- und Harmonieträumen, mit denen wir gern unsere Vorstellung vom „Heil" verbinden, widersprechen. Doch in ihr drückt sich gleichwohl ein verheißungsvoller Gedanke unserer christlichen Botschaft aus: nämlich der spezifisch christliche Gedanke von der Gleichheit aller Menschen, der nicht auf Gleichmacherei hinausläuft, sondern der die Gleichheit aller Menschen in ihrer praktischen Lebensverantwortung[20] hervorhebt und der deshalb auf Gerechtigkeit für alle aus ist. Dieser christliche Gleichheitsgedanke lähmt darum auch nicht das Interesse am geschichtlichen Kampf um Gerechtigkeit für alle, er weckt vielmehr immer neu das Verantwortungsbewusstsein für diese Gerechtigkeit.[21]

Freilich: hat die Kirche diesen befreienden Sinn der Botschaft vom endzeitlichen Gericht Gottes nicht selbst oft verdunkelt, weil sie diese Gerichtsbotschaft zwar laut und eindringlich vor den Kleinen und Wehrlosen, aber häufig zu leise und zu halbherzig vor den Mächtigen dieser Erde verkündet hat? Wenn jedoch ein Wort unserer Hoffnung dazu bestimmt ist, vor allem „vor Statthaltern und Königen" (vgl. Mt 10,18) mutig bekannt zu werden, ist es offensichtlich dieses! Dann auch zeigt sich seine ganze Tröstungs- und Ermutigungskraft: Es spricht von der gerechtigkeitsschaffenden Macht Gottes, davon, dass unsere Sehnsucht nach Gerechtigkeit gerade nicht am Tode strandet, davon, dass nicht nur die Liebe, sondern auch die Gerechtigkeit stärker ist als der Tod. Es spricht schließlich von jener gerechtigkeitsschaffenden Macht Gottes, die den Tod als den Herrn über unser Gewissen entthront und die dafür bürgt, dass mit dem Tod die Herrschaft der Herren und die Knechtschaft der Knechte keineswegs besiegelt ist. Und dies sollte kein Wort unserer Hoffnung sein? Kein Wort, das uns freimacht, für diese Gerechtigkeit einzu-

---

[20] Zweite Lesung (Korrektur): „... praktischen Lebensverantwortung vor Gott hervorhebt ...".

[21] Zweite Lesung (Einschub): „... Gerechtigkeit. Wie anders sollten wir in seinem Gericht bestehen?"

1. Unsere Hoffnung. Ein Glaubensbekenntnis in dieser Zeit 33

stehen, gelegen oder ungelegen? Kein Ansporn, der uns den Verhältnissen himmelschreiender Ungerechtigkeit widerstehen lässt? Kein Maßstab, der uns jedes Paktieren mit Ungerechtigkeit verbietet und uns immer wieder zum Aufschrei gegen sie verpflichtet, wenn wir unsere eigene Hoffnung nicht schmähen wollen?[22]

5. Vergebung der Sünden

Wir[23] nennen Jesus Christus unseren Erlöser, in dem uns Gottes Verzeihen nahe ist und der uns befreit von Sünde und Schuld. Dieses Bekenntnis unserer Hoffnung trifft auf eine Gesellschaft, die sich von dem Gedanken der Schuld selbst immer mehr freizumachen sucht. Christentum widersteht mit seiner Rede von Sünde und Schuld jenem heimlichen Unschuldswahn, der sich in unserer Gesellschaft ausbreitet und mit dem wir Schuld und Versagen, wenn überhaupt, immer nur bei „den anderen" suchen, bei den Feinden und Gegnern, bei der Vergangenheit, bei der Natur, bei Veranlagung und Milieu. Die Geschichte unserer Freiheit scheint zwiespältig, sie wirkt wie halbiert. Ein unheimlicher Entschuldigungsmechanismus ist in ihr wirksam: die Erfolge, das Gelingen und die Siege unseres Tuns schlagen wir uns selbst zu; im Übrigen aber kultivieren wir die Kunst der Verdrängung, der Verleugnung unserer Zuständigkeit, und wir sind auf der Suche nach immer neuen Alibis angesichts der Nachtseite, der Katastrophenseite, angesichts der Unglücksseite der von uns selbst betriebenen und geschriebenen Geschichte.

Dieser heimliche Unschuldswahn betrifft auch unser zwischenmenschliches Verhalten.[24] Er entpflichtet uns immer mehr im Umgang mit ande-

---

[22] Zweite Lesung (Einschub): „... wollen? Dabei verschweigen wir nicht, dass die Botschaft vom Gericht Gottes auch von der Gefahr des ewigen Verderbens spricht. Sie verbietet uns, von vornherein mit einer Versöhnung und Entsühnung für alle und für alles zu rechnen, was wir tun oder unterlassen. Gerade so greift diese Botschaft immer wieder verändernd in unser Leben ein und bringt Ernst und Dramatik in unsere geschichtliche Verantwortung."
[23] Der Text der Zweiten Lesung beginnt mit dem Einschub: „Jesus Christus ist unser Erlöser, in dem uns Gottes Verzeihen nahe ist und der uns befreit von Sünde und Schuld. ‚Durch sein Blut haben wir die Erlösung, die Vergebung der Sünden nach seiner reichen Gnade' (Eph 1,7). Dieses Bekenntnis unserer Hoffnung ...".
[24] Zweite Lesung (Korrektur): „... Verhalten. Er fördert nicht, er gefährdet immer mehr den verantwortlichen Umgang mit anderen Menschen. Denn er unterwirft die zwischenmenschlichen Verhältnisse dem fragwürdigen Ideal einer Freiheit, die auf die Unschuld eines naturhaften Egoismus pocht. Solche Freiheit aber macht nicht frei, sie emanzipiert nicht, sie verstärkt vielmehr die Einsamkeit und die Beziehungslosigkeit der Menschen untereinander.
Uns Christen ...".

34 II. Textdokumentation

ren Menschen. Er überwindet nicht, er bestätigt vielmehr die wachsende Beziehungslosigkeit der Menschen untereinander. Er opfert die berechtigten Ziele einer zwischenmenschlichen Emanzipation dem fragwürdigen Ideal einer Freiheit, die auf die Unschuld eines naturhaften Egoismus pocht.

Uns Christen rückt die Erfahrung dieses[25] heimlich grassierenden Willens zur Unschuld schließlich immer wieder vor die Gottesfrage. Halten wir Gott vielleicht nur deswegen nicht stand, weil wir dem Abgrund unserer Schulderfahrung und unserer Verzweiflung nicht standhalten? Weil unser unglückliches Bewusstsein sich verflacht und wir uns die geahnte Tiefe unserer Schuld, diese „Transzendenz nach unten", verbergen? Weil wir sie uns heute gern ideologiekritisch oder psychoanalytisch ausreden lassen?[26] Der „Gott unserer Hoffnung" ist uns nahe über dem Abgrund unserer anerkannten Schuld. Und so führt uns unsere christliche Hoffnung nicht an unserer Schulderfahrung vorbei; sie gebietet uns vielmehr realistisch an unserem Schuldbewusstsein festzuhalten – auch und gerade in einer Gesellschaft, die zu Recht um mehr Freiheit und Mündigkeit für alle kämpft und die deshalb in besonderem Maße empfindlich ist für den Missbrauch, der mit der Rede von Schuld getrieben werden kann und der auch in der Geschichte des Christentums damit getrieben worden ist.[27] Deshalb dürfen wir auch nicht der Frage ausweichen, wie weit die Praxis unserer Kirche selbst den verhängnisvollen Eindruck genährt hat, dass ein Fortschritt im Freiheitsbewusstsein und in der menschlichen Freiheitsgeschichte nur durch die Bekämpfung der kirchlichen Schuldverkündigung gelänge und wie weit sie so ihrerseits am Entstehen dieses Unschuldswahns in unserer Gesellschaft beteiligt ist.

Unsere christliche Predigt der Umkehr muss jedenfalls immer der Versuchung widerstehen, Menschen durch Angst zu entmündigen. Sie muss

---

[25] Zweite Lesung (Korrektur): „... dieses unterschwellig grassierenden ...".

[26] Zweite Lesung (Einschub): „... ausreden lassen? Der Ernst solcher Fragen soll uns freilich nicht davon abhalten, etwa die Fixierung auf falsche Schuldgefühle aufzuarbeiten, die den Menschen krank und unfrei machen; es gilt ja vielmehr, die eigentliche, oft verdrängte Schuld zu erkennen und anzunehmen. Der ‚Gott unserer Hoffnung' ist uns nahe über dem Abgrund unserer redlich erkannten und anerkannten Schuld. Und so führt ...".

[27] Zweite Lesung (Korrektur): „... ist. Hat die Praxis unserer Kirche nicht zuweilen den Eindruck genährt, dass man die kirchliche Schuldpredigt bekämpfen müsse, wenn man der realen Freiheit der Menschen dienen wolle? Und war so die kirchliche Praxis nicht ihrerseits am Entstehen dieses verhängnisvollen Unschuldswahns in unserer Gesellschaft beteiligt? Unsere christliche Predigt ...".

1. Unsere Hoffnung. Ein Glaubensbekenntnis in dieser Zeit   35

gegen jeden Versuch kämpfen, der die christliche Rede von Schuld und Sünde missbraucht[28], eine unheilige Unterdrückung von Menschen durch Menschen zu legitimieren, sodass schließlich die Ohnmächtigen mit mehr Schuld und die Mächtigen mit noch mehr „unschuldiger" Macht ausgestattet würden. Sie muss aber auch den Mut haben, das Bewusstsein von Schuld zu wecken und wachzuhalten – gerade auch im Blick auf die immer mehr zunehmende gesellschaftliche Verflechtung unseres Handelns und unserer Verantwortung, die heute weit über den nachbarschaftlichen Bereich hinausreicht. Die christliche Rede von Schuld und Umkehr muss jene geradezu strukturelle Schuldverstrickung ansprechen, in die wir heute, durch die weltweiten Verflechtungen und Abhängigkeiten, angesichts des Elends und der Unterdrückung ferner, fremder Völker und Gruppen geraten. Sie muss darauf bestehen, dass wir nicht nur durch das schuldig werden können, was wir andern unmittelbar tun oder nicht tun, sondern auch durch das, was wir zulassen, dass es andern geschehe.

In alldem ist unsere christliche Rede von Schuld und Umkehr keineswegs eine freiheitsgefährdende Rede; sie ist geradezu eine freiheitsentdeckende Rede[29], eine freiheitsrettende Rede; sie reklamiert auch dort anrufbare Freiheit, wo man heute oft nur noch biologische, wirtschaftliche oder gesellschaftliche Zwänge am Werk sieht und wo man sich durch einen „Fatalismus der Zwänge" gern von Verantwortung dispensiert.

Unser[30] Glaube an die göttliche Vergebung unserer Schuld führt uns nicht in die Entfremdung von uns selbst; er schenkt die Kraft, unserer Schuld und unserem Versagen ins Auge zu sehen, unser schuldig ge-

---

[28] Zweite Lesung (Korrektur): „... missbraucht, einer unheiligen Unterdrückung von Menschen durch Menschen den Anschein von Recht zu verleihen, sodass schließlich die Ohnmächtigen ..."

[29] Zweite Lesung (Korrektur): „... freiheitsentdeckende Rede, eine freiheitsrettende Rede. Denn sie wagt es, den Menschen auch noch dort in seiner Freiheit anzurufen, wo man heute vielfach nur biologische, wirtschaftliche oder gesellschaftliche Zwänge am Werke sieht und wo man sich unter Berufung auf diese Zwänge gern von jeglicher Verantwortung dispensiert."

[30] Im Text der Zweiten Lesung beginnt der Absatz: „Der Glaube an die göttliche Vergebung, die in den vielfältigen Formen des kirchlichen Dienstes, vor allem auch in der sakramentalen Buße, ihren Ausdruck findet, führt uns nicht in die Entfremdung von uns selbst. Er schenkt die Kraft, unserer Schuld und unserem Versagen ins Auge zu sehen und unser schuldiggewordenes Leben auf eine größere heilige Zukunft hin anzunehmen. Er macht uns frei. Er befreit uns von einer tiefsitzenden, inwendig fressenden Daseinsangst, die immer neu unser menschliches Herz in sich selbst verkrümmt. Er lässt uns nicht vor dem heimlichen Argwohn kapitulieren, dass unsere Macht zu zerstören und zu erniedrigen letztlich immer größer sei als unsere Fähigkeit zu bejahen und zu lieben. Die Hoffnung auf Vergebung unterscheidet ...".

36 II. Textdokumentation

wordenes Leben auf eine größere heilige Zukunft hin anzunehmen. Das Hoffnungswissen um Vergebung macht uns frei. Es befreit uns von einer tiefsitzenden, inwendig fressenden Daseinsangst, die immer neu unser menschliches Herz in sich selbst verkrümmt. Es lässt uns nicht vor dem heimlichen Argwohn kapitulieren, dass unsere Macht zu zerstören und zu erniedrigen letztlich immer größer sei als unsere Fähigkeit zu bejahen und zu lieben. Die Hoffnung auf Vergebung unterscheidet das Christentum aber auch von allen grauen Systemen eines rigorosen, selbstgerechten und freudlosen Moralismus. Sie erlöst uns von jener sterilen Überforderung, in die uns ein moralistisch angeschärfter Vollkommenheitswahn hineintreibt, der letztlich jede Freude an konkreter Verantwortung zersetzt. Der christliche Vergebungsgedanke hingegen schenkt gerade Freude an der Verantwortung; er schenkt Freude[31] an jener persönlichen Verantwortung, mit der auch die Kirche immer mehr rechnen, die sie immer mehr anrufen und kultivieren muss in der wachsenden Anonymität unseres gesellschaftlichen Lebens mit seinen komplexen, schwer überschaubaren Lebenssituationen.

6. Reich Gottes

Wir Christen hoffen auf den neuen Menschen, den neuen Himmel und die neue Erde in der Vollendung des Reiches Gottes. Wir können von diesem Reich Gottes nur in Bildern und Gleichnissen sprechen, so wie sie im Alten und Neuen Testament unserer Hoffnung, vor allem von Jesus selbst, erzählt und bezeugt sind. Diese Bilder und Gleichnisse vom großen Frieden der Menschen und der Natur im Angesichte Gottes, von der einen Mahlgemeinschaft der Liebe, von der Heimat und vom Vater, vom Reich der Freiheit, der Versöhnung und der Gerechtigkeit, von den abgewischten Tränen und vom Lachen der Kinder Gottes – sie alle sind eigentlich genau und unersetzbar. Wir können sie nicht einfach „übersetzen", wir können sie eigentlich nur schützen, ihnen treu bleiben und ihrer Auflösung in die geheimnisleere Sprache unserer Begriffe und Argumentationen widerstehen, die wohl zu unseren Bedürfnissen und von unseren Plänen, nicht aber zu unserer Sehnsucht und von unseren Hoffnungen spricht.

Die Verheißungen des Reiches Gottes, die durch Jesus unter uns unwiderruflich angebrochen[32] sind, führen uns mitten in unsere Lebenswelt

---

[31] Zweite Lesung (Korrektur) „... er schenkt Freude an jener persönlichen Verantwortung, mit der auch die Kirche immer mehr rechnet, die sie immer mehr anrufen und kultivieren muss ...".
[32] Zweite Lesung (Korrektur): „... angebrochen und in der Gemeinschaft der Kirche wirksam sind, führen uns ...".

1. Unsere Hoffnung. Ein Glaubensbekenntnis in dieser Zeit   37

hinein – mit ihren je eigenen Zukunftsplänen und Utopien. An ihnen
brechen und verdeutlichen sich diese Verheißungen, auch in unserer Zeit
der Wissenschaft und Technik, der großen sozialen und politischen
Wandlungen.

War unser öffentliches Bewusstsein nicht zulange von einem naiven
Entwicklungsoptimismus durchstimmt? Von der Bereitschaft, sich widerstandslos einem vermeintlichen Stufengang im Fortschritt von Aufklärung und technologischer Zivilisation zu überlassen und darin auch unsere Hoffnungen zu verbrauchen? Heute scheint der Traum von einer
schrankenlosen Herrschaft über die Natur im Interesse einer ebenso unbegrenzt vermehrbaren Bedürfnisfindung wie Bedürfnisbefriedigung langsam ausgeträumt. Zugleich spüren wir deutlicher die Fragwürdigkeit und
geheime Verheißungslosigkeit, die in einer rein technokratisch geplanten
und gesteuerten Zukunft der Menschheit steckt.[33] Schafft sie wirklich
einen „neuen Menschen" im aufgeklärten Licht der Freiheit oder nur den
völlig angepassten Menschen, den Menschen mit vorfabrizierten Lebens-
mustern, mit nivellierten Träumen, eingemauert in eine überraschungs-
freie Computergesellschaft, erfolgreich eingefügt in die anonymen Zwänge und Mechanismen einer von fühlloser Rationalität konstruierten
Welt – rückgezüchtet schließlich auf ein anpassungsschlaues Tier? Diese
Fragen wenden sich keineswegs gegen Wissenschaft und Technik und
wollen deren besondere Bedeutung für die Gestaltung einer menschenwürdigen Lebenswelt nicht antasten. Sie richten sich nur gegen einen
Verheißungsglauben an Wissenschaft und Technik, der viele (die Wissen-
schaftler selbst oft noch am wenigsten) unterschwellig bestimmt, ihr Bewusstsein gefangenhält und es so erblinden lässt für die ursprüngliche
Verheißungskraft unserer Hoffnung und für die Leuchtkraft der Bilder
und Gleichnisse vom Reiche Gottes und von der neuen Menschheit in
ihm.

Gewiss ist das christliche Hoffnungsbild vom neuen Menschen im Reiche Gottes tief hineinverwoben in jene Zukunftsbilder, die die politischen
und sozialen Freiheits- und Befreiungsgeschichten der Neuzeit bewegt
haben und bewegen; es kann und darf von ihnen auch nicht beliebig
abgelöst werden. Denn die Verheißungen des Reiches Gottes sind nicht
gleichgültig gegen das Grauen und den Terror irdischer Ungerechtigkeit

---

[33] Zweite Lesung (Korrektur): „... steckt. Schafft sie wirklich einen ‚neuen Menschen'?
Oder nur den völlig angepassten Menschen? Den Menschen mit vorfabrizierten Le-
bensmustern, mit ...".

38 II. Textdokumentation

und Unfreiheit, die das Antlitz[34] des Menschen und seine geschöpfliche Identität entstellen. Die Hoffnung auf diese Verheißungen wecken in uns und fordern von uns eine gesellschaftskritische Freiheit und Verantwortung, die uns vielleicht nur deswegen so blass und unverbindlich, womöglich gar so „unchristlich" vorkommt, weil wir sie in der Geschichte unseres kirchlichen und christlichen Lebens so wenig praktiziert haben. Und wo die Unterdrückung und Not sich – wie heute – ins[35] Planetarische steigern, muss diese praktische Verantwortung unserer Hoffnung auf die Vollendung des Reiches Gottes auch ihre privaten und nachbarschaftlichen Grenzen verlassen können. Das Reich Gottes ist nicht indifferent gegenüber den Welthandelspreisen! Dennoch sind seine Verheißungen nicht etwa identisch mit dem Inhalt jener sozialen und politischen Utopien, die einen neuen Menschen und eine neue Erde, eine geglückte Vollendung der Menschheit als Resultat gesellschaftlich-geschichtlicher Kämpfe und Prozesse erwarten und anzielen. Unsere Hoffnung erwartet eine Vollendung der Menschheit aus der verwandelnden Macht Gottes, als endzeitliches Ereignis, dessen Zukunft für uns in Jesus Christus bereits unwiderruflich begonnen hat.[36] Indem wir uns unter sein Gesetz stellen und in seiner Nachfolge leben, werden wir auch zu Zeugen der Macht dieser Zukunft inmitten unseres gegenwärtigen Lebens: als Friedensstifter und Barmherzige, als Menschen der Lauterkeit und Armut des Herzens, als Trauernde und Streitende, im unbesieglichen Hunger und Durst nach Gerechtigkeit (vgl. Mt 5,3 ff.).

Dieses christliche Hoffnungsbild von der Zukunft der Menschheit entrückt uns nicht illusionär den Kämpfen unserer menschlichen Geschichte. Es ist nur von einem tiefen Realismus über den Menschen und seine geschichtliche Selbstvollendung geprägt. Es zeigt den Menschen, der immer ein Fragender und Leidender bleibt: einer, den seine Sehnsucht stets neu mit seinen erfüllten Bedürfnissen entzweit und der auch dann noch sucht und hofft, wenn er in einer künftigen Zeit politischer und sozialer Schicksallosigkeit aller Menschen leben sollte; denn gerade dann wäre

---

[34] Zweite Lesung (Korrektur): „... Antlitz des Menschen zerstören. Die Hoffnung auf diese Verheißung weckt in uns und fordert von uns eine ...".

[35] Zweite Lesung (Korrektur): „... ins Weltweite steigern, ...".

[36] Zweite Lesung (Einschub): „... begonnen hat. Ihm gehören wir zu, in ihn sind wir eingepflanzt. Durch die Taufe sind wir hineingetaucht in sein neues Leben, und in der Mahlgemeinschaft mit ihm empfangen wir das ‚Pfand der kommenden Herrlichkeit'. Indem wir uns unter das ‚Gesetz Christi' (Gal 6,2) stellen und in seiner Nachfolge leben, werden wir auch mitten in unserer Lebenswelt zu Zeugen dieser verwandelnden Macht Gottes: als Friedensstifter und Barmherzige, als Menschen der Lauterkeit ...".

1. Unsere Hoffnung. Ein Glaubensbekenntnis in dieser Zeit 39

er in radikaler, gewissermaßen unabgelenkter Weise sich selbst und der Sinnfrage seines Lebens konfrontiert. Dieser Realismus unseres Reich-Gottes-Gedankens lähmt nicht unser Interesse am konkreten individuellen und gesellschaftlichen Leiden.[37] Er widersteht nur jenen gesellschaftlichen und politischen Utopien, die sich wie säkularisierte Umsetzungen unserer Reich-Gottes-Hoffnung ausnehmen und die die überschwänglichen Maßstäbe, die die Reich-Gottes-Botschaft für die Menschen und ihre Zukunft gesetzt hat, beibehalten wollen, ohne diese Botschaft selbst länger in Rechnung zu stellen.

7. Schöpfung

In der Hoffnung auf den neuen Himmel und die neue Erde kommt unser Glaube an die Welt als Schöpfung Gottes in sein Ziel. Hoffnung und Schöpfungsglaube gehören untrennbar zusammen, wie zwei Seiten einer Münze. Deshalb gehört zu unserer Hoffnung die Bereitschaft, diese unsere tödliche, in sich verfeindete und leidvoll zerrissene Welt ohne Zynismus und ohne schlechte Naivität als letztlich zustimmungsfähig anzuerkennen, als verborgenen Anlass zur Dankbarkeit und zur Freude: als Schöpfung Gottes. Zu unserer Hoffnung gehört also die Fähigkeit, ja zu sagen und die Bereitschaft, zu feiern und zu loben – obwohl es so viel Verneinungswürdiges gibt und obwohl keineswegs alles gut ist, so wie es ist. Die Zustimmungsbereitschaft zur Welt, die in unserer Hoffnung steckt, weil sie getragen ist vom Glauben an die Schöpfung, bedeutet keineswegs eine kritiklose Affirmation[38] der bestehenden Verhältnisse; sie betreibt keine religiöse Verschleierung der Ungerechtigkeiten, die in unserer Welt tatsächlich herrschen und die das Gute der Schöpfung, das uns zu Freude und Dankbarkeit führt, oft übermächtig entstellen. Sie macht uns vielmehr empfänglich für die Wehen der Schöpfung, für das Seufzen der Kreaturen, und diese Zustimmungskraft unserer Hoffnung kann in uns nicht bleiben, wenn wir nicht immer wieder dafür einstehen, dass auch das Leben anderer zustimmungswürdig wird und seinerseits Quelle von Dankbarkeit und Freude sein kann.

Freilich, Zustimmung und Dankbarkeit, Lob des Schöpfers und Freude an der Schöpfung sind kaum gefragte Tugenden in einer Gesellschaft,

---

[37] Für die Zweite Lesung wurde der letzte Satz im Abschnitt neu gefasst: „... Leiden. Er kritisiert nur jene Säkularisierungen unserer christlichen Hoffnung, die die Reich-Gottes-Botschaft selbst völlig preisgeben, aber auf die überschwänglichen Maßstäbe, die diese Botschaft für den Menschen und ihre Zukunft gesetzt hat, nicht verzichten möchten."

[38] Zweite Lesung (Korrektur): „... kritiklose Bejahung der ...".

40 II. Textdokumentation

deren öffentliches Bewusstsein zutiefst verstrickt ist in das universale Spiel der Interessen und Konflikte, das seinerseits die Starken und Mächtigen begünstigt, die Dankbaren und Freundlichen aber leicht überspielt und an den Rand drängt. In einer Lebenswelt, für die als gesellschaftlich bedeutsames Handeln des Menschen eigentlich nur gilt, was sich als Naturbeherrschung oder Bedürfnisbefriedigung, das eine im Interesse des anderen, ausweisen lässt, schwindet die Fähigkeit zu feiern ebenso wie die Fähigkeit zu trauern. Wie weit haben wir uns diesen Prozessen längst widerstandslos unterworfen? Und wohin führen sie uns? In die Apathie? In die Banalität? So unbegrenzt auch das Leistungspotential unter uns Menschen sein mag, die Reserven an Sinngebungskraft, der Widerstand gegen drohende Banalität – sie scheinen nicht unerschöpflich zu sein. Ob uns da die immer deutlicher sich abzeichnenden Grenzen der Naturausbeutung zur Besinnung bringen können? Ob sie uns neue Möglichkeiten schenken, die Welt als Schöpfung zu erahnen? Und ob dann wieder andere praktische Verhaltensweisen des Menschen wie das Beten und das Feiern, das Loben und Danken ihr unanschauliches und unansehnliches, ohnmächtiges Dasein verlieren? Oder ob all diese Haltungen uns endgültig ausgeredet werden sollen, etwa als Ausdruck einer überhöhten Sinnerwartung, die sich bloß falschen Traditionen und falscher Erziehung verdankt?

Jedenfalls dürfen wir Christen nicht aufhören, unsere Hoffnung als ein Fest zu feiern, das unsere Lebenswelt durchstrahlt und in dem auch etwas von der Solidarität der Gesamtschöpfung aufscheint, innerhalb derer der Mensch zur Herrschaft, nicht aber zur Willkür eingesetzt ist. Das Leiden lernen in einer leidensflüchtigen, apathischen Welt, aber auch die Freude lernen, diesseitiges Vergnügen an Gott und seinen Verheißungen in einer überanstrengten Welt: das gehört nicht zuletzt zu den Sendungen unserer Hoffnung in dieser Zeit und für sie.

8. Gemeinschaft der Kirche

Die Gemeinschaft unserer Kirche[39] ist vor allem eine Hoffnungsgemeinschaft. Sie ist nicht selbst das Reich Gottes. Und das Gedächtnis des

---

[39] Zweite Lesung (Korrektur): „... unserer Kirche ist wesentlich auch eine Hoffnungsgemeinschaft. Und das Gedächtnis des Herrn, das wir als diese Gemeinschaft feiern, ‚bis er wiederkommt', muss für uns und für die Welt, in der wir leben, immer wieder zur gefährlichen Erinnerung unserer Vorläufigkeit werden. Die Kirche ist nicht selbst das Reich Gottes. Aber sie ist auch nicht etwa eine reine Gesinnungsgemeinschaft, sie ist kein zukunftsorientierter Interessenverband. Sie hat ja ihren Grund nicht in unseren Ansichten und Utopien. Sie gründet vielmehr im Werk und

1. Unsere Hoffnung. Ein Glaubensbekenntnis in dieser Zeit 41

Herrn, das wir als diese Gemeinschaft feiern, „bis er wiederkommt", muss für uns und für die Welt, in der wir leben, auch immer wieder zur gefährlichen Erinnerung unserer Vorläufigkeit werden. Doch diese Hoffnungsgemeinschaft unserer Kirche ist nicht etwa eine reine Gesinnungsgemeinschaft, sie ist kein zukunftsorientierter Interessenverband. Sie hat ja ihren Grund nicht in unseren Ansichten oder Utopien. Sie gründet vielmehr in Werk und Geist Jesu Christi; dieser Geist ist der lebendige Grund ihrer Einheit. Deshalb ist sie kein Verein, der sich selbst immer neu zur Disposition stellen könnte; sie ist in ihrer Gemeinschaftsform – ein Volk, pilgerndes Gottesvolk, das sich dadurch identifiziert und ausweist, dass es seine Geschichte als Heilsgeschichte Gottes mit den Menschen erzählt und aus dieser Geschichte zu leben sucht.

Die Lebendigkeit dieses Volkes und der in ihm eingeräumten Erfahrungen von Gemeinschaft hängt freilich am Leben dieser Hoffnung selbst. Keiner hofft ja für sich allein. Denn die Hoffnung, die wir bekennen, ist nicht vage schweifende Zuversicht, ist nicht angeborener Daseinsoptimismus; sie ist so radikal und so anspruchsvoll, dass keiner sie für sich allein und nur im Blick auf sich selber hoffen könnte. Im Blick auf uns allein: bliebe uns da am Ende wirklich mehr als Melancholie, kaum verdeckte Verzweiflung oder blinder egoistischer Optimismus? Gottes Reich zu hoffen wagen – das heißt immer, es im Blick auf die anderen zu hoffen und darin für uns selbst. Erst wo unsere Hoffnung für die anderen mithofft, wo sie also unversehens die Gestalt und die Bewegung der Liebe und der Communio annimmt, hört sie auf, klein und ängstlich zu sein und verheißungslos unseren Egoismus zu spiegeln. „Wir wissen, dass wir vom Tod zum Leben hinübergeschritten sind, weil wir die Brüder lieben. Wer nicht liebt, bleibt im Tode" (1 Joh 3,14).

So können sich aus gelebter Hoffnung immer wieder lebendige Formen kirchlicher Gemeinschaft entfalten, und andererseits kann erfahrene kirchliche Gemeinschaft stets neu zum Ort werden, an dem lebendige Hoffnung reift, an dem sie miteinander gelernt und gefeiert werden kann.

Geist Jesu Christi; sein heiliger Geist ist der lebendige Grund ihrer Einheit. Er, der Heilige Geist des erhöhten Herrn, ist die innerste Kraft unserer Zuversicht: Christus in uns, Hoffnung auf die Herrlichkeit (vgl. Kol 1,27). Deshalb ist die Hoffnungsgemeinschaft unserer Kirche kein Verein, der sich selbst immer neu zur Disposition stellen könnte; sie ist in ihrer Gemeinschaftsform – ein Volk, pilgerndes Gottesvolk, das sich dadurch identifiziert und ausweist, dass es seine Geschichte als Heilsgeschichte Gottes mit den Menschen erzählt ...".

42 II. Textdokumentation

Zeigen aber unsere kirchlichen Lebensformen uns selbst und den Menschen unserer Lebenswelt hinreichend diese Züge einer Hoffnungsgemeinschaft, in der sich neues beziehungsreiches Leben entfaltet und die deshalb zum Ferment lebendiger Gemeinschaft werden kann in einer Gesellschaft wachsender Beziehungslosigkeit? Oder ist unser öffentliches kirchliches Leben nicht selbst viel zu verdunkelt und verengt von Angst und Kleinmut, zu sehr im Blick auf sich selbst befangen, allzu sehr umgetrieben von der Sorge um Selbsterhaltung und Selbstreproduktion, die die allseits herrschenden Formen der Beziehungslosigkeit und der Isolation gerade nicht brechen helfen, sondern eher bestätigen und steigern! Allenthalben zeichnet sich heute so etwas wie eine Fluchtbewegung aus der Gesellschaft in neue Formen der Gemeinschaft, in „Gruppen" hinein ab. Gewiss sind diese Tendenzen nicht leicht zu bewerten. Deutlich aber schlägt in ihnen eine Sehnsucht durch nach neuen beziehungsreichen Erfahrungen von Gemeinschaft in unserem komplexen gesellschaftlichen Leben, das vielfach die zwischenmenschlichen Kommunikationen überspezialisiert und überorganisiert und das gerade dadurch neue künstliche Isolierungen und Vereinsamungen schafft, die die Verhältnislosigkeit der Menschen zueinander fördern und neue Mechanismen ihrer Beherrschbarkeit auslösen können.

Hier schulden wir uns selbst und unserer Lebenswelt mehr denn je das Zeugnis einer Hoffnungsgemeinschaft, die in sich selbst viele lebendige Formen des „Zusammenseins in seinem Namen" kennt und je auch neue weckt und fördert. Dabei müssen insbesondere die Amtsträger in unserer Kirche empfänglich bleiben oder neu empfänglich werden für jene Gefahren, die sich aus der eigenen behördlichen Organisationsform der Kirche, aus ihrer Verwaltungsapparatur und den damit zusammenhängenden institutionellen Zwängen für eine lebendige Gemeinschaftserfahrung ergeben. Viele nämlich leiden heute an diesem behördlichen Erscheinungsbild unserer Kirche und fühlen sich in ihr ohnmächtig den gleichen sozialen Zwängen und Mechanismen ausgeliefert wie in ihrer gesamten Lebenswelt. Sie wenden sich ab oder resignieren. Mehr und entschiedener als je brauchen wir deshalb heute ein lebendiges Gespür für diese Gefahr in unserer Kirche. Nur wenn wir die behördlichen Spezialisierungen und Organisierungen in ihrer unvermeidlichen Dienstfunktion richtig einschätzen und ihre konkreten Erscheinungsformen nicht zum unwandelbaren, gottgewollten Ausdruck der Kirche aufsteigern, werden wir auch genug innere Beweglichkeit im kirchlichen Leben gewinnen, um in ihm das Zeugnis einer lebendigen Hoffnungsgemein-

1. Unsere Hoffnung. Ein Glaubensbekenntnis in dieser Zeit 43

schaft inmitten einer überorganisierten unpersönlichen Lebenswelt verwirklichen zu können.

Teil II: Das eine Zeugnis und die vielen Träger der Hoffnung
1. Inmitten unserer Lebenswelt
Die Situation, in der wir in der Gemeinschaft der Kirche unsere Hoffnung bezeugen und aus ihr uns erneuern wollen, ist längst nicht mehr die Situation einer religiös geprägten Gesellschaft. In der Angst vor innerem Sinnverlust und vor wachsender Bedeutungslosigkeit steht unser kirchliches Leben zwischen der Gefahr kleingläubiger oder auch elitärer Selbstabschließung in einer religiösen Sonderwelt und der Gefahr der Überanpassung an eine Lebenswelt, auf deren Definition und Gestaltung es kaum mehr Einfluss nimmt. Der Weg unserer Hoffnung und unserer kirchlichen Erneuerung muss uns mitten durch diese Lebenswelt hindurchführen[40] – mit ihren Erfahrungen und Erinnerungen, mit ihrer Indifferenz oder auch ihrem kalkulierten Wohlwollen gegenüber der Kirche, und mit ihren Verwerfungen der Kirche als einer Art antiemanzipatorischen Restbestands in unserer Gesellschaft, in dem angeblich Wissen und produktive Neugierde gezielt unterschlagen und das Interesse an Freiheit und Gerechtigkeit bloß simuliert werden.

2. Das Zeugnis gelebter Hoffnung
Der Weg der Kirche in dieser Situation ist der Weg gelebter Hoffnung. Er ist auch das Gesetz aller kirchlichen Erneuerung. Und er führt uns in die einzige Antwort, die wir letztlich auf alle Zweifel und Enttäuschungen, auf alle Verwerfungen und alle Indifferenz geben können. Sind wir, was wir im Zeugnis unserer Hoffnung bekennen? Ist unser kirchliches Leben geprägt vom Geist und der Kraft dieser Hoffnung? Eine Kirche, die sich dieser Hoffnung anpasst, ist schließlich auch dem Heute angepasst, und ohne Anpassung an diese Hoffnung hilft ihr kein noch so brisantes Aggiornamento. „Die Welt" braucht keine Verdoppelung ihrer Hoffnungslosigkeit durch Religion; sie braucht und sucht (wenn überhaupt) das Gegengewicht, die Sprengkraft gelebter Hoffnung. Und was wir ihr schulden, ist dies: das Defizit an anschaulich gelebter Hoffnung auszugleichen. In diesem Sinn ist schließlich die Frage nach unserer Gegenwartsverantwortung und Gegenwartsbedeutung die gleiche wie jene

---

[40] Zweite Lesung (Korrektur): „.... Lebenswelt führen ...".

44 II. Textdokumentation

nach unserer christlichen Identität: Sind wir, was wir im Zeugnis unserer
Hoffnung bekennen?

3. *Gleichförmig mit Jesus Christus*

Die Krise des kirchlichen Lebens beruht letztlich nicht auf Anpassungsschwierigkeiten gegenüber unserem modernen Leben und Lebensgefühl,
sondern auf Anpassungsschwierigkeiten gegenüber dem, in dem unsere
Hoffnung wurzelt und aus dessen Sein sie ihre Höhe und Tiefe, ihren
Weg und ihre Zukunft empfängt: Jesus Christus mit seiner Botschaft vom
„Reich Gottes". Haben wir in unserer Praxis ihn nicht allzu sehr uns
angepasst, seinen Geist wie abgedecktes Feuer gehütet, dass er nicht zu
sehr überspringe? Haben wir nicht unter allzu viel Ängstlichkeit und
Routine den Enthusiasmus der Herzen eingeschläfert und zu gefährlichen
Alternativen provoziert: Jesus, ja – Kirche, nein? Warum wirkt Er „moderner", „heutiger" als wir, seine Kirche –? So gilt als Gesetz unserer
kirchlichen Erneuerung, dass wir vor allem die Angleichungsschwierig-
keit gegenüber dem, auf den wir uns berufen und aus dem wir leben,
überwinden und dass wir konsequenter in seine Nachfolge eintreten, um
den Abstand zwischen ihm und uns zu verringern und unsere Schicksals-
gemeinschaft mit ihm zu verlebendigen. Dann ist ein Weg und eine
Zukunft. Dann gibt es eine Chance, heutig[41], gleichzeitig zu sein – die
Probleme, Fragen und Leiden allenthalben zu teilen, ohne sich ihrer geheimen Hoffnungslosigkeit zu unterwerfen.

Die Kraft dazu gewinnen wir aus der Gewissheit des Glaubens, dass
das Leben des Christus selbst in unsere Kirche eingesenkt ist, dass wir
auf den Tod und den Sieg Christi getauft sind und dass uns sein Geist
leitet, der allein uns bekennen lässt: „Jesus ist der Herr! (vgl. 1 Kor 12,3)."
Diese Gewissheit macht uns aber auch dazu frei, dass wir uns – mit den
Aussagen des jüngsten Konzils – als eine Kirche der Sünder[42], ja als eine
sündige Kirche bekennen. Sie befreit uns dazu, dass wir angesichts der
Krise unseres kirchlichen Lebens weder in einen folgenlosen Kult der
Selbstbezichtigung verfallen, noch dass wir die Schuld für Indifferenz
und Abfall kleingläubig und selbstgerecht nur bei „den andern", bei der
„bösen Welt" suchen und gerade so den Ruf nach Umkehr und schmerzli-

---

[41] Zweite Lesung (Korrektur): „... heutig, ganz gegenwärtig zu sein ...".
[42] Zweite Lesung (Korrektur): „... als eine Kirche der Sünder verstehen, ja, dass wir
uns als sündige Kirche bekennen. Sie befreit ...".

1. Unsere Hoffnung. Ein Glaubensbekenntnis in dieser Zeit 45

cher Wandlung unterdrücken oder mit bloßen Durchhalteappellen übertönen.[43]

4. Das Volk als Träger der Hoffnung

Alle sind auf dieses Zeugnis lebendiger Hoffnung in der Nachfolge Jesu verpflichtet, weil alle auf diesen Weg der Hoffnung geschickt, weil alle in diese Nachfolge gerufen sind – herausgerufen zur Gemeinschaft[44] der einen Kirche. Deshalb müssen eigentlich auch alle beteiligt sein und beteiligt werden an der lebendigen Erneuerung unserer Kirche. Diese Erneuerung kann ja nicht verordnet werden, sie erschöpft sich nicht in einzelnen synodalen Reformmaßnahmen. Die eine Nachfolge muss viele Nachfolgende, das eine Zeugnis viele Zeugen, die eine Hoffnung viele Träger haben. Nur so kann schließlich aus einem Erneuerungsversuch für die Kirche eine Erneuerung unserer Kirche selbst werden. Nur so kann uns in unserer offensichtlichen Übergangssituation der Schritt gelingen von einer protektionistisch anmutenden Kirche für das Volk zu einer lebendigen Kirche des Volkes, in der alle auf ihre Art sich verantwortlich beteiligt wissen am Schicksal dieser Kirche und an ihrem öffentlichen Zeugnis der Hoffnung. Nur so werden wir auch den Eindruck vermeiden, wir seien eine Kirche, die zwar noch von einem starken (nur langsam sich zersetzenden) Milieu, nicht aber eigentlich vom Volk mitgetragen ist.

Das alles bedeutet freilich auch, dass die Amtsträger in unserer Kirche, die „bestellten Zeugen", heute mehr denn je dem Volk Gottes eine besondere Aufnahmebereitschaft und Empfänglichkeit schulden für die verschiedensten Formen und Träger des Zeugnisses gelebter Hoffnung, praktizierter Nachfolge inmitten und[45] nicht selten auch an den institutionellen Rän-

---

[43] Zweite Lesung (Einschub): „... übertönen. Wenn wir uns kritisch gegen uns selbst wenden, dann nicht, weil wir einem modischen Kritizismus huldigen, sondern weil wir die Größe und Unbezwingbarkeit unserer Hoffnung nicht schmälern wollen. Wir Christen hoffen ja nicht auf uns selber, und darum brauchen wir auch unsere eigene Gegenwart und unsere eigene Geschichte nicht immer wieder zu halbieren und stets nur die Sonnenseite vorzuzeigen, wie es jene Ideologien tun, die keine andere Hoffnung haben als die auf sich selbst. In diesem Sinne ist die Bereitschaft zur Selbstkritik ein Zeugnis unserer spezifisch christlichen Hoffnung, die die Kirche immer neu zu einer offensiven Gewissenserforschung anleitet."

[44] Zweite Lesung (Einschub): „... Gemeinschaft der Glaubenden, befähigt und geführt durch den Geist Gottes, den er seiner Kirche verheißen hat (vgl. Joh 14,26; Röm 8,14.26). Deshalb müssen ...".

[45] Zweite Lesung (Korrektur): „... inmitten unserer Kirche und nicht selten auch in ihren institutionellen Randzonen. Gewiss ...".

46 II. Textdokumentation

dern unserer Kirche. Gewiss werden sie schließlich immer zu prüfen und zu scheiden haben, aber eben nicht nur kritisch musternd, sondern auch mit Gespür für alles, was uns instandsetzt, unsere Hoffnung anschaulich und ansteckend[46] vorzuführen und nicht nur von ihr zu reden. Das Amt in der Kirche, das unter dem Gesetz des Geistes Gottes steht, hat schließlich nicht nur die Pflicht, falschem Geiste zu wehren, die Geister zu scheiden, sondern auch die Pflicht, den Geist zu suchen und mit seiner unkalkulierbaren, oft unbequemen Spontaneität immer neu zu rechnen.

Teil III: Wege in die Nachfolge[47]

Es gibt so viele Formen des Zeugnisses gelebter Hoffnung, so viele Wege der kirchlichen Erneuerung, wie es Wege in die Nachfolge gibt. Nur von einigen kann hier die Rede sein – als Wegzeichen für unser kirchliches Leben.[48]

1. Weg in den Gehorsam des Kreuzes

Der Weg in die Nachfolge Jesu führt immer in jenen Gehorsam gegenüber dem Vater, der das Leben Jesu ganz durchprägt und ohne den es schlechthin unzugänglich bliebe. In diesem Gehorsam wurzelt auch[49] Jesu Menschenfreundlichkeit, seine Nähe zu den Ausgestoßenen und Gedemütigten, zu den Sündern und Verlorenen. Denn das Gottesbild, das in der Armut des Gehorsams Jesu, in der völligen Ausgeliefertheit seines Lebens an den Vater aufscheint, ist nicht das Bild eines demütigenden Tyrannengottes; es ist auch nicht das Gottesbild als Überhöhung von irdischer Herrschaft und Autorität. Es ist das leuchtende Bild des Gottes, der erhebt und befreit, der die Schuldigen und Gedemütigten in eine neue verheißungsvolle Zukunft entlässt und ihnen mit den ausgestreckten Armen

---

[46] Zweite Lesung (Korrektur): „... ansteckend zu leben und nicht nur von ihr ...".
[47] Der Text für die Zweite Lesung beginnt mit dem Einschub: „Das Bekenntnis zu Jesus Christus weist uns in seine Nachfolge. Sie nennt den Preis unserer Verbundenheit mit ihm, den Preis unserer Orthodoxie; sie allein kennzeichnet den Weg zur Erneuerung der Kirche. Unsere Identität als Christen und Kirche finden wir nicht in fremden Programmen und Ideologien. Nachfolge genügt.
Es gibt ...".
[48] Zweite Lesung (Einschub): „... kirchliches Leben. Dabei wird der Gehorsam Jesu als das zentrale Thema der Nachfolge vorangestellt. Aus ihm ergeben sich jene anderen Haltungen, die man unserem kirchlichen Leben oft nicht oder nur wenig ansieht und zutraut: Armut, Freiheit, Freude."
[49] Zweite Lesung (Korrektur): „... auch die Jesus eigentümliche Menschenfreundlichkeit, seine ...".

1. Unsere Hoffnung. Ein Glaubensbekenntnis in dieser Zeit 47

seines Erbarmens entgegenkommt. Ein Leben in der Nachfolge ist ein Leben, das sich in diese Armut des Gehorsams Jesu stellt[50] und das so, in unserer Zeit und unserer Lebenssituation, lebendig zeugt von diesem Gott unserer Hoffnung.

Der Preis für dieses Zeugnis ist hoch, das Wagnis dieses Gehorsams ist groß, es führt in ein Leben zwischen vielen Fronten. Jesus war weder ein Narr noch ein Rebell; aber offensichtlich beiden zum Verwechseln ähnlich. Schließlich wurde er von Herodes als Narr verspottet, von seinen Landsleuten als Rebell ans Kreuz ausgeliefert. Wer ihm nachfolgt, wer die Armut seines Gehorsams nicht scheut, wer den Kelch nicht von sich weist, muss damit rechnen, dieser Verwechslung zum Opfer zu fallen und zwischen alle Fronten zu geraten – immer neu, immer mehr.

Wenn unser kirchliches Leben diese Wege in die Nachfolge geht, wird es auch seine eigenen Kreuzeserfahrungen machen. Aber vielleicht sind wir im kirchlichen Leben unseres Landes selbst schon zu fest und unbeweglich in die Systeme und Interessen unseres gesellschaftlichen Lebens eingefügt. Vielleicht haben wir uns inzwischen selbst schon zu sehr anpassen lassen, indem wir weitgehend jenen Platz und jene Funktion eingenommen haben, die uns nicht einfach der Wille Gottes, sondern der geheimnislose Selbsterhaltungswille unserer totalen Bedürfnisgesellschaft und das Interesse an ihrem reibungslosen Ablauf zudiktiert haben. Vielleicht erwecken wir schon zu sehr den Anschein einer gesellschaftlichen Einrichtung zur Beschwichtigung von schmerzlichen Enttäuschungen, zur willkommenen Neutralisierung von unbegriffenen Ängsten und zur Stilllegung gefährlicher Erinnerungen und unangepasster Erwartungen. Der Gefahr einer solchen schleichenden Anpassung an die herrschenden gesellschaftlichen Erwartungen, der Gefahr, als Kreuzesreligion zur Wohlstandsreligion zu werden, müssen wir ins Auge sehen. Denn wenn wir ihr wirklich verfallen, dienen wir schließlich keinem, nicht Gott und nicht den Menschen.

2. Weg in die Armut

Der Weg in die Nachfolge führt immer auch in eine andere Gestalt der Armut und Freiheit: in die Armut und Freiheit der Liebe, in der Jesus am Ende selbst den Tod „überlistete", da er nichts mehr besaß, was dieser

---

[50] Zweite Lesung (Einschub): „... stellt. Im Gebet wagen wir diese Armut, die unkalkulierte Auslieferung unseres Lebens an den Vater. Aus dieser Haltung erwächst das lebendige Zeugnis vom Gott unserer Hoffnung inmitten unserer Lebenswelt. Der Preis für dieses Zeugnis ...".

48 II. Textdokumentation

ihm hätte rauben können.[51] In solche Armut und Freiheit der Liebe ruft die Nachfolge. Und sie ruft uns immer auch in ein neues solidarisches Verhältnis zu den Armen und Schwachen unserer Lebenswelt überhaupt. Eine kirchliche Gemeinschaft in der Nachfolge Jesu kann es sich leisten, von den Mächtigen[52] und Klugen verachtet zu werden. Aber sie kann es sich – um dieser Nachfolge willen – nicht leisten, von den Armen und Kleinen verachtet zu werden, von denen, „die keinen Menschen haben" (vgl. Joh 5,7). Sie nämlich sind die Privilegierten bei Jesus, sie müssen auch die Privilegierten seiner Kirche sein. Sie vor allem müssen sich von uns vertreten wissen. Deshalb sind in unserer Kirche gerade alle jene Initiativen zur Nachfolge von größter Bedeutung[53], die den Eindruck abwenden, als wären wir in unserem soziologischen Gefälle zu ausschließlich eine rein bürgerliche Religion geworden der das reale Leid der Armut und der Not, des gesellschaftlichen Scheiterns und der sozialen Ächtung viel zu fremd geworden ist, ja, die diesem Leid selbst nur mit der Brille und den Maßstäben einer bürgerlichen Wohlstandsgesellschaft begegnet. Wir werden schließlich unsere intellektuellen Bezweifler eher überstehen als die sprachlosen Zweifel der Armen und Kleinen und ihre Erinnerungen an das Versagen der Kirche Und wie sollten wir schließlich mit dem Ansehen einer reichen Kirche überhaupt glaubwürdig und wirksam jenen Widerstand vertreten können, den die Botschaft Jesu unserer Wohlstandsmentalität entgegensetzt?[54]

3. Weg in die Freiheit

Der Weg in die Nachfolge zur Erneuerung unseres kirchlichen Lebens und zur lebendigen Bezeugung unserer Hoffnung ist immer auch ein Weg in die Freiheit, in jene Freiheit Jesu, die ihm aus der völligen Ausgeliefertheit seines Lebens an den Vater erwuchs und die ihn selbst wieder dazu frei-

---

[51] Zweite Lesung (Einschub): „... rauben können. Er hatte alles gegeben, für alle. In solche Armut und Freiheit der Liebe, die sich zu allen gesandt weiß, ruft die Nachfolge. Sie ruft uns dabei immer neu in ...".
[52] Zweite Lesung (Korrektur): „... leisten, von den ‚Klugen' und ‚Mächtigen' verachtet zu werden. Aber sie kann es sich nicht leisten – um dieser Nachfolge willen – von den ‚Armen und Kleinen' verachtet ...".
[53] Zweite Lesung (Korrektur): „...von größter Bedeutung, die der Gefahr begegnen, dass wir in unserem sozialen Gefälle eine verbürgerlichte Religion werden, der das reale Leid der Armut und Not, des gesellschaftlichen Scheiterns und ...".
[54] Zweite Lesung (Einschub): „... entgegensetzt. Unter den vielen Formen gelebter Hoffnung ist gerade das Zeichen der Ehelosigkeit in der Nachfolge Jesu auf die Praxis dieser Armut verwiesen, wenn es die Herausforderung des Evangeliums in unserer Gesellschaft überzeugend darstellen will."

1. Unsere Hoffnung. Ein Glaubensbekenntnis in dieser Zeit 49

machte, gegen gesellschaftliche Vorurteile und Idole aufzutreten und gerade für jene einzutreten, die von der Macht dieser Vorurteile und Idole zerstört wurden. Der Glanz dieser Freiheit liegt über seinem ganzen Lebensweg. Und wenn uns die Berufung auf ihn nicht zur härtesten Kritik an uns selbst geraten soll, dann muss diese Freiheit auch unser kirchliches Leben durchstrahlen.[55] „Alles gehört euch, Paulus, Apollos, Kefas, Welt, Leben, Tod, Gegenwart und Zukunft: alles gehört euch. Ihr aber gehört Christus und Christus gehört Gott" (1 Kor 3,21–23).[56] Die aus der Gemeinschaft mit Christus und mit dem Vater geschenkte Freiheit schickt unser kirchliches Leben immer neu in das große Abenteuer der Freiheit der Kinder Gottes. Im Bewusstsein dieser befreiten Freiheit sollten wir schließlich auch unbefangener jene neuzeitliche Geschichte der gesellschaftlichen Freiheit würdigen lernen, von deren Früchten wir heute alle, auch kirchlich, leben und die sich ihrerseits nicht zuletzt den geschichtlichen Impulsen der Freiheitsbotschaft Jesu verdankt, selbst wenn diese Anstöße vielfach ohne die Kirche und sogar gegen sie geschichtlich freigesetzt worden sind. Im Blick auf diese Freiheit der Kinder Gottes können wir dann auch die zögernd angebahnten Prozesse einer innerkirchlichen Freiheit, die einmal angekündigte Bereitschaft, mit den Fragen und Einwürfen kritischer Freiheit leben zu wollen, mutig weiter entfalten, ohne dass wir uns der Gefahr aussetzen, die Freiheit Jesu einfach einem gesellschaftlich herrschenden Freiheitsideal zu unterwerfen.[57]

4. Weg in die Freude

Wege in die Nachfolge, Wege in die Erneuerung unseres kirchlichen Lebens: sie sind am Ende immer Wege in jene Freude, die durch das Leben

---

[55] Zweite Lesung (Einschub): ‚... durchstrahlen. ‚Als Sterbende, und doch, wir leben, mit Ruten geschlagen, und doch nicht getötet, mit Leiden gesättigt, und doch immer froh, Arme, die viele reich machen, Habenichtse, die doch alles besitzen' (2 Kor 6,9 f). Im Gebet verwurzeln wir uns in dieser Freiheit. Denn Beten macht frei, frei von jener Angst, die die Phantasie unserer Liebe verkümmern lässt und uns übermächtig auf die Sorge um uns selbst zurückwirft. Die aus der Gemeinschaft mit Christus und mit dem Vater geschenkte Freiheit schickt unser kirchliches Leben immer neu in das Abenteuer der Freiheit der Kinder Gottes: Alles gehört euch, Paulus ...".

[56] Zweite Lesung (Korrektur): ‚... (1 Kor 3,21–23). Im Bewusstsein dieser befreiten Freiheit ...".

[57] Zweite Lesung (Einschub): „... unterwerfen. Widerstand ist uns dabei gegenüber jenem Freiheitsverständnis geboten, das die Verwirklichung von Freiheit in persönlicher Treue und Verpflichtung verkennt oder extrem privatisiert und das gerade deshalb auch die öffentliche Anerkennung der Grundlagen ehelicher Gemeinschaft gefährdet."

50 II. Textdokumentation

und die Botschaft Jesu in unsere Welt kam und die sich durch seine Auferweckung als unbesieglich erwies. Diese Freude ist dem Kindersinn unserer Hoffnung verwandt und gerade deswegen von künstlich oder verzweifelt gespielter Naivität ebenso weit entfernt wie von naturwüchsigem Daseinsoptimismus. Von ihr ist schwer zu reden und leicht ein Wort zu viel gesagt. Sie kann eigentlich nur angeschaut und erlebt werden an denen, die sich auf die Nachfolge einlassen und darin den Weg ihrer Hoffnung gehen.[58] So zielt schließlich alle Erneuerung unseres kirchlichen Lebens darauf, dass diese Freude sich in ungezählten Brechungen im Antlitz unserer Kirche spiegele und dass so das Zeugnis der Hoffnung in unserer Gesellschaft zu einer Einladung zur Freude wird.

Teil IV: Sendungen für Gesamtkirche und Gesamtgesellschaft
Unsere Kirche in der Bundesrepublik Deutschland weiß und bekennt sich als einen Teil der einen katholischen Kirche. Sie ist deshalb auch einbezogen in die Situation und die Aufgaben der Gesamtkirche. Keine Teilkirche lebt für sich, heute weniger als je. Wenn sie von ihrem eigenen Weg und ihrer eigenen Aufgabe spricht, muss sie immer auch den Blick über ihre eigene Situation erheben auf die Gesamtkirche hin. Sie muss sich selbst „katholisch" orientieren, sich selbst immer auch an weltkirchlichen Maßstäben messen. Darum muss sich auch unsere deutsche Kirche über jene besonderen Sendungen und Aufträge vergewissern, die ihr aus ihrer geschichtlichen und gesellschaftlichen Situation für die Gesamtkirche hier und heute zuwachsen. Sie muss vor Gott um jene geschichtlichen und sozialen Charismen ringen, die gerade sie zur „Auferbauung des Leibes Christi" beizutragen hat. Und in einer Zeit, in der die Welt aus ihren getrennten geschichtlichen und sozialen Lebensräumen immer mehr zu einer beziehungs- und gegensatzreichen Einheit zusammenwächst, muss sich unsere Kirche auch Rechenschaft über jene gesamtgesellschaftlichen Aufgaben geben, die ihr aufgrund ihrer Ausgangslage zufallen. So wollen wir zum Schluss von einigen besonderen Sendungen und Verpflichtun-

---

[58] Zweite Lesung (Einschub): „... gehen. Die Kirche schaut sie von altersher in denen an, die sie als ihre Heiligen verehrt und deren Lebensgeschichten sie nicht zuletzt als Bewahrheitungen christlicher Freude verwahrt – als Erzählungen über die Freude eines Christenmenschen. Gerade heute ist diese Freude ein hervorragendes Zeugnis für die Hoffnung, die in uns ist. In einer Zeit, in der der Glaube und seine Hoffnung immer mehr dem öffentlichen Verdacht der Illusion und der Projektion ausgesetzt ist, wirkt vor allem diese Freude überzeugend: sie nämlich kann man am wenigsten auf Dauer sich selbst und anderen vortäuschen. So zielt schließlich ...".

1. Unsere Hoffnung. Ein Glaubensbekenntnis in dieser Zeit   51

gen unserer deutschen Kirche im Dienste an der Gesamtkirche und an der Gesamtgesellschaft sprechen. Gerade sie können Stellproben für den Geist unserer Hoffnung, Anlass zum „Erweis des Geistes und der Kraft" sein.

1. Für die christliche Einheit[59]

Wir sind die Kirche des Landes der Reformation. Die Kirchengeschichte unseres Landes ist geprägt von der Geschichte der großen Glaubensspaltung in der abendländischen Christenheit. Darum wissen wir uns jener gesamtkirchlichen, wahrhaft „katholischen" Aufgabe, nämlich dem Ringen um eine neue lebendige Einheit des Christentums in der Wahrheit und in der Liebe, in vorzüglicher Weise verpflichtet. Die Impulse des jüngsten Konzils in diese Richtung verstehen wir deshalb auch als besondere Wege und Weisungen für unsere Kirche in der Bundesrepublik Deutschland. Wir wollen das offensichtlich neu erwachte Verlangen nach Einheit nicht austrocknen lassen. Wir wollen den Skandal der zerrissenen Christenheit, der sich angesichts einer immer rascher zusammenwachsenden Welt tagtäglich verschärft, nicht bagatellisieren oder vertuschen. Und wir wollen die konkreten Möglichkeiten und Ansatzpunkte für eine verantwortliche Verwirklichung der Einheit nicht übersehen oder unterschätzen. Diese Einheit entspringt der einheitsstiftenden Tat Gottes, aber doch durch unser Tun in seinem Geist, durch die lebendige Erneuerung unseres kirchlichen Lebens in der Nachfolge des Herrn.[60]

2. Für ein neues Verhältnis zur Glaubensgeschichte des jüdischen Volkes

Wir sind das Land, dessen jüngste politische Geschichte von dem Versuch verfinstert ist, das jüdische Volk systematisch auszurotten. Und wir waren in dieser Zeit des Nationalsozialismus, trotz beispielhaften Verhaltens einzelner[61], aufs Ganze gesehen eine kirchliche Gemeinschaft, die erheb-

---

[59] Zweite Lesung (Korrektur): „Für eine lebendige Einheit der Christen".
[60] Zweite Lesung (Einschub): „... des Herrn. Die Redlichkeit und Lebendigkeit unseres Willens zur Einheit soll sich nicht zuletzt verwirklichen und bezeugen in der besonderen geistlichen Verbundenheit und praktischen Solidarität mit allen Christen in der Welt, die um des Namens Jesu willen Verfolgung leiden."
[61] Zweite Lesung (Einschub): „... trotz beispielhaften Verhaltens einzelner Personen und Gruppen, aufs Ganze gesehen doch eine kirchliche Gemeinschaft, die zu sehr mit dem Rücken zum Schicksal dieses verfolgten jüdischen Volkes weiterlebte und zu ängstlich um den ungefährdeten Fortbestand der eigenen kirchlichen Institutionen besorgt war. Viele sind dabei aus nackter Lebensangst schuldiggeworden. Dass Christen sogar bei dieser Verfolgung mitgewirkt haben, bedrückt uns besonders schwer. Die praktische Redlichkeit ...".

52 II. Textdokumentation

lich mehr an ihrem eigenen Bestand und am reibungslosen Funktionieren
ihrer eigenen Institutionen interessiert war als am Schicksal dieses verfolgten jüdischen Volkes. Die praktische Redlichkeit unseres Erneue-
rungswillens hängt auch an dem Eingeständnis dieser Schuld und an der
Bereitschaft, aus dieser Schuldgeschichte unseres Landes und auch unserer Kirche schmerzlich zu lernen[62]: Indem gerade unsere deutsche Kirche
allen, die heute aus rassistischen oder anderen ideologischen Motiven
verfolgt werden, ihre besondere Hilfsbereitschaft schenkt, vor allem aber,
indem sie besondere Verpflichtungen für das so belastete Verhältnis der
Gesamtkirche zum jüdischen Volk und seiner Religion übernimmt.

Gerade wir in Deutschland dürfen den Zusammenhang der jüdischen
Glaubensgeschichte mit der Geschichte des neuen Gottesvolkes, wie ihn
auch Paulus sah und bekannte, nicht verleugnen oder verharmlosen. Wir
sind nämlich in unserem Lande in einem sehr tiefen, geradezu[63] heilsge-
schichtlich mystischen Sinn zu Schuldnern dieses Volkes geworden. Denn
schließlich hängt die Glaubwürdigkeit unserer Rede vom „Gott der Hoffnung" angesichts eines hoffnungslosen Grauens wie dem von Auschwitz
vor allem daran, dass es eben Ungezählte[64], Ungenannte gab, Juden voran, die die diesen Gott sogar in einer solchen Hölle und nach dem Erleb-
nis einer solchen Hölle[65] genannt und angerufen haben. Hier mögen andere Länder und andere Teilkirchen andere Aufgaben und andere Optionen
haben. Wir sehen eine besondere Verpflichtung der deutschen Kirche innerhalb der Gesamtkirche gerade darin, auf ein neues Verhältnis der Christen zum jüdischen Volk und seiner Glaubensgeschichte hinzuwirken.

3. Für die Tischgemeinschaft mit den armen Kirchen
Wir sind offensichtlich die Kirche eines wirtschaftlich mächtigen und reichen Landes.[66] Dadurch sind wir die Kirche eines Landes, das seinerseits

---

[62] Zweite Lesung (Einschub): „... zu lernen: Indem gerade unsere deutsche Kirche
wach sein muss gegenüber allen Tendenzen, Menschenrechte abzubauen und politische Macht zu missbrauchen, und indem sie allen, die heute aus rassistischen oder
anderen ideologischen Motiven verfolgt werden ...".

[63] Zweite Lesung (Korrektur): „... geradezu heilsgeschichtlichen Sinn zu Schuldnern ...".

[64] Zweite Lesung (Korrektur): „... Ungezählte gab, Juden voran, die ...".

[65] Zweite Lesung (Einschub): „einer solchen Hölle immer wieder genannt und angerufen ...".

[66] Zweite Lesung (Textstreichung): „... eines vergleichsweise reichen und wirtschaftlich mächtigen Landes. Deshalb wollen und müssen wir uns zu einer besonderen
gesamtkirchlichen Verpflichtung und Sendung im Blick auf die Kirchen der Dritten
Welt bekennen. Auch diese Verpflichtung ...".

1. Unsere Hoffnung. Ein Glaubensbekenntnis in dieser Zeit 53

zum Gastland für viele ausländische Arbeitnehmer wurde. Daraus ergeben sich viele Aufgaben für unsere Kirche in der Bundesrepublik. Doch nicht von diesen Aufgaben soll hier die Rede sein. Wir wollen uns hier vielmehr zu einer besonderen gesamtkirchlichen Verpflichtung und Sendung im Blick auf die Kirchen der Dritten Welt bekennen. Auch diese Verpflichtung hat zutiefst theologische und kirchliche Wurzeln, und sie entspringt nicht nur dem Diktat eines sozialen oder politischen Programms. Schließlich schulden wir der Welt und uns selbst das lebendige Bild des neuen Gottesvolkes, zusammengeführt in der großen Tischgemeinschaft des Herrn.[67]

Wir dürfen deshalb im Dienste an der einen Kirche nicht zulassen, dass das kirchliche Leben in der westlichen Welt immer mehr den Anschein einer bürgerlichen Religion erweckt, einer Religion der Glücklichen und Reichen, und dass es in anderen Teilen der Welt wie eine Volksreligion der Unglücklichen wirkt, deren Armut und Not sie buchstäblich von unserer eucharistischen Tischgemeinschaft ausschließt. Denn sonst entsteht vor den Augen der Welt das Ärgernis einer Kirche, die in sich Unglückliche und Zuschauer des Unglücks, viele Leidende und viele Pilatusse vereint und die dieses Ganze die eine Tischgemeinschaft der Gläubigen, das eine neue Volk Gottes nennt. Die eine Weltkirche darf schließlich nicht in sich selbst noch einmal die sozialen Gegensätze unserer Welt einfach widerspiegeln. Sie leistet sonst nur gedankenlos jenen Vorschub, die Religion und Kirche sowieso nur als Überhöhung bestehender gesellschaftlicher Verhältnisse interpretieren.

Hier müssen gerade wir in unserem Land handeln und helfen und teilen – aus dem Bewusstsein heraus, ein gemeinsames Volk Gottes zu sein, das zum Subjekt einer neuen verheißungsvollen Geschichte berufen wurde, und teilzuhaben an der einen Tischgemeinschaft des Herrn als dem großen Sakrament dieser neuen Geschichte. Die Kosten, die uns dafür abverlangt werden, sind nicht ein nachträgliches Almosen, sie sind eigentlich die Unkosten unserer Katholizität, die Unkosten unseres Volk-Gottes-Seins, der Preis unserer Orthodoxie.

4. Für eine lebenswürdige Zukunft der Menschheit
Wir sind die Kirche eines industriell und technologisch hochentwickelten Landes. Mit zunehmender Deutlichkeit erfahren wir heute, dass diese Ent-

---

[67] Zweite Lesung (Einschub): „... des Herrn. Daher geht es nicht darum, aus dem Überfluss etwas abzugeben, sondern auf berechtigte eigene Wünsche und Vorhaben zu verzichten.
Wir dürfen im Dienste an der einen Kirche ...".

54 II. Textdokumentation

wicklung nicht unbegrenzt ist, ja, dass die Grenzen der wirtschaftlichen
Expansion, die Grenzen des Rohstoff- und Energieverbrauchs, die Grenzen des Lebensraums, die Grenzen der Umwelt- und Naturausbeutung
eine wirtschaftliche Entwicklung aller Länder auf jenes Wohlstandsni-
veau, das wir gegenwärtig haben und genießen, nicht zulassen. Angesichts dieser Situation wird von uns – im Interesse eines lebenswürdigen
Überlebens der Menschheit – eine einschneidende Veränderung unserer
Lebensmuster, eine drastische Wandlung unserer wirtschaftlichen und sozialen Lebensprioritäten verlangt, und dies alles voraussichtlich noch innerhalb eines so kurzen Zeitraums, dass ein langsamer, konfliktfreier
Lern- und Anpassungsvorgang kaum zu erwarten ist. Es werden uns neue
Orientierungen unserer Interessen und Leistungsziele, aber auch neue
Formen der Selbstbescheidung, gewissermaßen der kollektiven Aszese
abverlangt. Werden wir die in dieser Situation enthaltene Zumutung ag-
gressionsfrei verarbeiten können? Jedenfalls wird diese Situation zum
Prüfstand für die moralischen Reserven, für die gesamtmenschliche Verantwortungsbereitschaft in unseren hochentwickelten Gesellschaften
werden. Wer wird die damit geforderte folgenreiche Wandlung unseres
Bewusstseins und unserer Lebenspraxis in Gang setzen und nachhaltig
motivieren?

Unsere Kirche darf hier nicht in apokalyptischer Schadenfreude beisei-
testehen wollen – auch wenn sie ihrerseits darauf achten wird, ob nicht in
dieser gesamtgesellschaftlichen Situation etwas wieder zur öffentlichen
Erfahrung zu werden beginnt, was sonst nur noch der isolierten privaten
Erfahrung des sterblichen Einzelnen zugemutet schien: nämlich die von
außen andrängende Begrenzung unserer Lebenszeit. Gleichwohl muss die
Kirche die im Christentum schlummernden moralischen Kräfte gerade auf
jene großen Aufgaben richten, die sich aus dieser neuen gesellschaftlichen Situation ergeben; sie muss diese Kräfte mobilisieren im Interesse
lebenswerteren Lebens für die wirtschaftlich und sozial benachteiligten
Völker und gegen einen rücksichtslosen Wirtschaftskolonialismus der
stärkeren Gesellschaften, im Interesse der Bewohnbarkeit der Erde für die
Kommenden und gegen eine egoistische Beraubung der Zukunft durch
die gegenwärtig Lebenden. Vor diesen weltweiten Problemen dürfen besonders wir Christen in der Bundesrepublik nicht die Augen verschließen,
wenn wir die Maßstäbe unserer Hoffnung nicht zurückschrauben oder
verbiegen wollen.[68]

---

[68] Zweite Lesung (Textänderung): „... verbiegen wollen. Sie freilich gebieten uns auch
ein hoffnungsvolles Ja zu jedem menschlichen Leben in einer Zeit, in der unter-

1. Unsere Hoffnung. Ein Glaubensbekenntnis in dieser Zeit

In der Bereitschaft zu dieser gesamtgesellschaftlichen Verpflichtung können wir zum Schluss unseres Hoffnungsbekenntnisses auch aufrichtig sagen, dass wir uns mit den großen humanitären Bewegungen, die in der Geschichte der Menschheit aufgebrochen sind, mit dem Ringen um Gerechtigkeit, Freiheit und Frieden für alle einig wissen und dass es gerade der Geist unserer christlichen Hoffnung ist, der uns diese praktische Solidarität unnachgiebig gebietet. Mitten durch die Erfahrungen und Kämpfe unserer Geschichte führt uns die Hoffnung unseres Glaubens in das Licht Gottes.

---

schwellig die Angst regiert, überhaupt Leben zu wecken. Und sie fordern auch das Eintreten für den öffentlichen Schutz jeglichen menschlichen Lebens angesichts einer Entwicklung, in der die Möglichkeiten und die Gefahren zunehmen, dass die letzte fassliche Identität unseres Menschseins, nämlich das biologische Leben selbst, immer mehr in die Reichweite unserer Manipulationen gerät und schließlich zum Geschöpf unserer eigenen Hände herabsinkt.

In der Bereitschaft zu diesen gesamtgesellschaftlichen Verpflichtungen treten wir auch ein in das leidenschaftliche Ringen um Gerechtigkeit, Freiheit und Frieden für alle. Das Bekenntnis unseres Glaubens drängt uns in die praktische Solidarität mit allen, die dieses Ziel in selbstlosem Einsatz anstreben. Die Hoffnung, die uns dabei bewegt und leitet, kommt nicht aus dem Ungewissen und treibt nicht ins Ungefähre. Mitten durch die Erfahrungen und Kämpfe unserer Geschichte führt uns die Hoffnung unseres Glaubens in das Licht Gottes."

2. Johann Baptist Metz: Mündlicher Bericht zur Ersten Lesung (8. Mai 1975) und Diskussionsbeiträge des Berichterstatters[1]

Sehr verehrter Herr Präsident![2] Meine Damen und Herren! Über Sinn und Dringlichkeit wie über die Eigenart und die besonderen Schwierigkeiten eines Bekenntnistextes ist in dieser Aula und an dieser Stelle schon viel gesprochen worden. Ich brauche das hier nicht zu wiederholen und auszuweiten. Ich möchte Ihnen deshalb zunächst drei kurze grundsätzliche Erläuterungen zu diesem Bekenntnistext vortragen, der vom lebendigen Sinn des Christseins, von der rettenden Kraft des Glaubens in dieser Zeit sprechen will.

Erstens: Die Vorlage geht davon aus, dass nur der volle und ganze Glaube Überzeugungskraft besitzt. Unser Glaube ist nicht nur als Lehre, sondern auch als Zeugnis unteilbar. Die unmoderne Glaubenswahrheit von heute kann die rettende von morgen sein, und die ängstlich verschwiegenen oder kritisch geächteten Teile der Botschaft können gerade die gesuchten sein. Nicht Glaubensinhalte auszusortieren, sondern sie richtig zu adressieren und gegen Missbrauch zu schützen, ist die kritische Aufgabe einer theologischen Arbeit, wie sie unser Text versteht. Deshalb auch haben wir nicht etwa die *„unmodernen"* oder vermeintlich überholten Inhalte unseres Glaubens ausgespart und unserer christlichen Hoffnung auch nicht heimlich ihren apokalyptischen Stachel gezogen. Der schriftliche Bericht, den ich hier im Übrigen voraussetzen darf, sagt dazu: „Der Text will keineswegs den christlichen Glauben zum herabgesetzten Preis oder in einer modernistischen Schwundstufe anbieten. Und er versucht auch nicht eigentlich, eine gedrängte Kurzformel unseres Glaubens auszudrücken, es sei denn in dem Sinne, dass er die Inhalte unseres Glaubens mit den Erfahrungen unserer Lebensweit ‚zusammenzudrängen' sucht."

Und auch das heißt nicht, dass hier einfach ein unentfalteter Glaube kurzschlüssig angewendet wird, sondern die Einbeziehung der Glaubensinhalte in den Lebenszusammenhang soll gerade auch ihren inwendigen Sinn verdeutlichen.

---

[1] Moderatoren für diesen Tagesordnungspunkt der 1. Sitzung der 7. Vollversammlung (Protokoll VII, TOP 3) waren Henry Fischer und Bernhard Vogel.
[2] Nachschrift als Grundlage für die 7. Vollversammlung, in: Protokoll VII (7.–11. Mai 1975), 11–13.

2. Johann Baptist Metz: Mündlicher Bericht zur Ersten Lesung 57

Gleichwohl verlangte sozusagen die Ökonomie des Textes und seiner Absicht eine gewisse Auswahl. Über ihre Kriterien wird nicht nur im Bericht, sondern im Text selbst gesprochen, und die Kommission hat sich auch Rechenschaft darüber gegeben, dass und inwieweit die ausgewählten Inhalte durchlässig sind auf die ganze Fülle des kirchlichen Credos, das allemal die Grundlage dieses Bekenntnistextes bildet.

Die Kommission ist freilich der Meinung, dass eine bloß zusätzliche inhaltliche Anreicherung und Auffüllung des Textes sein Hauptanliegen wieder verdunkeln würde, nämlich gerade jene Glaubenswahrheiten anzusprechen, die einerseits zur Substanz unseres Credos gehören und die andererseits heute besonders gefährdet oder gemieden erscheinen, und gerade sie in ihrer Tröstungskraft und in ihrem Anspruch sichtbar zu machen. Die von der Vorlage gesetzten inhaltlichen Akzente werden übrigens nach Meinung der Kommission von der einschlägigen Synoden-Umfrage weitgehend bestätigt und gedeckt. Immerhin möchten wir in diesem Zusammenhang zwei Anregungen und Vorschläge aus den bisherigen Eingaben berücksichtigen.

Zum einen will die Kommission den Hinweis aus der Stellungnahme der Deutschen Bischofskonferenz aufnehmen, der sich auf den Untertitel der Vorlage bezieht. An Stelle von *„Ein Glaubensbekenntnis in dieser Zeit"* soll eine weniger anspruchsvolle und unmissverständliche Formulierung treten, etwa *„Bekenntnis des Glaubens"* oder *„Bekenntnis aus dem Glauben"*.

Bei dieser Gelegenheit möchte ich übrigens unseren Dank dafür zum Ausdruck bringen, dass gerade die Stellungnahme der Bischofskonferenz so verständnisvoll auf Eigenart und Anlage dieser Vorlage eingegangen ist. (Beifall)

Zum anderen: Mehrere Anträge drängen auf eine noch stärkere Entfaltung des Christusbekenntnisses und des Bekenntnisses zum Heiligen Geist. Zwar sucht der schriftliche Bericht ausdrücklich zu bekräftigen, dass und wie der Text der Vorlage durchaus als ein Bekenntnis zum dreifaltigen Gott formuliert ist. Gleichwohl soll auch diesen Verdeutlichungswünschen, die u. a. auch in der Stellungnahme der Bischofskonferenz zum Ausdruck kommen, Rechnung getragen werden.

Doch darf ich bei dieser Gelegenheit noch eine Bitte äußern. Man möge doch im Auge behalten, dass nicht nur der erste Teil der Vorlage, sondern der ganze Text als Glaubensbekenntnis anzusehen ist. So versteht sich z. B. der Teil III über die Nachfolge nicht nur als Anwendungsteil für das kirchliche Leben, sondern als ein wichtiges Stück unseres konkreten

Christusbekenntnisses. Christologie und Nachfolge sind hier absichtsvoll zusammengerückt.

Das Christusbekenntnis steht heute ja vielfach in einer Gefahr, die man in der Theologensprache gern *„reine Jesulogie"* nennt: Jesus als Ansporn und Vorbild gelungener Mitmenschlichkeit, eingereiht in die Fortschrittsgeschichte menschlicher Freiheit. Diese Gefahr ist im Text selbst angesprochen und ausdrücklich auch als solche gekennzeichnet.

Es gibt aber doch wohl auch eine andere Gefahr – durchaus inmitten unserer Kirche –, und die Theologen nennen sie gern *„monophysitisch"*. Man könnte sie die Gefahr eines Christusglaubens nennen, der Christus nur noch als anbetungswürdige „Höhe" und nicht mehr so sehr als „Weg" sieht, eines Christusglaubens also, der in der Gefahr steht, sich nur aus Christus zu legitimieren, aber ihm nicht mehr nachzufolgen und die Faszinations- und Ansteckungskraft seines irdischen Lebensweges und seiner Art des Einstehens für die Ehre Gottes womöglich denen zu überlassen, die in ihm nur den Menschen von Nazareth sehen. Das Nachfolge-Kapitel ist deshalb in unserem Text auch ein folgenreiches Bekenntnis zum menschgewordenen Gott.

Zweitens: Auch das Bekenntnis über die Kirche und zu ihr ist nicht nur auf den letzten Abschnitt des ersten Teils eingeschränkt. Es verdeutlicht sich in seinem Sinn und in seiner konkreten Dynamik in den folgenden Teilen II bis IV. So spricht der Teil über die Nachfolge von den Wegen, auf die uns die lebendige Christusverbundenheit schicken will, vom Weg in den Gehorsam des Kreuzes, vom Weg in die Armut, in die Freiheit und in die Freude.

Vielleicht befürchten manche gerade hier in diesem Nachfolge-Teil zu viel große Worte, zu wenig Augenmaß. Was aber ist eigentlich Nachfolge mit Augenmaß?

Die Nachfolge setzt immer neu den Preis unserer lebendigen Verbundenheit mit Christus, sozusagen den Preis unserer Orthodoxie, fest. Und gibt es nicht auch hier die Gefahr der herabgesetzten Preise? Erwecken wir nicht manchmal den Eindruck, als seien wir heimlich übereingekommen, doch weniger zu bezahlen? Die Unruhe solcher Fragen steckt in diesem Text. Sie ist aber nicht Selbstzweck. Sie ist von einer großen Zuversicht geleitet: Um Bewegung in unser kirchliches Leben zu bringen, tote Gebeine zu erwecken, brauchen wir nicht fremde Ideologien zu importieren und auch nicht fremde Programme zu imitieren. Nachfolge genügt – Nachfolge würde genügen!

Über Zusammenhang und Auswahl der einzelnen Nachfolgeinhalte spricht der Bericht. Der Abschnitt über die Freude, auf den sich einige

2. Johann Baptist Metz: Mündlicher Bericht zur Ersten Lesung 59

Voten ausdrücklich beziehen, soll noch stärker entfaltet werden. Denn in einer Zeit, in der der Glaube dem Verdacht der Illusion oder Projektion besonders ausgesetzt ist, ist die Freude eines Christenmenschen eine hervorragende Zeugnistugend. Freude nämlich kann man am wenigsten auf Dauer sich selbst und anderen vortäuschen.

Drittens. Zur Verdeutlichung der theologischen Arbeit an dieser Vorlage ist wohl auch das Wichtigste bereits im Bericht niedergelegt. In dieser Vorlage, meine Damen und Herren, soll nicht gewissen theologischen Lieblingsideen zu quasi kanonischem Ansehen verholfen werden! Die theologische Argumentation des Textes versteht sich ganz im Dienste eines Glaubensbekenntnisses, das sich nicht an den Widerständen der Zeit vorbei formuliert, das also die tiefe Not vieler Glaubenden dem Glauben selbst nicht etwa ersparen möchte, sondern sie gerade der überwindenden Kraft dieses Glaubens hoffnungsvoll anvertrauen will. Der Glaube der Kirche, der der Gottesbotschaft recht gibt auch gegen unsere menschlichen Fragen und Zweifel, ist ja nicht Ausdruck einer rechthaberischen Ideologie, die ihre Botschaft den Menschen wie einen Stein ins Gesicht wirft. Dieser Glaube der Kirche wendet sich gewiss gegen jene Kleingläubigkeit, die unsere Fragen und Zweifel zum Maße Gottes erhebt. Er widersetzt sich aber auch einer Kleingläubigkeit, die die Botschaft vor diesen Fragen und Zweifeln rundweg abschirmen will. Es ist die theologische Absicht der Vorlage, die rettende Kraft der Gottesbotschaft gerade im Angesicht unserer Ängste anzurufen und sichtbar zu machen. Die Verwirklichung dieser Absicht mag uns nicht überall gleich und noch nicht hinreichend gelungen sein, und deshalb bedarf dieser Text Ihrer aller Aufmerksamkeit und auch Hilfe. Wem aber hilft eine sogenannte kritische Stellungnahme, die Absicht und Anlage des Textes geradezu auf den Kopf stellt? (Vereinzelter Beifall)

Freilich, gerade wegen seiner Absicht, ein Bekenntnis des Glaubens in dieser Zeit zu sein, ist unser Text tief hineinverwoben und hineingreifend in die gegenwärtige kirchliche und gesellschaftliche Lebenssituation. Ein solches Bekenntnis verharrt ja nie in Ruhestellung gegenüber der Situation, in der es sich formuliert. Und so werden in und an ihm auch jene zunächst einmal meist lautlosen Differenzen wirksam, die es in unserer Kirche gibt, Differenzen in der Art, wie einer diese Welt sieht und erfährt und das Schicksal der Kirche in ihr. Es geht aber bei diesen Differenzen nicht um einen Pluralismus im Glauben, wohl aber um einen ebenso legitimen wie unvermeidlichen Pluralismus in den Ängsten und Sorgen, die uns umtreiben, wenn wir „*Kirche*" sagen. Es ist nämlich nicht immer das gleiche, was den einen oder anderen schlaflos macht, wenn er an seine Kirche denkt. Es sind nicht immer die gleichen Leute, an die einer sofort denkt oder auch nicht denkt, wenn er glaubend und hoffend „Kirche" sagt. Die Art, wie einer das sieht, bleibt nicht ohne Einfluss auf die Farbe und den Ton, auf die Proportionen, auch auf die Adressierung und auf die Sprache eines solchen Glaubensbekenntnisses. Darüber lässt sich reden – nicht aber über den Vorwurf, hier sei ein fremder Glaube unterstellt. (Beifall)

Nun darf ich Ihnen noch ganz kurz, meine sehr verehrten Damen und Herren, eine Tendenzmusterung der Anträge geben oder eigentlich nur nennen.

Erstens: Zahlreiche Stellungnahmen wünschen bzw. präsentieren sprachliche und inhaltliche Verdeutlichungen im Rahmen der Textvorlage selbst. Sie sollen alle überwiesen und berücksichtigt werden.

Zweitens: Nicht wenige Eingaben zielen auf eine zusätzliche inhaltliche Auffüllung der Vorlage ab. Sie können nach Meinung der Kommission im Sinne auch des vorhin Gesagten nur sehr bedingt in Einzelfällen Berücksichtigung finden.

Drittens: Einige Eingaben vernachlässigen die Kriterien, die den Umfang eines Textteiles ausdrücklich festlegen. Das gilt besonders für den Teil IV der Vorlage über die Sendungen unserer Kirche. Dieser Teil soll nach Meinung der Kommission nicht mit Postulaten überfrachtet werden, die diesem Auswahlkriterium nicht entsprechen, das ja der Text selbst festlegt. Ich brauche es hier wohl nicht eigens anzuführen und zu wiederholen. Darum aber kann auch nach Meinung der Kommission von den Anregungen der Bischofskonferenz zwar der Vorschlag e) 1. umfassendes Ja zum Leben in diesem Teil IV – womöglich unter IV.4. – berücksichtigt werden. Die beiden anderen Vorschläge aus der Stellungnahme der Bischöfe, nämlich sowohl e) 3. über die Ehelosigkeit als auch e) 2. über die eheliche Treue, sollen indes nach unserer Meinung in den Teil über die Nachfolge rücken.

Viertens: Schließlich sind mehrere Stellungnahmen offensichtlich von der Absicht geleitet, die selbstkritischen, also die kirchenkritischen Passagen des Textes möglichst zurückzunehmen oder ganz auszuschalten. Dieser Intention möchten wir nicht nachgeben. (Beifall)

Dies aber nicht deshalb, weil wir einem modischen Kult kirchlicher Selbstbezichtigung huldigen möchten, sondern deshalb, weil wir die Größe und Unbezwingbarkeit unserer christlichen Hoffnung nicht schmälern wollen. Wir Christen hoffen ja nicht auf uns selber, und darum brauchen wir auch unsere eigene Gegenwart und unsere eigene Geschichte nicht einfach zu halbieren und immer nur die Sonnenseite

2. Johann Baptist Metz: Mündlicher Bericht zur Ersten Lesung 61

vorzuzeigen, wie es jene Ideologien tun – und wohl auch tun müssen – die keine andere Hoffnung haben als die auf sich selbst. In diesem Sinne wollen gerade die selbstkritischen Passagen unseres Textes ein Zeugnis unserer spezifisch christlichen Hoffnung sein, und sie wollen dazu beitragen, dass dieses ganze Hoffnungs-Papier schließlich wie eine offensive Gewissenserforschung unserer Kirche wirken kann.

Die Hoffnung, die die Kirche bei dieser offensiven Gewissenserforschung bewegt und leitet, kommt nicht aus dem Ungewissen und führt nicht ins Ungefähre; sie wurzelt in Christus, und sie klagt auch bei uns Christen des späten 20. Jahrhunderts die Erwartung seiner Wiederkunft ein, damit wir der Welt nicht das Schauspiel von Christen bieten, die zwar hoffen, aber nichts erwarten. Unsere Hoffnung ist deshalb eine mit Erwartungskraft und so mit Befreiungskraft aufgeladene Hoffnung. Von ihr will diese Vorlage sprechen, hinein in die Kirche, nicht zuletzt auch zu denen, die oft mit dem Rücken zur Mitte dieser Kirche ratlos und bedrängt in dieser Zeit stehen, und auch ein wenig über die Zäune hinweg.

Notgedrungen handelt es sich dabei um einen theologisch geprägten Text, der zu seiner breiteren Wirksamkeit einer gestuften Vermittlung und Adressierung bedarf. Hoffentlich löst er nicht nur einen Streit unter Theologen aus. Hoffentlich trägt er zu einer lebendigen Verständigung über Sinn und Kraft des Glaubens in unserer Zeit bei – auch hier in der Gemeinschaft der Synode. Dazu möchte ich Sie nun herzlich einladen. (Beifall)

* * *

Diskussionsbeiträge des Berichterstatters

„Nur ein paar kleine Punkte, meine sehr verehrten Damen und Herren. Ich möchte einen Satz zu der schon angesprochenen Sache Dörmann sagen. Dies ist eine Gelegenheit, wo ein Theologe wie ich sich aufrichtigen Herzens freut – das sage ich so, wie ich es meine –, dass das Hüteramt über die Orthodoxie bei unseren Bischöfen und nicht bei ein paar wild gewordenen Theologen liegt. (Heiterkeit)

Das macht auch frei. Das möchte ich hier ausdrücklich sagen und, wenn ich das darf, einen Wunsch anmelden und sagen: Es wäre schon gut, wenn die bedenklichen Abweichungen von der Mitte des Glaubens und von den Möglichkeiten der Orthodoxie nach allen Seiten hin gleich beachtet würden. Denn es gibt auch eine ganz verantwortungslose glaubensfeindliche Überorthodoxie. (Beifall)

Ich danke Ihnen sehr, dass Sie mir glauben, meine Damen und Herren – Hans Werners hat es vorhin ja noch einmal angedeutet –, dass hier niemand – ich selbst auch nicht – nach kanonischen Ehren einer Theologie strebt, ganz gewiss nicht, auch nicht um des theologischen Arbeitens willen. Einer Theologie könnte nichts Schlimmeres passieren, als dass sie aus dem Widerspruch und aus der Umstrittenheit herauskäme. Theologie dient ja nur und ist nicht der Glaube.

Zur Sprache wenigstens ein kleines Wort, obwohl ich da offensichtlich so sehr im Glashaus sitze. Das angesprochene Schisma zwischen Theologensprache und Volkssprache ist womöglich nicht erst durch diesen Text geschaffen. Es zu überwinden ist auch nicht nur Sache des guten Willens. Darin zeigt sich eine Situation, eine Problemlage unserer Kirche überhaupt an. Das, was im Text sichtbar werden will, ist, dass wir als eine „Kirche" nicht nur „für die Leute", sondern auch als eine „Kirche der Leute" mehr an diese Sprache der Leute herankommen. Das ist nicht verwirklicht, aber es ist als Bewusstsein in diesem Text durchaus angesprochen. Ich meine auch, dass man sagen darf, nicht jede volkstümliche Sprache ist schon eine volksfreundliche Sprache, und nicht alles, was man verstehen kann, sagt auch schon etwas. Das Problem ist – Sie wissen es – theologisch und hermeneutisch schwierig. Man kann hier ja nicht Sache und Verpackung auseinanderhalten. Theologie ist kein Verpackungsverein – so wäre es leicht –, sondern die Sache, die wir bekennen, ist uns auch, wenn auch nicht nur, in der Sprache selber gegeben. Das bedeutet für uns eine schwierige Angelegenheit.

Man hat viel – vielleicht darf ich das hinzufügen – über die „*Problemgeladenheit*", über die „*Kompliziertheit*", vielleicht Überkompliziertheit der Sprache hier gesprochen. Ich möchte Ihnen ganz kurz sozusagen das Pathos verdeutlichen, das hinter dieser Sache steht: Nämlich der Eindruck, dass wir vielleicht im kirchlichen Leben selber die Widerstände und die Kritik oft viel zu viel verdrängt haben, ohne sie wirklich verarbeitet zu haben. Dass wir sozusagen in einer Art „*geistiger Überwinterungstaktik*" oft die Köpfe lange genug eingezogen haben, bis die Ankläger müde geworden sind oder das Thema gewechselt haben. Haben wir damit aber wirklich unsere Hoffnung glaubwürdig aufrechterhalten und vertreten? Und suchen uns nicht manchmal die Gespenster dieser verdrängten Probleme in der Nacht heim und bedrängen uns – auch in der Theologie? Und aufmerksam und „sensibel" – dieses Wort führe nicht ich hier ein – für diese Dinge wollte diese Sprache, wollte diese Sache sein. Sie wollte ein wenig die Berührungsängste vor dem Neuen und vor den unbegriffenen Erfahrungen abbauen helfen, die, so meine ich, in unserem kirchli-

2. Johann Baptist Metz: Mündlicher Bericht zur Ersten Lesung   63

chen Leben zu stark sind. Sie hat auch – ich habe heute früh nicht um-
sonst von diesem *„Pluralismus der Ängste"* gesprochen – irgendwie die
Sorge in diesem Text zum Ausdruck bringen wollen, dass uns immer
mehr die kritische Kraft der Assimilation neuer Situationen, neuer Erfahrungen zu schwinden scheint. Wir müssen darauf auch in einer so komplexen Zeit und Situation wie der unseren eingehen. Das meine ich Ihnen
in sehr sporadischen Andeutungen und nur kurz noch sagen zu dürfen,
gerade auch zu der Frage der *„Kompliziertheit"*.

Ich möchte persönlich und für uns alle in der Kommission, die für
diesen Text gearbeitet haben, besonders denjenigen danken, die bekannt
haben, dass dieser Text von sich aus etwas für unsere Kirche sagen kann.

Am Schluss darf ich, verehrter Herr Bischof Stimpfle, auf Ihren Beitrag
hinweisen. Selbstverständlich – ich weiß nicht, wer es vorhin gesagt hat –
werden wir eine Reihe von Anregungen aufnehmen können, auch Anregungen aus Eingaben, die wir in dieser Form nicht weiterverarbeiten können. Das verlangt, glaube ich, die Eigenart dieses Textes.

Wir werden z. B. durchaus bereit sein, Ihre unruhige Frage, ob wir denn
beim Gericht womöglich nicht deutlich genug gewesen sind und nicht
mehr den Mut hätten, auch von der Androhung ewiger Verderbnis zu
sprechen, aufzunehmen. Wenn dann hier die Rede von der Hölle ist –
etwa in der Form, dass es uns Christen nicht vergönnt ist, ohne den
Verdacht zu leben, dass etwas, was wir tun, unerlösbar ist, dann möge
doch bitte niemand sagen, hier sei die Hölle wieder ins Anthropologische,
ins Transzendentale, ins Politische oder wo immer hingewendet. Dann
wäre das vielmehr ein Versuch, gerade im Sinne dessen, was diese Vorlage und ihre Sprache sagen will, auch so unangenehme und verdrängte
Dinge offen, aufrichtig zu sagen. Das wollen wir tun.

Aber eines wollen wir nicht tun, wenn Sie gestatten: Wir wollen z. B.
nicht Ihrem Vorschlag nachgeben, dass wir bei der Beschreibung des Reiches Gottes das *„Lachen der Kinder Gottes"* herausstreichen. Lieber Herr
Bischof, wer von uns hofft schon auf einen Himmel, in dem es nichts zu
lachen gibt!"[3] (Heiterkeit und Beifall)

* * *

Nachmittagssitzung (8. Mai 1975): Fortsetzung der Diskussion
„Ich weiß nicht, ob es der Schluss ist, aber ich möchte mich in dieser
Sache der Armut doch auch schnell persönlich zu Wort melden dürfen.

---

[3] 1. Sitzung der 7. Vollversammlung, Protokoll VII, 31–32.

64 II. Textdokumentation

Wir sind, glaube ich, gern bereit – darüber muss nicht diskutiert werden –, so etwas auch noch einmal genauer zu erwägen. Nur, wenn dann die Begründung, die wir vorgetragen haben, oder die Herr Kamphaus vorträgt, selbst wieder begründungslos als eine Ideologie denunziert wird, möchte ich jedenfalls in diesem Fall nicht zu den *„Ideologiefreien"* gehören. Denn wenn die Einseitigkeit, die schon in der Existenz Jesu in dieser Sache vorgegeben ist, wenn die Option, die in seinem Leben liegt, als Ideologie bezeichnet wird, dann ist er in der Tat natürlich Ideologe. Aber Jesus brauchte sich doch überhaupt nicht erst mit den Armen zu solidarisieren, er war doch arm! Und wenn wir hier in diesem Passus von der armen Kirche und von dem Weg in die Armut sprechen, dann huldigt niemand von uns der Illusion und der falschen Träumerei, als würde eine ärmere Kirche sofort alle ihre Probleme gelöst haben; aber vielleicht hätte sie es mit noch zentraleren Leiden und Problemen zu tun als heute, und manches wäre vielleicht nicht so verstellt.

Wenn man das sagt, wenn man das einklagen will, ist das – nur das wollte ich ausdrücken – nicht etwa Ideologie, sondern gibt einer Richtung nach, die wir im Evangelium vorgegeben sehen. Und die Bitte, die ich vorbringen möchte, ist die, den Armutsbegriff doch um Gottes willen jetzt nicht wieder so sehr auszuweiten, dass er schiedlich-friedlich ohne jede Provokation auf alles passt und auch die Probleme, die uns unsere eigene Geschichte in dieser Sache im Grunde genommen anbietet und liefert und ausspricht, wieder völlig nivelliert. Ich bitte Sie sehr, es ist in der Tat nicht selbstanklägerisch gemeint. Und wenn von den Armen als *„Privilegierten"* die Rede ist, sollte, Herr Dr. Bayerlein, damit keine Alternative konstruiert werden – in der Tat nicht – , sondern sollte ein Befund zum Ausdruck gebracht werden, der im Evangelium so vorliegt und den die Kirche, unsere Kirche, die Kirche unseres Landes heute ernstnehmen – auch, so glaube ich, mit Übertreibung ernstnehmen – müsste.

Denn wenn wir schon korrigieren müssen: Korrektive übertreiben immer! Und ich bitte Sie sehr, hier nicht das Übertreibende, das wir vielleicht sagen wollen und müssen, im Namen eines *„allgemeinen Standpunkts"* wieder zurückzunehmen und es dann vor allem nicht sofort als Ideologie zu denunzieren. (Beifall)"[4]

* * *

---

[4] 2. Sitzung der 7. Vollversammlung (8. Mai 1975), Protokoll VII, 42.

2. Johann Baptist Metz: Mündlicher Bericht zur Ersten Lesung 65

„Gestatten Sie mir, dass ich noch eine kurze Bemerkung zu dem Thema jüdisches Volk und christliche Glaubensgeschichte mache. Selbstverständlich ist uns nicht nur auferlegt, sondern ich glaube, wir sind auch von uns aus dazu bereit, diese Dinge noch einmal genau zu überlegen. Wenn wir hier so kurz, gewissermaßen gerafft argumentiert haben, so möchte ich das nicht nur auf mangelnden Raum und mangelnden Umfang beziehen und möchte eigentlich auch nicht entschuldigen, dass wir vielleicht historisch nicht ganz recht haben. Darüber haben wir uns viele Gedanken gemacht und dabei den Eindruck gehabt, dass es unserer Kirche sehr oft so geht, dass sie historisch recht hat und in der Gegenwart doch nicht gerechtfertigt ist. Es kann sein, dass wir in der Arbeiterfrage historisch mehr recht haben, als es bisher zur Sprache kam. Das kann auch in der Frage gegenüber dem jüdischen Volk so sein. Aber ich gebe Ihnen zu bedenken, dass mit der historischen Rechtfertigung die moralische Belastung in der Gegenwart noch nicht abgegolten ist. Auf diese haben wir geblickt, ohne dass damit das Problem schon gelöst sein sollte. Ich wollte gerne – sozusagen als eine kleine Entschuldigung auch zu meinem Kollegen Iserloh – sagen, dass wir nicht etwa fahrlässig mit historischen Dingen umgehen wollten.

Aber eines möchte ich in diesem Zusammenhang zu Herrn Dr. Mertes sagen dürfen. Er sagte, wir hätten vielleicht, wenn wir diese Frage in die Glaubensgeschichte, sozusagen in die mystische, heilsgeschichtliche Dimension hineinziehen, zu wenig Respekt vor der Verborgenheit Gottes gezeigt. Nein, das glaube ich nicht. Wir haben die Verborgenheit Gottes nicht unterschätzt, sondern wir wollten sie ganz besonders ernst nehmen, und zwar eine ganz bestimmte Verborgenheit Gottes, die uns unter dem Namen Auschwitz und anderen exemplarisch entgegenschlägt, eine ganz bestimmte Verborgenheit Gottes, die uns in solchen grauenhaften Leiden begegnet, wo wir angesichts dieser Verborgenheit nur weiter glauben und im Vertrauen weiter sprechen können und Gott als unseren Vater anbeten können, weil es eben Menschen gibt, die gerade auch in einer solchen Situation der extremen und radikalen Verborgenheit Gottes zu ihm geschrien und ihn angebetet haben. Das war sozusagen der Zusammenhang, der bis in die mystische Schuldnerschaft unserer Kirche, unserer deutschen Kirche – von ihr war die Rede – gegenüber dem jüdischen Volk geht. Aber wie immer das ist, meine Damen und Herren, die Bereitschaft ist ausgedrückt, und wir werden uns nach Kräften bemühen, hier noch Besseres zu tun. Das mag auch für all die anderen Anträge und Eingaben gelten, die Sie heute gestellt bzw. gemacht haben.

Ich habe heute morgen eingangs einmal von einem Pluralismus der Ängste und Sorgen gesprochen. Wenn Sie es mir erlauben, möchte ich, der ich heute das erste Mal hier unter Ihnen sein darf, einen persönlichen Eindruck wiedergeben. Ich habe so etwas wie eine Koalition der Kräfte und der Argumente, auch der Phantasie, der Bereitschaft, etwas zuzugeben, zurückzunehmen oder auf etwas hinzuhören, erlebt, um einen solchen Bekenntnistext für unsere Kirche zustande zu bringen. Dafür möchten wir Ihnen allen sehr herzlich danken und Ihnen gleichzeitig versichern, dass wir mit all den Kräften, die wir haben, ernstnehmen und überprüfen, was Sie uns an Ausstellungen und Anregungen angeboten haben, wenn wir natürlich auch die Eigenart und Eigengesetzlichkeit des Textes nicht aus den Augen verlieren können.

In diesem Sinne möchte ich Sie im Namen der Kommission bitten, dieser Vorlage in der Ersten Lesung Ihre Zustimmung zu geben.[5] (Beifall)

---

[5] 2. Sitzung der 7. Vollversammlung (8. Mai 1975), 46. – Präsident Julius Kardinal Döpfner sprach gegen Ende der Sitzung: „Meine Damen und Herren, ich darf meiner Genugtuung darüber Ausdruck geben, dass nun die letzte Vorlage unserer Synode in 1. Lesung angenommen ist. Bei der Bedeutung dieser Vorlage freuen wir uns darüber besonders. Wir danken der Sachkommission I, die ja schon die Jahre zuvor viel Mühe auf dem Weg hin zu dieser Vorlage hatte, die wir nun heute behandelt haben. Wir danken dem Berichterstatter für den souveränen Vollzug seiner Aufgaben." (Dokumentation: Protokoll VII, TOP 3, 47)

3. Johann Baptist Metz: Mündlicher Bericht zur Zweiten Lesung (21./22. Nov. 1975) und Diskussionsbeiträge des Berichterstatters[1]

„Sehr verehrte Damen und Herren! Die Situation „*Unserer Hoffnung*" ist nicht gerade sehr hoffnungsvoll. Warum nicht? Nun, da haben wir einen Text, der von seiner Absicht her eine doch ungewöhnliche konzeptionelle und sprachliche Geschlossenheit erfordert und der – ich möchte doch sagen – deshalb besonders empfindlich ist gegen größere Eingriffe und Einschübe. Gleichzeitig wurde nun dieser Text mit der zweitgrößten Anzahl von Anträgen bedacht, die je zu einer Zweiten Lesung eingereicht worden sind. Wir haben das durchaus auch als Zeichen besonderer Aufmerksamkeit gewertet und uns unverdrossen an die Arbeit gemacht. Schließlich erkennt man Hoffende auch daran, dass sie kein Dilemma kennen. Die Hoffnung ist zwar ein zartes Gewächs, wie Charles Péguy einmal gesagt hat, aber so leicht lässt sie sich nicht entwurzeln – so wage ich die Analogie –, so leicht lässt sich auch das Hoffnungs-Papier nicht von den Antragsfluten hinwegspülen.

I.

Eine Reihe von Anträgen, meine Damen und Herren, zielt offensichtlich darauf ab, die Kontingenz des Textes, seine sogenannte Subjektivität, möglichst zum Verschwinden zu bringen. Vielleicht kommt das daher, dass man ihn doch zu sehr als offiziellen Lehrtext empfindet und zu wenig als den vielleicht exemplarischen Versuch, den lebendigen Sinn und die rettende Kraft des Glaubens inmitten unserer Zeit anzurufen und zu bekennen. Eben dies, nicht mehr und nicht weniger, möchte der Text sein; genau damit möchte er und allein damit kann er der Synode und durch sie auch unserer Kirche dienen. Das bedingt seine konzeptionelle und sprachliche Individualität und auch seine inhaltliche Beschränkung. Denn der Bekenntniswert dieses Textes ist nicht identisch mit der Vollständigkeit seines lehrhaften Informationswertes.

In diesem Sinne nun möchten wir zunächst einmal jenen Anträgen Rechnung tragen, die den vermeintlichen doktrinellen Geltungsanspruch

---

[1] Die 6. Sitzung der 8. Vollversammlung (18.–23. Nov 1975) wurde von Hanna-Renate Laurien, Bernhard Servatius bzw. Josef Stingl moderiert (Dokumentation: Protokoll VIII, TOP 9, 145–193, hier 146–150).

68 II. Textdokumentation

dieses unseres Textes relativieren – einfach auch deswegen, weil mit einer solchen Überlegitimation niemandem geholfen wäre, am wenigsten diesem Text selbst. Er will nicht einfach gelten, er will helfen.

Die Kommission hat deshalb zum einen in einer Sondersitzung am Mittwoch beschlossen, auf die von der Deutschen Bischofskonferenz beantragte Änderung des Untertitels wenigstens modifiziert einzugehen. Ursprünglich hatten wir diesen Antrag nach einer sehr langen Diskussion abgelehnt. Der Vorschlag nämlich, anstelle von *„Bekenntnis des Glaubens in dieser Zeit"* nun zu sagen: *„Bekenntnis aus dem Glauben in dieser Zeit"* schien und scheint uns nicht nur sprachlich ein wenig schwerfällig, sondern mit der Wendung *„aus dem Glauben"* eigentlich auch zu unspezifisch für diesen Text. Bekenntnisse aus dem Glauben sind – hoffentlich – alle anderen Synodentexte auch! Als Modifikation schlagen wir deshalb vor und bitten von uns aus um Einverständnis für: *„Bekenntnis zum Glauben in dieser Zeit"*. Natürlich, wenn es gar nicht anders geht, kann der Text sich auch als ein *„Bekenntnis aus dem Glauben"* verstehen. Nicht aber, meine ich, einfach als *„Zeugnis"* anstelle von *„Bekenntnis"*. Ein Text ist nicht ein Zeugnis, allenfalls eine Ermunterung, eine Anstiftung zum Zeugnis. Vielleicht ist er ein *„Wortzeugnis"*, aber wer möchte eine solche Formulierung schon im Untertitel haben?

Zum anderen: Die Kommission möchte Antrag 915 berücksichtigen. Dieser Antrag will im Text selbst zum Ausdruck gebracht wissen, dass nicht wenigen die Auswahl dieser Aussagen und auch ihre konkrete Entfaltung zu subjektiv erscheinen mag. Auch das wollen wir übernehmen, und zwar in der Form, auf der der Antragsteller gegenüber unserem Modifikationsvorschlag bestanden hatte, nämlich dass der Text nicht nur *„manchen"*, wie wir gemeint haben, sondern *„nicht wenigen"* zu subjektiv erscheinen mag. Gut, aber dann darf, dann muss, meine ich, der Text auch so bleiben, dass er *„nicht wenigen"* subjektiv erscheinen kann, damit eben Herr Prälat Klausener nicht unrecht bekommt.

Wenn wir durch diese zwei grundsätzlichen Relativierungen den Text zusätzlich vor Missverständnissen und falschen Geltungsansprüchen zunächst einmal allgemein zu schützen suchen, möchten wir freilich um so tapferer auf seiner Eigenart bestehen – und dies nun nicht, um alle Details gegenüber Kritik und Diskussion zu immunisieren, aber doch, um den Text davor zu bewahren, dass durch zu viel sogenannte *„Ausgewogenheit"* alles Leben und alle konkrete Bekenntniskraft aus ihm entweicht. Er ist keine Galerie aller berechtigten Anliegen und Gesichtspunkte!

Wir haben auch keine Ablehnungswut praktiziert. Wenn manche meinen, wir hätten zu viele Anträge zunächst einmal abgelehnt, dann ging

3. Johann Baptist Metz: Mündlicher Bericht zur Zweiten Lesung 69

es uns nie um die Ablehnung als solche oder darum, dass wir das Abgelehnte für falsch hielten; es ging uns eigentlich darum, die lebendige Bekenntniskraft des Textes zu schützen und eben zu erhalten. Sehr oft nämlich wirkt für diesen Text das Richtige als Feind des Notwendigen: Es lenkt ab, es entkräftet, es bremst den Schwung, den der Text vielleicht hat, jedenfalls haben sollte.

Im Übrigen möchte ich hier darauf aufmerksam machen dürfen, meine Damen und Herren, dass wir doch vielleicht mehr geändert haben, als es auf den ersten Blick erscheinen mag. Wir haben zuweilen lange überlegt, um schließlich dann ein kleines Wort zu ändern. Immerhin haben wir im Ganzen 60 Anträge vollständig oder modifiziert übernommen!

Nun muss ich auf eines in diesem Zusammenhang hinweisen, was uns natürlich gewisse Schwierigkeiten bereitet. Nahezu die Hälfte aller Anträge stammt von zwei Antragstellern, von Herrn Klausener und Herrn Forster. Diese Anträge wirken – auch wenn wir sie im Einzelnen besprechen und behandeln – de facto wie *„Blockanträge"*. Denn sie zielen im Ergebnis nicht mehr einfach auf Alternativen im Text, sondern auf einen alternativen Text. Ein solcher alternativer Text wäre an sich – von unserer Absicht her, in der Synode ein Bekenntnis zum Glauben in dieser Zeit abzulegen – durchaus möglich. Nun aber haben wir diesen Text, gehen von ihm aus, und er ist in seiner Substanz und Grundkonzeption ja durch die Erste Lesung auch eindeutig akzeptiert. Anträge, die nun, zumindest in ihrer Gesamtheit, ob gewollt oder ungewollt, gegen diese Konzeption verstoßen, müssen faktisch als Versuch gewertet werden, das Resultat dieser Ersten Lesung nachträglich zu korrigieren. Wir bitten Sie, Verständnis dafür zu haben, dass wir dem eben nicht entsprechen können. (Beifall)

Den ausdrücklichen Änderungsanträgen der Deutschen Bischofskonferenz haben wir, glaube ich, durchweg entsprechen können, wenn vielleicht auch zumeist in einer etwas modifizierten Form. Ich will es offen sagen: Nicht immer haben wir uns den theologischen Begründungsrahmen für die einzelnen Anträge der Deutschen Bischofskonferenz zu eigen gemacht, und den Einwurf im Bericht, die Platzierung des Schöpfungsthemas nach dem Reich-Gottes-Thema sei eigentlich *„willkürlich"*, möchten wir nicht gelten lassen!

Schließlich haben wir auch die Formulierung *„verbrauchte Geheimnisse"*, die schon zur Ersten Lesung angemahnt war, aufgelöst. Wir haben lange gezögert, und viele von uns haben es dann – ich glaube, ich darf es so sagen – mit schlechtem Gewissen getan. Warum? Nicht, weil wir glauben, dass es verbrauchte Geheimnisse gibt. Darum geht es hier auch nicht! Wir haben nur einen Verdacht formuliert, gewissermaßen einen Verdacht zitiert, der uns entgegenschlägt, einen Widerstand, an dem unsere Verkündigungsworte oft wirkungslos stranden. Diese Widerstände wollten und sollten wir nicht unterschätzen. Wir sollten sie nicht von vornherein sozusagen apologetisch zubereiten und erträglich machen für uns. Diese Widerstände und Schwierigkeiten, wie sie viele Menschen zumeist verschweigen, zuweilen auch aussprechen, selten aggressiv oder zynisch, viel öfter traurig und mit einem Anflug zur Verzweiflung oder auch mit der Attitüde der Gleichgültigkeit: diese Widerstände wurzeln oft durchaus im Abgrund eines Verdachts, eines mehr gefühlten Verdachtes, dass eben die Geheimnisse selber verbraucht sind, dass Religion selber nicht mehr tröstet, dass ihre Verheißungen ausgeglüht sind – so wie zwei Menschen irgendwann feststellen, dass das Geheimnis ihrer Liebe erloschen ist.

Auch wenn wir diese Ansicht nicht teilen können, so schulden wir denen, die sie haben und die an ihr leiden, doch die Solidarität unserer Aufmerksamkeit, unserer Hörsamkeit für die Radikalität ihrer Sinnängste, sozusagen für das Niveau ihrer Verzweiflung an der Religion. Und wenn wir in unserem Bekenntnis von ihnen reden, dann müssten sie wenigstens merken können, dass wir sie auch wirklich meinen. Denn vielleicht wäre das der erste Weg, sie aus der Höhle ihrer Verweigerung zu holen.

II.

Schließlich, meine Damen und Herren, möchte ich den Versuch einer kleinen Apologie des Textes gegenüber Vorwürfen und Bedenken machen, die oft wiederkehren und die man deshalb vielleicht als *„typisch"* bezeichnen kann. Diese kleine Apologie bietet gleichzeitig die Möglichkeit, nochmals das Pathos zu verdeutlichen, das unseren Text bewegt. Ich bitte Sie deshalb recht herzlich um Verständnis für die Eigenart dieses Teils meines Berichtes. Es schien mir die beste Art, nochmals über diesen Text als ganzen angesichts der vielen Einzelanträge Rechenschaft abzulegen.

Ich möchte Ihnen also ein kleines Kaleidoskop dieser typischen Einwände nennen und dabei versuchen, so zu sprechen, dass sich auch der theologische Laie dabei etwas denken kann. Das ganze Unterfangen ist nicht ganz leicht, meine Damen und Herren. Denn wenn irgendwo der Satz gilt, dass es eben nicht genügt, *„zur Sache"* zu sprechen, sondern dass man *„zu den Menschen"* sprechen muss, dann ist das hier der Fall, und dann ist das Ambiente einer Diskussionsaula vielleicht nicht ganz

3. Johann Baptist Metz: Mündlicher Bericht zur Zweiten Lesung 71

das, was einen ermutigt, auch zu dieser „*Sache*", die nun einmal eben die unseres Bekenntnisses ist, so zu reden, wie es sein müsste ...

Erstens: „*Gottes Heil*" – so wird dem Text entgegengehalten – „*und unsere menschliche Geschichte werden zu sehr zusammen gesehen; sie gehen zu undifferenziert ineinander über.*" Sozusagen der Prügelknabe für diese Objektion ist das im Text häufiger verwendete Wort „*Hoffnungsgeschichte*".

Der Text will aber gerade auch mit diesem Wort nur einen unchristlichen Dualismus von Heil und Geschichte vermeiden. Jesus ist jedenfalls nicht in einer übernatürlichen Heilsgeschichte gestorben, die nichts mit der vom Tod gezeichneten Geschichte unserer Welt zu tun hätte. Nein, er ist in dieser unserer tödlichen Geschichte gestorben und aus ihr auferstanden. Darum ist diese unsere Geschichte auch eine unbesiegliche Hoffnungsgeschichte – gerade auch für die Toten und die Besiegten. Das will der Text besonders einschärfen.

Zweitens: Man sagt öfter „*Hier ist zu wenig vom bereits geschenkten gegenwärtigen Heil und zu viel vom kommenden Heil die Rede, zu wenig vom sogenannten Heilsbesitz und zu viel von der sogenannten Heilserwartung.*"

Deutlich bekennt sich der Text zu dem durch Christus endgültig geschenkten und in seiner Kirche unwiderruflich repräsentierten Heil. Im gleichen Zug freilich wendet er sich gegen die Gefahr einer Verdinglichung des Heils. Wir sind doch keine „*Heilsbesitzer*", keine Kapitalisten des Heils! Die Art, wie dieses Heil uns glaubend gehört und wie wir ihm glaubend zugehören, heißt ja gerade auch Hoffnung und heißt Liebe.

Natürlich – und wenn ich dafür um Verständnis werben darf – gibt es auch eine Überbetonung der Gegenwart des Heils, hinter der sich nichts anderes als eine fatale Angst vor der Zukunft verbirgt, vor ihren unausgestandenen Konflikten und unabgegoltenen Herausforderungen, die wir doch in Seiner Gnade zu bestehen haben, in Seiner Gnade und in dem apokalyptischen Bewusstsein, dass – um ein Wort Hölderlins hier umzuwenden –, „*wo der Rettende naht, allemal auch die Gefahr wächst*".

Was ich sagen will ist dies: Es braucht nicht nur die Sorge um das so viel strapazierte „*spezifisch Christliche*", die Sorge um unsere christliche Identität zu sein, die uns bei jeder Gelegenheit auf das bereits geschenkte Heil hoffen lässt. Es kann auch eine besondere Art von Identitätsmüdigkeit sein, die sich nicht zu exponieren wagt. Es kann auch das Anzeichen für die Vergreisungsgefahr einer alt werdenden Religion sein, die alle Signale auf Sicherheit und Absicherung stellt und die sich lieber der Diktatur des Fertigen als dem Abenteuer der Hoffnung unterwirft, die auch noch Erwartungen hat.

In diesem Sinne – und das ist das eigentlich Entscheidende, das der Text in diesem Zusammenhang ausdrücken möchte – will der Text unsere christliche Hoffnung tatsächlich etwas deutlicher wieder mit der Perspektive der Erwartung ausstatten. Hinter ihm steht die beunruhigende Frage: Erwarten wir überhaupt noch ein Ende für die Welt, oder hoffen wir nur auf einen Ausweg für uns selber? Kommt der Herr vielleicht nur deswegen nicht, weil sich zu wenig Sehnsucht nach ihm angehäuft hat? Weil wir kein zeitliches Ende der Welt und kein Ende der Zeit mehr erwarten? Weil wir unsere Hoffnung doch zu sehr entdramatisiert haben? Haben wir denn auch in unserem kirchlichen Leben und vor allem in unserer Theologie nicht zu viel Reim auf alles, auch wenn Er nicht kommt?

Das führt nicht in eine verantwortungslose apokalyptische Traumtänzerei. Es reißt uns allenfalls aus der Gefahr der Selbstbespiegelung und einer folgenlosen Dauerreflektion, und es bringt einen neuen Zeitdruck, einen neuen Handlungsdruck in unsere Hoffnung. Von ihm ist im Text die Rede. Denn die Erwartung des Endes steht ja christlich gesehen nicht einfach unter dem Aspekt der Drohung und der Katastrophenangst, sondern gerade auch unter dem der Herausforderung und unserer Verantwortungsbereitschaft gegenüber dem Geringsten unserer Brüder.

Das alles führt die Kirche auch nicht notwendig in die Sonderexistenz einer freudlosen Sekte. Es kann – es kann! – sie selbst wieder näher an die Erwartungen heranrücken, an jene Erwartungspotentiale, die in den Seelen vieler Menschen schlummern und die heute an ganz andere Fronten gerufen und für ganz anderen Streit mobilisiert werden als für die Front und den Streit unserer Hoffnung. In diesem Sinne möge man auch den neugefassten Schluss unseres Textes verstehen.

Drittens: *„Die negativen Aussagen"* – so sagt man – *„überwiegen im Text zu sehr. Es gibt zu wenig Ausgewogenheit zwischen negativen und positiven Gesichtspunkten, es herrscht zu viel ‚negative Theologie'."* Zunächst einmal darf man wohl darauf hinweisen, dass negative und positive Aspekte, Leid und Freud, Bejahung und Verneinung nicht einfach zusammengestückt oder getrennt werden können. Beide werden sich immer in einem unreinen und dramatischen Mischungsverhältnis begegnen, in einer ständigen Ganzheit.

Nun möchte ich durchaus betonen, dass unser Text – und zwar so wie wir ihn eben auch auf seine Erfahrungsinhalte hin an- und abgesprochen haben – nicht selten bei negativ geprägten Erfahrungen anknüpft; aber

3. Johann Baptist Metz: Mündlicher Bericht zur Zweiten Lesung 73

gerade, um darin christliche Erfahrung zu erläutern! Das tut er in einer religiösen und in einer pastoralen Absicht, und er steht damit in einer guten und, wie ich meine, gerade heute sehr wichtigen Tradition religiöser und christlicher Frömmigkeit. Diese Tradition nämlich kennt Gotteserfahrung nicht nur in der Gestalt der Erhebung, im Aufstieg, im Flügelschlag oder im Gesang der Seele, sondern eben gerade auch in der Gestalt der Angst, der Nacht, im Untergang der Seele, in der Nachbarschaft zur Verzweiflung, im Schrei aus der Tiefe. Daran hat unser Text angeknüpft, vielleicht etwas stärker, als es manchem recht ist. Aber ich glaube, es lässt sich diese Einseitigkeit – wie so manche andere – durchaus legitimieren.

Zu diesem dritten Einwand gehört vor allem auch der Verdacht, dass unser Text (trotz III.4) zu wenig von der Freude spricht. Ich würde sagen, *„wenig"* ja, *„zu wenig"* nein! Der Text übt tatsächlich beim Reden von der Freude ein gewisses Sparsamkeitsprinzip. Freude ist für uns Christen – darin waren wir uns auch im Gespräch in der Kommission immer einig; denn über alles, auch gerade über diese Erfahrungstexte, wurde gesprochen – die wir eine Freudenbotschaft künden, so zentral und so verletzlich zugleich. Obwohl wir viel von ihr reden – in der Liturgie, in der Verkündigung, in der Lehre der Kirche –: wirken wir denn wirklich wie Menschen, die durch ihre Freude anstecken? Oder wirkt unser kirchliches Leben nicht doch oft wie unter einer Dunstglocke, so leicht grau in grau, wie bei einer partialen Sonnenfinsternis? Die Freude lernen, ihr auf die Spur kommen, war die Absicht des kleinen, ausdrücklichen Abschnittes in unserem Text. Aber, so meinen wir, eben nicht dadurch, dass man jedem Wort über das Leid ein solches über die Freude anfügt. Hier wäre, so sagt auch der Text, leicht ein Wort zu viel gesagt. So wie kein Prediger seine Zuhörer zu oft folgenlos zu Tränen rühren darf, so darf er auch nicht zu oft folgenlos das Wort von der Freude in Anspruch nehmen. Jesus rät uns, wie die Kinder zu werden, und der Text beharrt auch darauf, wenn er sagt: *„Die Freude ist dem Kindersinn unserer Hoffnung verwandt."* Freilich bedrängt ihn dabei auch die Frage: Können wir wie Kinder sein, ohne infantil zu werden? Nun wissen wir vielleicht, dass es eben nicht nur *„kinderleichte"* Dinge gibt, sondern auch so etwas wie *„kinderschwere"* Dinge, kinderschwere Fragen, auch kinderschwere Kunst, für mich persönlich z. B. etwa die Musik Mozarts, und dann eben die kinderschwere Kunst unserer christlichen Freude, deren Glanz wir der Welt schulden und ohne deren Zeugnis unser Bekenntnis schal ist, und wenn wir tausend Worte über sie sagten. Wir wollten sparsam sein, aber eben gerade dadurch, durch unsere Zurückhaltung, einen Dienst an der Freude tun. Wir bitten Sie, es so verstehen zu wollen.

74   II. Textdokumentation

Viertens: *„Der Text arbeitet"* – so heißt es in einigen Objektionen – *„mit zu pauschalen Urteilen über geschichtliche Vorgänge, speziell über das geschichtliche Verhalten der Kirche."* Dieser Vorwurf bezieht sich vor allem auf jene Passagen, in denen das geschichtliche Verhalten unserer Kirche kritisch beurteilt wird (etwa wenn davon die Rede ist, dass die Schuldpredigt zu sehr gegenüber den Kleinen und Wehrlosen, die Gerichtspredigt vielleicht zu wenig und zu leise gegenüber den Mächtigen gesprochen wurde; er bezieht sich aber auch auf die Schuldfrage etwa in der Zeit des Nationalsozialismus). Nun ist, wie wir wissen, auch die historische Erkenntnis eine interessegeleitete Erkenntnis, auch sie ist nicht einfach unschuldig. Sie kann im selbstkritischen Interesse der Bußfertigkeit ebenso betrieben werden wie im apologetischen Interesse der Entschuldigung, und zuweilen muss sie eben in beidem betrieben werden. Ihre Subtilität im Detail kann auch Alibifunktion haben. Und wo gäbe es schließlich ein historisches Urteil von einiger Tragweite und Konsequenz, gegen das sich nicht auch historische Gegenbeispiele anführen ließen? Ist es dadurch schon entkräftet? Ich meine, nein. Man kann sogar manchmal gegen allzu pauschal vorgetragene Aussagen im historischen Detail recht haben und dennoch nicht im Sinne eines historischen Bewusstseins gerechtfertigt sein. Denn *„sich auf historische Daten berufen können"* und ein *„historisches Bewusstsein"* haben – das ist eben nicht einfach dasselbe!

Fünftens: *„Der Text ist zu schwierig, zu kompliziert, vielleicht zu problemgeladen."* Unser Text hat sich vorgenommen, in seiner Bekenntnissprache auch gewisse gesellschaftliche Gegenerfahrungen und gewissermaßen Gegenkonstellationen zu unserem Glauben zur Geltung zu bringen und sich nach Kräften an ihnen abzuarbeiten. Der Text versucht also – mindestens wie wir es uns vorgenommen haben und ein kleines Stück weit – eine Art von kritischer Konfrontationsarbeit zu leisten. Er möchte den Glauben nicht an den Widerständen der Zeit vorbei formulieren, nicht situationslos weitersprechen. Er möchte nicht dem Hang zur Immunisierung gegenüber unbewältigten Herausforderungen nachgeben. Denn durch solche Versuche der geistigen und der sprachlichen Immunisierung, durch eine solche Art des Kopfeinziehens, des Sichtotstellens, durch eine Art geistigen Gefrierschlaf in widriger Zeit ist die Identität unseres Glaubens nicht zu retten, entrinnen wir den Gefahren der Anpassung an die Zeit nicht. Es droht dann – so, meine ich, und so haben wir uns auch im Gespräch der Kommission darüber verständigt – die Gefahr dessen, was man *„passive Anpassung"* nennen kann. Man sagt, in unserer Kirche –

3. Johann Baptist Metz: Mündlicher Bericht zur Zweiten Lesung 75

gerade auch in der Bundesrepublik – würde sich nicht viel ändern. In Wahrheit ändert sich doch viel, und eben vielleicht zu viel, zu viel, weil zu wenig durch uns selbst und zu oft unter dem anonymen Druck unbewältigter Verhältnisse und vielleicht zu schnell verdrängter und stillgestellter Fragen: *„Wir werden geändert."* Es ist doch so, dass wir oft hilflos vor dem Ausmaß dessen stehen, was mit uns geschah. Denken Sie doch z. B. an das Schicksal der Beichte in unserer Kirche! Darauf hat der Text auch keine Antwort, aber er sucht das, was unseren Glauben oft nur anonym und wie vom Rücken her bedrängt, auch zur Sprache zu bringen und in das Licht unserer Hoffnung zu rücken. Das hat seine Sprache und die Konzeption freilich nicht ganz leicht gemacht, und wir bitten um Verständnis, dass wir uns für diesen Weg entschieden haben.

Sechstens: Schließlich, meine Damen und Herren, lassen Sie mich auch noch ein Weiteres sagen. (Ich habe bei der Berichterstattung in der Ersten Lesung gezeigt, dass ich die Zeit auch unterschreiten kann. Ich wollte hier für die Apologie unseres Textes von der Zeitnorm ein paar Schritte in der anderen Richtung abweichen und dafür noch einige Minuten in Anspruch nehmen.) Schließlich sagt man, *„die Sprache des Textes ist zu subjektiv".*

Die Sprache dieses Textes ist entsprechend seiner Zielsetzung nicht einfach dogmatische Behauptungssprache oder auch Informationssprache. Hier ist die Sprache nicht und kann nicht sein pures Instrument, reines Transportmittel von religiösen Informationen, die man dann auf ihre Vollständigkeit hin abzählen darf oder kann. Sie ist als Bekenntnissprache wenigstens versuchsweise und streckenweise, so gut es ihr eben gelang, auch ein kleines Stück Erfahrungssprache, der Versuch der Sprache religiöser Erfahrung. Das Subjekt ist und bleibt unvermeidlich im Spiel, und die Verbindlichkeit einer solchen Sprache hängt natürlich am Grad ihrer innerkirchlichen Zustimmungsfähigkeit. Wo sie Zustimmung gewinnen kann, kann sie wenigstens ein kleines Stück weit helfen, die grassierende Sprachlosigkeit der religiösen Erfahrung zu überwinden, und das scheint uns ein wichtiges pastorales Anliegen zu sein.

Wir reden viel, auch unter uns, wir streiten über vieles, auch hier in der Aula, über tausend sehr wichtige Dinge. Sprechen wir aber über die Erfahrung der Geheimnisse selber, oder setzen wir dies nicht einfach immer voraus? Muss man das voraussetzen, darf man das voraussetzen? Oder verschwindet damit nicht auch inmitten unseres kirchlichen Lebens die religiöse Erfahrung der Geheimnisse in einer immer größeren Sprachlosigkeit? Und geraten deshalb nicht die, die aus diesen Erfahrungen zu leben suchen, in immer größere sprachlose Vereinsamung? Führt aber solche Vereinsamung auf die Dauer nicht in Trostlosigkeit oder in eine an allen Ecken und Enden lauernde religiöse Indifferenz? Ist das nicht eine der tiefen Nöte des religiösen und kirchlichen Lebens in dieser Zeit, auch in unserem Land? Sollten wir uns da denn ganz geirrt haben? Um dieser Not ein Stück weit, ein kleines Stück weit zu begegnen, spricht der Text so, wie er spricht. Wer diese Not nicht spürt, wird diese Sprache gar nicht akzeptieren; er wird sie vielleicht auch nicht brauchen.

Gibt es aber nicht so etwas wie einen religiösen Erfahrungshunger, und hat sich darin nicht alle forsche Religionskritik massiv getäuscht? Stellt uns dieser Hunger aber nicht vor die praktische Aufgabe, in Theologie und Kirche nicht nur Begriffe früher gemachter Erfahrungen zu formulieren, sondern auch unsere gegenwärtigen Erfahrungen mit den Geheimnissen zur Sprache zu bringen? Das versuchen wir hier ein Stück weit.

In diesem Zusammenhang möchte ich noch an die etwas unterschiedlichen Adressaten des Textes erinnern dürfen. Der Text möchte gern auch – auch! – zu denen sprechen, die sich schwertun mit unserer Kirche, die oft mit dem Rücken zu ihr leben und keineswegs jeden Sonntag unter unseren Kanzeln zu sitzen bereit sind. Er sucht auch jene Menschen, die mehr gefühlt als bewusst die Nähe zur Religion leben: jene Menschen, die immer für alle Antworten, die ihnen ihre Lebenswelt gibt, eine Frage zu viel haben; Menschen, die lieber mit hochgemuten Erwartungen unglücklich sind als mit zurückgesteckten Erwartungen zufrieden und glücklich, Menschen also, die schon zu Hause noch ein wenig Heimweh haben; und viele, die das Leben unversehens hinter die Kulissen ihres Alltags geschleudert hat und die dann nur noch hinkend – hinkend wie einst Jakob – die ausgetretenen Straßen unserer Welt gehen. Zu ihnen hin möchte der Text auch ein wenig sprechen, auch für uns alle. Das bedingt seine Farbe und seinen Ton.

III.

Meine Damen und Herren, eine Schlussbemerkung. Es gab nur ganz wenige Änderungswünsche zu Teil II unseres Textes. Offensichtlich waren damit mehr oder minder alle einverstanden. Was steht dort? Es ist die Rede von der eigentlichen Schwierigkeit und Krise unseres kirchlichen Lebens, gegenüber der alle anderen sekundär und relativ leicht behebbar erscheinen. Es ist die Rede von unserer Anpassungsschwierigkeit an Jesus.

Wir sind, so sagen wir, wenn wir diesen Text übernehmen, damit einverstanden. Darf ich – ohne in falsche, unbescheidene Töne zu kommen

3. Johann Baptist Metz: Mündlicher Bericht zur Zweiten Lesung   77

und selbst auf die Gefahr hin, dass es so klingt und ich es auf mich nehmen muss – fragen, ob wir das wirklich sind? Hier beim Anspruch Jesu kommt es ja auf keine Ausgewogenheit, auf kein Augenmaß und auf keine zwei Seiten mehr an, die sonst alle Dinge haben. Hier müssen wir uns ja doch fragen, ob wir nicht immer zu schnell krampfhafte Reflexe der Relativierung bei dem absoluten, bei dem unbedingten Anspruch auslösen, der uns da begegnet, sodass wir doch immer wieder in der Praxis sagen: *„Es ist nicht so schlimm, es wird nicht alles so heiß gegessen, wie es gekocht wird ...“* Wenn aber vielleicht doch – in diesem Falle? *„Die Wahrheit liegt in der Mitte“*, sagen wir. Liegt sie denn hier wirklich in der Mitte, oder hat christliche Wahrheit nicht allemal eine Schlagseite, eine Schlagseite hin zu der Einseitigkeit des Kreuzes? Der Anspruch Jesu hat nicht mehrere Seiten; da kann man ihn drehen und wenden, wie man will, und dies ganz einfach deswegen, weil Gott selber nicht mehrere Seiten hat, sondern nur die eine, die er uns in Jesus zugewandt hat.

Diese Einseitigkeit müssen wir in der Tat immer neu riskieren und kirchlich zu leben versuchen. Diese Einseitigkeit ist auch das Kriterium unserer Orthodoxie, und in diesem Sinne hat Rechtgläubigkeit nichts mit Ausgewogenheit zu tun, sondern ist eine höchst einseitige, abenteuerliche Angelegenheit.

Zu dieser Einseitigkeit möchte sich auch unser Text bekennen. Bitte stimmen Sie die – wenigstens die – nicht heraus! Und vergeben Sie mir, wenn ich jetzt versucht habe, das Pathos zu verdeutlichen, das hinter unserem Text steht, wenigstens so gut ich es gekonnt habe.“[2] (Lebhafter Beifall)

* * *

Diskussionsbeiträge des Berichterstatters

„Sehr verehrter Herr Kollege Forster, der Vorwurf, dass hier so etwas wie eine Brandmarkung passiert sei, der fällt nun allemal, wenn überhaupt, wieder auf mich zurück. Ich kann hier nur sagen: dies war weder meine Absicht noch die unserer Kommission. Wenn das in irgendeiner Form auf Sie so gewirkt haben mag, dann bin ich der erste, der das zutiefst bedauert. Das Christentum sollte sehr viel mit Feuer zu tun haben, aber mit Brandmarkungen gar nichts. Ich – und wir alle, glaube ich – habe es bestimmt nicht so gemeint.

---

[2] Protokoll VIII, TOP 9, 146–150.

78 II. Textdokumentation

Das mögen Sie vielleicht auch daran sehen, dass alle Sorgen, die Sie vorgetragen haben, alle Schwierigkeiten, explizite in meinem kleinen Kaleidoskop der Schwierigkeiten vorgekommen sind. Ich habe darauf so gut geantwortet, wie wir es für richtig und auch für wirksam hielten, z. B. zum Thema Gott und Geschichte. Bei der Frage der Freude haben wir Ihre Einwände und Überlegungen außerordentlich ernst genommen.

Die Unterstellung, dass wir Juden und Christen in der Situation von Auschwitz nicht zusammen genannt wissen wollten, kann ich nun beim besten Willen, Herr Forster, so nicht stehen lassen. Hier, in IV.2, geht es ja gerade und ausschließlich um das Leid der Juden. Dort musste nun die Aufzählung all derer, die dort gelitten haben, sobald wieder von den Juden abgelenkt wurde, wie eine Entschuldigung wirken. Es sollte gerade dort darum gehen, die ermordeten Juden alleine in ihrer schrecklichen Fülle vor Augen zu bekommen und sie zu nennen. Da hatten wir den Eindruck – und das war allein der Grund, den Vorschlag von Ihnen aufzulösen –, dass, wenn wir wieder beide – Juden und Christen – nennen und uns in diesen leidenden Christen selber nennen, das wieder wie eine Entschärfung der Situation und wie eine Entschuldigung wirkt. Ich bitte Sie sehr herzlich, das so zu verstehen."[3] (Beifall)

* * *

„Bitte, meine Damen und Herren, gestehen Sie uns zu, dass wir vielleicht etwas übernervös und überdramatisierend reagiert haben, als wir diese Flut auf uns zukommen sahen. Aber wenn Sie schon sagen, dass wir – wir, denn ich meine hier wirklich uns alle in der Kommission – uns womöglich nicht hinreichend Mühe gegeben hätten, jeden einzelnen Antrag durchzusehen und ihn auf seine Informationskraft und seine Hilfe zu überprüfen, dann möchte ich Sie doch auch herzlich bitten: Bedenken Sie einmal, was wir trotz allem – und bei Herrn Klausener ist das doch gerade auch angeklungen – schon eingearbeitet haben. Wir haben 60 Anträge direkt oder in modifizierter Form eingearbeitet. Und wir haben uns bei den Anträgen, die wir sozusagen in einer größeren Blockordnung – vielleicht etwas voreilig – zusammengenommen haben, lange überlegt und haben auch bedacht, warum wir das eine oder das andere nicht übernehmen können.

---

[3] Protokoll VIII, TOP 9, 156.

3. Johann Baptist Metz: Mündlicher Bericht zur Zweiten Lesung 79

Sehr oft wirkte dabei in der Tat der Eindruck mit, dass wir einen Text durch Wiederholungen einfach überladen. Wir haben ihn doch besser gekannt als viele andere, weil wir ständig mit ihm zu tun hatten, und wir haben sehr oft, meine ich, erkennen können, dass durchaus vieles an anderen Stellen, nur nicht an der reklamierten, gesagt war. Und den Text durch Wiederholungen – wenn auch vielleicht durch perspektivisch unterschiedliche – zu überladen, würde ihm bestimmt nicht gut bekommen! Stellen wir uns also die sehr nachdenkenswerte Frage: Ist der Text zu subjektiv, ist er nicht zustimmungsfähig genug bzw. ist er exemplarisch genug? Wir haben uns diese Frage ganz bestimmt gestellt, und sie war bei der Ausarbeitung des Textes leitend. Ich meine nur, wenn man jetzt vielleicht sagt, da fehlen diese oder jene Gesichtspunkte, so möchte ich doch zu bedenken geben, ob man einen Text dadurch, dass man einfach Gesichtspunkte hineinnimmt und nebeneinander hinstellt, wirklich repräsentativer macht, oder ob wir nicht auch sagen dürfen: Sehen Sie bitte einmal zu, ob wir nicht viele Gesichtspunkte doch auch haben; z. B. – das wurde vorhin von Herrn Krenzer ja schon einmal betont – in der Frage der Berücksichtigung der Person, des Einzelnen. Ich meine, was hier nicht berücksichtigt ist, ist so eine Art direkter Personalismus, eine Art Rückzugspersonalismus, bei dem das Christentum gewissermaßen auf einer Schwundstufe von Person steht und nicht mehr mit Welt und Gesellschaft und nicht mehr mit der Verstricktheit in Geschichte und Gesellschaft zu tun hat. Dann aber kann es, so meinen wir, natürlich auch das konkrete Subjekt gar nicht im Blick haben.

Wenn man das mit berücksichtigte, würde man sehen, dass eine bloße Addition von Gesichtspunkten den ganzen Text wohl auch nicht unbedingt besser machen wird. Wenn schon, dann müsste das noch sehr ineinander eingearbeitet werden.

Ich möchte noch einmal betonen, dass Herr Klausener ja bei aller Opposition, die wir hier durch die Diskussionspositionen haben, durchaus auch ein gewisses Maß von einem Koalitionsangebot in Sachen weiterer Überprüfung der Einpassung und der Rücknahme gewisser Anträge gemacht hat. Ich bin also sicher, dass wir da noch ein Stück weiterkommen können.

Zum Schluss dieser Generaldebatte möchte ich für die hilfreichen Stellungnahmen danken. Und selbst wenn der Antrag von Henry Fischer nicht durchgekommen ist, hat er, so meine ich, auf etwas aufmerksam gemacht, das den Text in der Diskussion, in der er steht, besonders prägt und belastet.

Ich möchte noch auf eine Bemerkung von Frau Estor zurückkommen. Sie hat am Schluss diese merkwürdige Koalition von *„Hoffnung und Freu-*

80 II. Textdokumentation

de und Süddeutschland" angesprochen. Ich würde gerne schließen mit einer – wie soll ich sagen? – Huldigung an den „genius loci", an die Würzburger hier, an die Leute, die noch ein irdisches Verhältnis zu Gott und ein mystisches Verhältnis zum Wein haben und die sich deshalb auch Tanzen und Freude gönnen, wenn sie „*Hoffnung*" sagen."[4] (Beifall)

* * *

„Auch ich möchte gern noch eine Bemerkung zu dem an sich sehr suggestiven Bild von Herrn Kardinal Höffner in Sachen Gericht machen. Es stimmt in der Tat, dass etwa Dantes Inferno oder Michelangelos Jüngstes Gericht eine Art lebendiger Anschauungsunterricht auch für Menschen, die nicht lesen und nicht schreiben konnten – sozusagen in der Frühstunde der neuzeitlichen Demokratie – dafür waren, dass in der Tat alle Menschen gleich sind, gleich, nicht, weil sie alle sterblich sind, gleich, nicht, weil der Tod sie alle gleich macht, sondern weil es einen richtenden Gott gibt, der garantiert, dass die Gerechtigkeit stärker ist als der Tod. Diesen Anschauungsunterricht liefern uns diese Bilder. Darin liegt Wichtiges und Entscheidendes z. B. auch über den Zusammenhang unserer neuzeitlichen Impulse des Christentums. – Aber, Herr Kardinal, ich möchte Sie doch fragen: Wie ist es denn diesem Dante, diesem Michelangelo in unserer Kirche ergangen? Was haben die denn erleben müssen, vielleicht gerade weil sie ein solches Zeugnis gegeben haben?!

Ich meine auch, dass der Satz gelten mag, dass man historische Wahrheit nicht durch Berufung auf historische Daten ermittelt und dass man ein historisches Bewusstsein und ein historisches Gewissen nicht nur der Analyse wissenschaftlich rekonstruierter Geschichte verdankt, sondern dass dies alles immer noch zweierlei bleibt. Wir haben die Quittung über die Geschichte in dieser Sache bekommen – nicht durch unsere wissenschaftlichen Geschichtsbücher, sondern durch die Chroniken des Volkes, wenn man so will, und durch die ungeschriebene Geschichte der Enttäuschung und der Verweigerung der Leute gegenüber einem Verhalten unserer Kirche, das wir in unserem Text sowieso nur in Frageform formulieren."[5] (Beifall)

* * *

---

[4] Protokoll VIII, TOP 9, 158–159.
[5] Protokoll VIII, TOP 9, 174.

3. Johann Baptist Metz: Mündlicher Bericht zur Zweiten Lesung 81

„Meine Damen und Herren, noch einige kurze Bemerkungen, einmal zu der Bitte von Herrn Iserloh, Reich Gottes und Schöpfungsthematik umzustellen. Wir haben inzwischen ja den Schöpfergott vorweg schon ausdrücklich angesprochen und genannt. Ich möchte noch einmal sagen, dass wir ganz gewiss diese Reihung, wie wir sie hier anbieten, nicht willkürlich vollzogen haben, dass sie durchaus auch exegetisch geschützt und gestützt ist und dass jede Umstellung eine Reihe von Folgeschwierigkeiten mit sich brächte. Denn der Text ist natürlich in sich verzahnt, und man kann nicht einen Abschnitt vorweg und den anderen dahinter stellen. Ich bitte Sie also, dass abzulehnen.

Ich möchte doch ein Wort auch zu Herrn Klausener sagen, weil er sich hier sehr oft im Einzelnen meldet und auch, wenn Sie so wollen, die Ausgangslage immer wieder befragt. Da muss ich nun tatsächlich sagen, welche Probleme heute überholt sein mögen, für uns in unserem kirchlichen und auch gesellschaftlichen Leben als abgetan gelten können, das, was uns ins Haus steht oder nicht: darin unterscheiden wir uns tatsächlich. Ich weiß nicht, ob man nicht sagen muss, Herr Klausener, wenn man einmal einen Schritt hinaus, auch über unsere bundesrepublikanische Kirche hinaus tut, dass sich da die Prioritäten ziemlich schnell ändern würden. Ich meine – wenn ich das so sagen darf, wir reden ja da ganz offen miteinander –, dass Sie sich in dem einen Antrag, den Sie stellen, nicht von ungefähr gegen den Vorwurf, dass sie es nicht „idyllisch“ meinen, schützen mussten. Das hat mich dazu bewogen, zu fragen, ob Sie sich diesen Vorwurf nicht vom Inhalt her zugezogen haben.

Vom gesamten Abstimmungsprozess her möchte ich noch folgendes sagen. Ich bitte Sie sehr herzlich, die Einzelanträge wirklich kontextuell zu beachten. Wir haben jetzt durch die Abstimmung – etwa über Antrag 941, wo wir zugestimmt haben – z.B. einen Text, dass wir nicht nur „kritisch“, sondern „liebend-wach“ uns der zeitgenössischen Leidverneinung gegenüber verhalten müssen. Das hat in diesem Fall, wo es spezifisch um die Beschreibung dieser Situation und dieser Bedrohung geht, meines Erachtens keinen Sinn. Ich wollte das nur sagen, weil es ganz naheliegend ist, dass der Kontext nicht immer ganz präsent ist. Ich bitte Sie sehr herzlich, das bei der Abstimmung besonders mit zu berücksichtigen.“[6] (Beifall)

* * *

---

[6] Protokoll VIII, TOP 9, 177–178.

82   II. Textdokumentation

„Meine Damen und Herren, ich gestehe, dass wir vielleicht etwas herab-
gestimmter nun unsere Stimme zur Vorlage erheben, weil wir aus der
Kommission nicht der Meinung sind, dass alles, was heute Morgen in sie
hineinkam oder an ihr geändert wurde, der Absicht dieser Vorlage dienen
mag. Das ist unsere Meinung. Gleichwohl möchte ich für die Kommission
allen, die heute mitgearbeitet, ihr Interesse an diesem Text bekundet haben, herzlich danken, und Sie bitten, dem Text zuzustimmen."[7] (Beifall)

---

[7] Nachmittagssitzung der 8. Vollversammlung: Protokoll VIII, TOP 9, 191. Schluss-
wort zu dieser Sitzung von Präsident Kardinal Döpfner: „Meine Damen und Herren,
am Schluss einer endgültigen Verabschiedung ist ein Wort des Glückwunsches, der
Freude und des Dankes selbstverständlich. Das gilt ganz besonders in diesem Falle
wegen der Bedeutsamkeit dieser Vorlage, wegen der Schwierigkeiten der Verhandlun-
gen und auch deshalb, weil dies die letzte Vorlage ist. All denen, die in der Sachkommission I mitgeholfen haben, und auch den Moderatoren ein sehr herzliches – lassen
Sie es mich diesmal so sagen – Vergelt's Gott": Protokoll VIII, TOP 9, 193.

III. Einleitungen, Exkurse, theologische Hintergrundprämissen des Credo-Konzepts der Würzburger Synode

1. Aktuelle Einleitung: Religion und Politik

Diese Einleitung ist als eine Hinführung zu Art und Perspektiven des Theologietreibens gedacht, wie es hier versucht wird. In dieser Absicht habe ich in den letzten Jahren eigentlich immer zu Beginn eines Semesters ein Stück aus meiner aktuellen theologischen Arbeit vorangestellt, soweit es dem Inhalt der Vorlesung entspricht oder nahekommt. Diese Einleitung möchte mit gewissen Schlüsselbegriffen meiner Theologie vertraut machen, wie z. B. mit dem Unterschied von messianischer Religion und bürgerlicher Religion, mit Basisreligion, Nachfolge, praktischer Fundamentaltheologie, Politischer Theologie, Zweiter Reformation, anthropologischer Revolution usw.[1]

Sie will schließlich die theologische Aussage, um die es geht, ausdrücklich mit der Situation, mit der Gegenwart in der Welt verbinden, in der wir leben, um so die *Aussage-* und *Orientierungskraft* des theologischen Wortes sichtbar zu machen und in jedem Falle zu prüfen. Das ist ja schließlich die Aufgabe der Fundamentaltheologie, die mit einem guten alten Wort einmal Apologetik hieß. In biblischen Worten ist es die Intention dieser Fundamentaltheologie, Rechenschaft zu geben über die Hoffnung, die in uns ist (1 Petr 3,15), und zwar in dieser und für diese Zeit.

Nun hat gerade das Verhältnis von Religion und Politik in unserer Situation besondere Aufmerksamkeit und auch neue Aktualität gewonnen. An diesem Verhältnis von Religion und Politik lässt sich die *lebensorientierende* Aussagekraft des theologischen Wortes sehr gut überprüfen und erläutern, ob wir denn von dem reden, was wir unsere Welt, unsere Gegenwart, unsere Situation nennen und inwieweit sie in unseren theologischen Diskurs eingeht. Ich schlage deshalb vor, dass wir uns in dieser Einleitung dem Verhältnis von Religion und Politik in unserer Zeit als Prüfstein für die *Realitätsnähe* des Theologietreibens zuwenden. Wohlgemerkt, es geht dabei weder um eine soziologische noch um eine psychologische, weder um eine moralische noch um eine alltagspolitische Bestimmung dieses Verhältnisses von Religion und Politik in unserer Zeit, sondern eben um eine *theologische*, denn es soll ja herausgebracht werden, was dies sei: Theologie in dieser Zeit.

Theologie ist, das sagt schon das Wort ganz deutlich, auf die Rede von Gott verpflichtet. Jede theologische Rede über Religion und jede theologi-

---

[1] Zur Hintergrundorientierung vgl. „Jenseits bürgerlicher Religion" (JBMGS 1, 149–249) und „Glaube in Geschichte und Gesellschaft" (JBMGS 3/1).

86 III. Einleitungen, Exkurse, theologische Hintergrundprämissen

sche Rede über Politik und über das Verhältnis beider zueinander muss sich deshalb als Rede von Gott zu verstehen suchen, wenn sie sich nicht selbst und nicht andere betrügen will. Und um es mir nicht leicht zu machen, versuche ich hier einmal am Problem Politik und am Verhältnis von Religion und Politik zu zeigen, wie *realitätsfähig* die Gottesrede ist. So könnte diese Einleitung auch den Titel haben: „Eine Herausforderung an Religion und Politik" oder die Frage stellen: „Was wäre wohl los in der Politik, wenn Gott in der Religion los wäre?"

Eine Rede über Religion als eine Rede von Gott zu verstehen, das scheint uns sehr plausibel und ist doch, wie ich zeigen möchte, weniger selbstverständlich als es den Anschein hat. Eine Rede über Politik als eine Rede von Gott zu verstehen – das ist zumindest umstritten, gilt gemeinhin als gefährlich und für die meisten als obsolet. Was schon hat Politik mit Gott zu tun? Was dürfte sie mit Gott oder auch mit den irdischen Pseudonymen Gottes: mit Wahrheit, mit Liebe zu tun haben? Ist nicht die Trennung beider „Reiche", die Trennung von Gott und Politik, von Gottesherrschaft und politischer Herrschaft die spezifische Voraussetzung unserer eigenen politischen Kultur, die uns teuer ist? Hat schließlich die Proklamation der Herrschaft Gottes in der Politik je zu etwas anderem geführt als zu einer religiös verkleideten Priester- und Theologenherrschaft? Wenn man so fragt, ist dann nicht Politik als streng theologisches Thema eigentlich schon beendet? Bleibt der Theologie, bleibt der Gottesrede etwas anderes, als sich endlich ebenso bescheiden wie endgültig auch von der Politik zu verabschieden und ihr Interesse, das Gottesinteresse, das Wahrheitsinteresse, von der Politik abzuwenden, sich in der Politik allenfalls durch die handlicheren Maßstäbe dessen, was wir heute politische Ethik etwa nennen, vertreten zu lassen? Bleibt der Theologie etwas anderes übrig, damit sie sich selbst endlich ganz und gar ihrem Proprium, nämlich der Religion zuwende? Das wird ja vielfach so geraten.

Auch in der Religion besteht die Theologie, die sich diesen Namen verdienen will, auf Gott. Wie steht es denn nun mit Gott in unserer Religion? Herrscht Gott in der Religion? Ist er in unserer Religion an der Macht? Ist er der, den wir den Beweger aller Dinge nennen oder – man denke an die apokalyptischen Visionen der biblischen Botschaft – den apokalyptischen Revolutionär aller Verhältnisse: „Seht, ich mache alles neu" (Offb 21,1.3–5), ist er denn in der Religion *losgelassen*? Wenn ja, dann ist Religion in ihrem Kern ein Politikum und nicht ein Überbau zu den geschichtlichen Identitätskämpfen der Menschen, sondern ein erkennbarer, beschreibbarer, erfahrbarer Eingriff in sie. Die biblischen

1. Aktuelle Einleitung: Religion und Politik 87

Gottesgeschichten sind ja keine Zugabegeschichten, sind keine Überbaugeschichten, also kein feierliches Akzessorium zu der schmerzlichen, leidvollen geschichtlichen Konstitution der Menschheit und der Menschen in ihrer Identität. In diesen Gottesgeschichten werden Menschen herausgerufen aus den Zwängen und Ängsten archaischer Gesellschaften und sie werden berufen zu Subjekten einer neuen Geschichte: Angerufenwerden in der Gefahr, Herausgerufenwerden aus der archaischen Angst, Exodus, Umkehr, Erheben des Hauptes, Widerstand und Leiden, Nachfolge. In diesen religiösen Bestimmungen der Menschen bildet sich ihre subjekthafte, geschichtliche Identität, und zwar immer und von vornherein, wenn wir auf die biblischen Traditionen schauen, als eine *solidarisch-politische* Identität. Gott ist in den biblischen Geschichten nie *bloß* gedacht; der biblische Gottesgedanke ist, gerade wo er als höchster Gedanke gefasst ist, ein eminent praktischer Gedanke, er ist ein eingreifender Gedanke, sehr oft, wie wir wissen, ein leidvoller Widerstandsgedanke.

Wenn wir also den höchsten Gedanken wagen, den wir über Religion denken können und unter dem Zwang biblischer Traditionen denken müssen, dass es ihr nämlich um Gott geht, dass Gott ihre „Sache", dass Gott also der „Herr" der Religion ist, dann kann unsere Eingangsfrage zum Verhältnis von Religion und Politik nicht sein, ob Religion auch politisch sei oder nicht. Sie ist es, und sie ist es nicht beiläufig, sondern wesentlich. Und „Politische Theologie" ist eigentlich, genau besehen, ein hölzernes Holz, ein Pleonasmus.

Es ist also gerade der Gottesgedanke, der die Religion auf eine besondere Weise, praktisch-politisch macht. In dem Maße wie christliche Religion ihr politisches Wesen verleugnet und verleugnet hat, wird sie nicht etwa fromm oder frömmer, christus-förmig oder christus-förmiger, sondern vielmehr gottvergessen. Und umgekehrt: ihr politisches Versagen hängt auch mit ihrer eigenen Gottvergessenheit zusammen. Man denke z. B. an das schwer bestreitbare politische Versagen der kirchlichen Religion im 19. Jahrhundert angesichts des Massenelends im frühkapitalistischen Zeitalter. Dieses Versagen liegt – in meinen Augen jedenfalls – nicht eigentlich darin begründet, dass die Religion zu religiös und zu wenig politisch gewesen wäre. Im Gegenteil, sie war zu wenig bei ihrer Sache, zu wenig religiös, sozusagen zu wenig gotthörsam oder gottbesessen; und deshalb überidentifiziert mit einer eigentlich vergangenen obsoleten Politik, die sie blind machte für die massenhaften Leiden und taub für die *soziale Prophetie* der Religion selber.

88   III. Einleitungen, Exkurse, theologische Hintergrundprämissen

Religion – zumindest die jüdisch-christliche Religion – hat eine innere politische Dimension, die sie nur aus Opportunismus oder aus Selbstbetrug, aus Nachfolgeangst oder aus Nachfolgeverdrängung leugnen kann. Als unpolitischer oder politisch Neutraler wäre der Sohn Gottes sicher nie gekreuzigt worden. Es gibt da ja, wie ich meine, ein Missverständnis über den Weg Jesu und die Nachfolge Jesu, oder genauer: über den Sinn des Leidens Jesu, als habe dies keine politische Dimension. Wenn es die nicht hätte, wenn dieses Leiden, diese Leidensbereitschaft nicht gerade darin bestanden hätte, Leiden auf sich zu nehmen, um die Gerechtigkeit Gottes unter den Menschen durchzusetzen, wäre es am Ende Masochismus gewesen – und das war diese Leidensbereitschaft gewiss nicht.

An diesem politischen Wesen der christlichen Religion festhalten, heißt nicht, die Religion einer vorgefassten politischen Ideologie ausliefern, sodass sie eigentlich nur noch als deren Erfüllungsgehilfe erscheinen würde. Nicht die Religion selber wäre in diesem Falle politisch, alles Politische an der Religion wäre in diesem Falle nur kopierte, durchgepauste politische Ideologie. Das politische Wesen der Religion, wie ich es hier vortragen möchte und wie ich glaube, dass es höchste Aktualität besitzen sollte, begreift man nur, wenn man sie Gott unterstellt.

Dass dies heute ziemlich verdächtig und befremdlich klingt, zunächst einmal auch unvermeidlich abstrakt und für manche vielleicht einfach unseriös, das hängt zunächst wiederum am gegenwärtigen Zustand der Religion selbst, so wie ich ihn sehe und es in diesem Zusammenhang nur kurz skizzieren kann.[2]

Religion bei uns ist nicht messianische Religion, in der Gott los ist, sondern hauptsächlich und dominierend *bürgerliche Religion*, das Geschöpf des Bürgers und seiner konstitutionellen Berührungsangst gegenüber dem Absoluten, seiner historisch durchaus begreiflich und verständlich zu machenden *Unnahbarkeit* gegenüber Religion. In der Gestalt dieser bürgerlichen Religion – als einer Art systemimmanenter Ethik bürgerlicher Gesellschaft – feierte und feiert Religion tatsächlich späte Triumphe; sie führte ja eben vielfach zur heimlichen Identifizierung von bürgerlichem und religiösem Subjekt. Und wo das bürgerliche Subjekt sich in seiner Identität bedroht fühlt, macht es die Religion in diesem Sinne zu einer Art Sicherheitsideologie ihrer eigenen bürgerlichen Identität. Wir alle stehen im Bannkreis dieser Art von Religion, wenn ich recht sehe. Aber was ist

---

[2] Näheres dazu in „Jenseits bürgerlicher Religion" (JBMGS 1, 149–249).

1. Aktuelle Einleitung: Religion und Politik 89

mit Gott? Gott ist in dieser bürgerlichen Religion nicht Gott, nicht der Gott der biblisch-messianischen Religion. Dieser Gott ist wie tot in der bürgerlichen Religion. Er ist in ihr zwar zitierfähig, aber ein zitierfähiger Gott ist noch lange kein Gott. Kaum anbetungswürdig ist er als bürgerlicher Gott, weil er eben nicht eigentlich fordert und deshalb natürlich auch nicht tröstet, weil er nicht eingreift, weil er eben nicht stürzt und aufrichtet, sondern eher als eine Art „Wert" unsere vorgefasste bürgerliche Identität überwölbt.

Bürgerliche Religion, wie wir sie leben, gilt als Privatsache. Aber als Privatsache kann sie nie und nimmer Subjektsache sein, die sie doch als *messianische Religion* ist, wenn man an die konstitutive Funktion der Religion für die Bildung von geschichtlicher Identität denkt. Bürgerliche Religion greift nicht in die Identitätskämpfe der Menschen ein, sie setzt diese Identität voraus, wirkt deshalb als Überbau und Projektion, wie uns das Religionskritiker von rechts und von links bescheinigen. Und das in einer Zeit, in der die Krise und der Zerfall des Subjekts selber politisch auf dem Spiel steht. Die Schwächlichkeit, mit der die bürgerliche Religion auf diese Bedrohung, auf diese Zerfallskrise reagiert, signalisiert die *Abwesenheit* des messianischen Impulses in dieser Art von Religion, die unser Schicksal ist. Sie sucht nämlich die Antwort auf diese Krise, wenn sie sich überhaupt zu ihr äußert, in einer Vermittlung zwischen Individualismus und Kollektivismus und sagt, wir dürften weder dem einen noch dem anderen verfallen. Abgesehen davon, dass sie so nur allzu gängige politische Klischees verdoppelt, bleibt die Frage, wie sich die Wahrheit durch die Vermittlung von zwei Irrtümern überhaupt ermitteln lassen könne. Wahrheitssuche in der bürgerlichen Religion ist eine problematische Angelegenheit.

In dieser Religion muss man sich nicht unbedingt zu Gott bekennen, weil man auch von ihm nicht abzufallen braucht. Man ist fein heraus. Ich glaube, dass diese Art des Umgangs mit Wahrheitsansprüchen wenig zu tun hat mit der politischen Krise des Subjekts, viel eher mit Gedankenlosigkeit und Opportunismus. Aber Wahrheitsansprüche gegenüber der Politik sind der bürgerlichen Religion ohnehin verdächtig. Sie spricht vielleicht von Werten. Aber das ist nicht das Gleiche wie Wahrheit. Bürgerliche Religion gibt sich selber bewusst unpolitisch, damit sie umso unangefochtener die eigentliche Staatsreligion unserer bürgerlichen Gesellschaft bleiben kann. Wie soll sie dann von Gott durchdrungen sein? Der Verdacht bleibt, dass sie eher vom Mythos der Unveränderlichkeit unserer Gesellschaft durchdrungen ist. Und so gerät sie dann eben zur

90   III. Einleitungen, Exkurse, theologische Hintergrundprämissen

politischen Religion der Bürger, in der unsere Gesellschaft nochmal sich selber bestätigt und befestigt. Ich kritisiere das von innen, so gut ich kann. Von der bürgerlichen Religion gilt, in einem ganz anderen Sinn als Karl Marx das gemeint hat, der Verdacht auf Opium. Diese bürgerliche Religion ist nicht Opium als Vertröstung und als Betäubung und Beschwichtigung für die Habenichtse, nicht die Droge, die sie über ihre Leiden, über ihre Gesellschaften hinwegtröstet, sondern sie ist die Droge und das Opium *für die Besitzenden*, die bereits Aussicht und Zukunft haben und Religion als Bestätigung für ihre Identität anrufen. Eine Hilfe, ein Trost, eine Perspektive in den gefühlten und erkannten politischen Widersprüchen ist sie m. E. nicht. Das ist, so scheint mir und um es sehr scharf zu sagen, der Preis ihrer Gottvergessenheit. Denn Gott ist ein Politikum – und die *Gottvergessenheit* ist es auch.

Wer denn nun, so wäre zu fragen, ist aber der Träger dieser Memoria Dei, dieser gefährlichen Erinnerung an Gott, wenn es das Christentum als bürgerliche Religion schon nicht sein kann? Davon wird zu sprechen sein, weil nur in der Entzweiung zwischen Christentum und bürgerlicher Religion eine Perspektive auftaucht. Es hat ein Rabbi in einem chassidischen Wort einmal gesagt, dass das eigentliche Exil der Israeliten in Ägypten darin bestanden habe, dass sie gelernt hätten, „zu ertragen". Die eigentliche Gefangenschaft des Christentums in der Form bürgerlicher Religion besteht in meinen Augen darin, dass wir gelernt haben, damit zu leben und mit dieser Art von Religion zufrieden zu sein. Religion ist nicht dadurch selber politisch, dass sie sich einer politischen Ideologie unterstellt, sondern dadurch, dass sie sich ihrer eigensten „Sache", dass sie sich Gott unterstellt, dass Gott in ihr los ist.

Was besagt das nun für das von uns angesprochene Verhältnis von Religion und Politik heute? Für Religion bedeutet es den Abschied von bürgerlicher Religion. Und für die Politik? Gibt es denn überhaupt so etwas wie eine *religionsfähige* Politik, gar eine *gottfähige* Politik? Darf es sie, kann es sie oder muss es sie gar geben? Insinuiert die Rede von der Religionsfähigkeit der Politik nicht eine gefährliche Konfusion, einen leichtfertigen Verrat an den Errungenschaften der politischen Aufklärung, die doch längst zum Fundament unserer politischen Kultur geworden sind? Und sind wir denn nicht alle irgendwie gebrannte Kinder? Wissen wir nicht zu gut, wenn wir in unsere Geschichte schauen und uns die Augen nicht verbinden, wie sich nur allzu oft – unter Berufung auf eine religiöse Verpflichtetheit der Politik – eine unreligiöse Religion im Gewande der Politik in die politische Arena geschlichen hat und immer wieder schleicht?

1. Aktuelle Einleitung: Religion und Politik 91

Religionsfähige Politik? Ich halte das für einen wichtigen Topos in unserer heutigen Situation. Wenn nicht alles täuscht, zeichnet sich heute tatsächlich eine *neue* historische Konstellation zwischen Religion und Politik ab.[3] Es wird an uns hängen, ob wir sie erfassen und begreifen. Das Verhältnis beider, Religion und Politik, kann jedenfalls nicht mehr mit einer vermeintlich unpolitischen Verwaltung von Heilsgütern in der Religion und einer religiös neutralen Administration von Staats- und Sozialgütern in der Politik beschrieben werden. So geht es wohl nicht, auch wenn die neue Konstellation noch nicht in konsensfähigen und in diesem Sinne wissenschaftsfähigen Begriffen analysierbar ist, sondern vermutlich erst in Symptomen wahrgenommen werden kann. Diese neue Konstellation von Religion und Politik ist ja, wenn es sie überhaupt gibt, ein Reflex unserer gegenwärtigen Gesamtsituation. Wie aber ist diese Gesamtsituation zu kennzeichnen?

Alle reden davon, dass wir in einer Art „Übergangszeit" leben. Aber das scheint mir ohne viel Auskunftswert zu sein. In Übergangszeiten leben wir, genau besehen, eigentlich immer; die Zeit ist immer im Übergang. Übergangszeit ist also eine auskunftsarme Tautologie und wird meistens auch benutzt, um irgendetwas zu verschleiern. Wir stehen, wenn schon, in einer *Umbruchzeit*, die alles, das gesamte kulturelle System und alle seine sog. Subsysteme betrifft, also sowohl die Wirtschaft wie die Politik, die Gesellschaft und die Kultur, die Wissenschaft, die Kunst und die Religion. Wir stehen in einem Umbruch, der an die Grundlagen unserer seelischen und sozialen Identität rührt. Nicht das oder jenes an unseren Verhältnissen, sondern unsere Identität steht auf dem Spiel. Das äußert sich zunächst einmal in diffusen kollektiven Identitätsängsten. Sie fressen an der Seele des „modernen Menschen", des einst so stolzen und fortschrittsbeflissenen Bürgers in unserer spätbürgerlichen Welt. Ausgespannt zwischen Verzweiflung und einem zaghaften Engagement, Apathie und spärlicher Liebe, zwischen einem mehr oder minder rücksichtslosen Besitzindividualismus und schwach entwickelter Solidarität, ist er ratlos und seiner selbst ungewisser als noch vor wenigen Generationen, so sehr seiner selbst ungewiss, dass er am liebsten sein eigener Nachfahre nicht mehr sein möchte.

Wenn man so redet, – ist das nur Ausdruck eines typisch theologischen Kulturpessimismus, gewürzt mit einer Prise apokalyptischer Schadenfreu-

---

[3] Vgl. JBMGS 3/2, 143-164.

92   III. Einleitungen, Exkurse, theologische Hintergrundprämissen

de? Oder enthält das auch eine politisch und politisch relevante Aussage? Ich unterstelle das Letztere und frage: Was bedeutet diese Aussage für die Situation unseres politischen Lebens und für die Frage nach seiner Religionsfähigkeit?

Politik, die diese Umbruchsituation im Blick und im Gewissen hat, kann nicht einfach engagierte Sorge dafür sein, dass alles möglichst ungestört weitergeht. Denn offensichtlich besteht ja das Bedrohliche und am Ende die Katastrophe gerade darin, dass und wenn alles so weitergeht wie bisher. Nicht das gesuchte Neue, sondern das vertraute Bestehende steht heute unter einem ganz besonderen Legitimationsdruck. Die Anfragen „von unten" signalisieren diesen Legitimationsdruck. Es gibt schließlich tausend Gründe, warum wir zugrunde gehen, wenn alles so weitergeht wie bisher: zugrunde gehen in der Explosion der Armut und der Unterdrückung in der Welt; zugrunde gehen in der Explosion der Waffen und der Überrüstung, in der Explosion unserer Umwelt. Wir kennen solche Signale des Untergangs wohl alle. Es gibt tausend einleuchtende Gründe für diesen Untergang und keiner leuchtet so unmittelbar über die Katastrophe hinaus, dass auch unsere potentesten Politiker sagen könnten, wohin der Wagen läuft. Politik, die dies im Blick und im Gewissen behält, kann nicht einfach auf Entwicklung setzen, sie muss auf *Unterbrechung* bedacht sein. Ihre leitende Intention gilt nicht mehr einfach der Wahrung der Verhältnisse, sondern offensichtlich der *Wandlung* der Menschen, weil nur unter dieser Voraussetzung Zukunft möglich erscheint. Gerade wenn die politische Sorge der Verhinderung von Katastrophen gilt, der Abwendung von Unheil im Interesse eines menschenwürdigen Lebens, muss Politik sich an einer neuen gesellschaftlichen *Identitätsbildung* der Menschen beteiligen.

Nun sind Identitätsfragen gewiss keine Fragen der politischen Alltagspraxis. Sie sind Fragen einer politischen Kultur, an der sich die alltägliche politische Praxis orientieren kann und orientieren muss. Wenn in der Politik Identitätsfragen durchschlagen, dann tauchen in ihr auch wieder alte Fragen auf, die für die politische Pragmatik unserer nachaufklärerischen Zeit längst als überholt und meistens auch als obsolet gelten: Fragen nach der Wahrheitsfähigkeit von Politik, nach der Wahrheitsorientierung von Gesellschaft, nach der Religionsfähigkeit – nach der *Gottfähigkeit* von politischem Bewusstsein.

Wer solche Fragen in der heutigen Situation aus der Politik strikt ausklammern wollte, wer solche Sinnansprüche an die Politik verweigern wollte, der würde die politische Vernunft, wenn man genauer zusieht,

1. Aktuelle Einleitung: Religion und Politik 93

unter Berufung auf eine *undialektisch* verabsolutierte Aufklärung reglementieren. Und wir wissen, dass eine Aufklärung, die einfach verabsolutiert wird, ohne dass ihre inneren Widersprüche und Prozesse erkannt werden, nichts anderes als eine pervertierte Aufklärung ist. Wer also politische Vernunft so verstünde, dass diese Fragen überhaupt keinen Zugang in sie finden, der würde diese Vernunft auf einen von jeder Erinnerung und auch von jeder symbolträchtigen Sinnlichkeit abgetrennten Rationalismus festlegen; der könnte eine neue Identitätsbildung in keiner Weise fördern, sondern eher sabotieren und deshalb die Katastrophe eigentlich nur beschleunigen. Eine in diesem Sinn rationalistisch geprägte Politik könnte überhaupt keine identitätsbildenden Kräfte entwickeln, weil die nie ohne Vermittlung von *Erinnerung* und *Symbol* sein können. Es sei denn, die Politik habe ihrerseits schon gegenüber einem Identitätsbild des Menschen resigniert, in dem der Einzelne nur noch in einer technokratisch-rationalistischen Spielart als sanft funktionierende Maschine oder als Spielmaterial für künftige Gentechnologien gilt, wie wir das ja schon kennen.

In einer solchen Umbruchsituation, in der es um Leben und Tod geht, in der die Menschheit durch Politik nicht nur überleben, sondern an Politik auch als ganze zugrunde gehen kann, taucht die Möglichkeit einer neuen Konstellation von Religion und Politik auf. Diese gegenwärtige Situation des gesellschaftlichen Umbruchs und der in ihr geforderten Revision des Lebens deutet auf die Möglichkeit eines neuen *produktiven* Zusammenlebens von Religion und Politik, das durch die vertraute „liberale" Trennung beider nicht mehr dargestellt und entwickelt werden kann.

Ich will hier mit einem Zitat abbrechen:

„Von den modernen Gesellschaften wird nur diejenige, die wesentliche Gehalte ihrer religiösen über das bloß Humane hinausweisende Überlieferung in die Bezirke der Profanität einbringen kann, auch die Substanz des Humanen retten können."[4]

Ein großes Wort, eine große Anforderung, speziell an die Religion.

Lassen Sie mich diese Frage nach Gott und Politik noch verschärfen. In einer solchen Umbruchsituation, in einer solchen Situation bedrohter Identität überhaupt, geht es offensichtlich nicht nur um Fragen einer politischen Ethik, die zur Stabilisierung und zur Motivierung des bisherigen

---

[4] *Jürgen Habermas*, Ein Bewusstsein von dem, was fehlt, Frankfurt am Main 2008, 14.

94   III. Einleitungen, Exkurse, theologische Hintergrundprämissen

gesellschaftlichen Systems dient. Es geht nicht nur um Fragen der sog. Werte, die unsere als unbedroht womöglich vorausgesetzte Identität idealistisch umgreifen oder überwölben; es geht hier offensichtlich um etwas Letztes, Unbedingtes, wir dürfen es in der Sprache der Religion so nennen: um Gott, um Wahrheit, um Liebe. Denn auch Liebe und Moral sind nicht einfach identisch. Es geht, so könnte ich in meiner Sprache sagen, nicht einfach um politische Ethik, sondern um *Politische Theologie*, um die Rede und die Frage nach der Bedeutung der Rede von Gott in diesen Kontexten.

Die Frage nach der Wahrheitsfähigkeit, nach der Gottfähigkeit der Politik stellt sich natürlich nicht, solange Politik im Sinn der sog. Zweck-Mittel-Rationalität nach Zielvorgaben, nach Zweckvorgaben leben kann, die bereits außerpolitisch formuliert und gesichert sind. Insofern Politik in diesem Sinne primär verwaltet wird und nicht bewegt, also primär Ordnungspolitik und nicht im Interesse der Wahrung der Identität eigentlich *Veränderungspolitik* ist, stellt sich die Frage nach der Wahrheitsfähigkeit, nach der Gottfähigkeit der Politik nicht. Solange kann Politik im Sinne der vertrauten gesellschaftlichen Arbeitsteilungen funktionieren und arbeiten. Wo sie aber in Situationen des Umbruchs und der bedrohten Identität mit gesamtgesellschaftlichen Fragen in einer neuen und für sie überraschenden und sie sehr oft in Verlegenheit stürzenden Weise konfrontiert ist, da stellt sich diese Frage. In einer solchen Situation der Krise wird die politische Frage ganz offensichtlich zu einer Kulturfrage, um das Mindeste zu sagen, zu einer Frage nach der Bestimmung von Menschheit und Menschsein. Die politische Frage tritt hier zumindest im Ansatz aus ihrer Zweck-Mittel-Rationalität heraus und rührt hier zwangsläufig an *Zielfragen*. Und hier stößt sie auf Religion, auf Gott, Wahrheit, Liebe als die anspruchsvollen Namen für das, worum es in Religion gehen soll. Denn hier wird freilich dann auch die Krise der Religion gleichzeitig sichtbar; die Frage zumindest, ob Religion der Ort der Präsenz des Absoluten, der Präsenz Gottes, der Präsenz der Wahrheit, der Präsenz der Liebe wirklich ist. Oder ob sie als bürgerliche Religion nicht viel zu sehr zur immanenten Ethik unserer bürgerlichen Gesellschaft geworden ist und gerade so ein Teil jener Krisensituation, die es eigentlich zu überwinden gilt. Diese Umbruchsituation ist deshalb nicht nur eine Provokation der Politik, sondern gerade auch des herrschenden Zustands der Religion.

Zur Verdeutlichung eine theologiegeschichtliche Parallele: In der Umbruchsituation nach dem Ersten Weltkrieg, in den großen Wirtschafts-

1. Aktuelle Einleitung: Religion und Politik 95

und Sozialkrisen dieser Zeit sprach Karl Barth in den 1920er Jahren davon, dass es an der Zeit sei, unter den Menschen die Glocke zu läuten und die Religion an ihre Sache, an Gott zu erinnern; dass es Zeit sei, von ihm zu reden und nur von ihm, um der Situation standzuhalten, also um der Menschen willen. Er bildete dort mit großer Emphase, mit großer genialer Einseitigkeit das aus, was man dann später „Dialektische Theologie" genannt hat. Er schrieb seinen „Römerbriefkommentar"[5] mit dieser Absicht, und er sagte das auch gegenüber dem Zustand der damaligen Theologie, die als liberale Theologie zu einer gesellschaftsimmanenten Ethik geworden war, in der die Orientierungskraft und die Tröstungskraft von Religion als Religion angesichts der erfahrenen Widersprüche nicht mehr erkennbar zu sein schien.

Ich meine, dass heute Religion und Theologie in einer Situation sind, die man als ähnlich bezeichnen kann. Nur wenn die Religion sich selbst wieder – mehr als das die bürgerliche Religion zulässt – an Gott erinnert und sich ihm unterstellt, wird es auch zu diesem neuen *produktiven* Verhältnis zwischen Religion und Politik kommen können, nach dem in dieser Umbruchsituation gefragt ist. Damit man mich bitte nicht falsch versteht: dies ist nicht eine kulturpessimistische Kritik an unserer Situation mit apokalyptischen Szenarien, sondern eine besorgte und sehr kritische, nicht von oben herabkommende, sondern uns in unserer Situation betreffende kritische Frage an den Zustand unserer Religion, von dem wir ja allemal in der Theologie als dem genuinen Stoff zu reden haben.

Natürlich zielt dieses neue Verhältnis von Politik und Religion nicht etwa auf eine unmittelbare Verbindung von religiöser und politischer Herrschaft, also nicht auf eine neue politische Theokratie. Es handelt sich bei dieser neuen Konstellation von Religion und Politik nicht um eine verspätete Variante eines unsensiblen, rohen und rechthaberischen Klerikalismus in der Politik – wie zuweilen schon gehabt. Man kann doch die Gottesrede und die Gottesbestimmung der Menschen nicht von oben in die Politik hineinorganisieren – davon ist hier überhaupt nicht die Rede. Die privilegierten Träger der *Memoria Dei*, die in der bürgerlichen Religion so vermisst wird, das sind die Bewegungen von unten, von der gesellschaftlichen Basis der Religion her. Doch ehe wir über diese Träger der Gotteserinnerung sprechen, gilt unsere Aufmerksamkeit zunächst dem Inhalt, also der *politischen Prophetie* der Religion.

---

[5] *Karl Barth*, Der Römerbrief (Erste Fassung) Zürich 1919; Der Römerbrief (Zweite Fassung) Zürich 1922.

96 III. Einleitungen, Exkurse, theologische Hintergrundprämissen

Anders als die gottvergessene bürgerliche Religion hat die messianische Religion, in der Gott selbst an der Macht ist, immer eine politische Prophetie bei sich und bei sich gehabt. Diese politische Prophetie der Religion ist freilich keine Glücksutopie, sondern, wenn schon, eine Unglücksprophetie. Aber eine solche politische Unglücksprophetie ist sie nicht, weil die Religion, wie man zuweilen religionskritisch gern vermutet, in ihrem Kern zynisch oder jedenfalls pessimistisch sei, sondern weil das in der Religion gesuchte und verheißene Glück, weil Gott in der Politik nur *vermisst* werden kann. In diesem Vermissen wurzelt die Gottfähigkeit der Politik bzw. auch ihre Empfänglichkeit für die politische Prophetie der Religion angesichts drohender Katastrophen und bedrohter Identität.[6]

Am deutlichsten kann man die Struktur der politischen Prophetie der Religion an den prophetischen Traditionen selbst ablesen. Diese Prophetien zielen nicht primär auf Verwirklichung des Glücks, sondern auf Eindämmung des Unglücks. Sie sind nicht eigentlich Entwicklungs-, sondern *Unterbrechungsprophetien*, keine Kontinuitäts-, sondern eher *Widerstandsprophetien*, keine Fortschritts-, sondern *Umkehrprophetien*. Unterbrechung, Widerstand und Umkehr sind für diese Prophetien nicht Kategorien der Destruktion und der feigen Flucht, sondern der *Rettung*. Diese Prophetien verfahren also nicht nach dem Muster: „Wenn ihr das und das tut, dann werdet ihr bald den Himmel auf Erden haben", sondern: „Wenn ihr das und das nicht tut, werdet ihr in die Katastrophe stürzen". Die politische Prophetie der Religion hat also nicht eigentlich Verheißungs-, sondern *Ultimatumscharakter*.

Unsere säkulare Politik kennt eine solche Unterbrechungsprophetie nicht. Säkulare Politik ist fraglos und ausnahmslos entwicklungsorientiert. Ihr Mythos heißt *Kontinuität*. In ihm ist die säkulare Politik auch dann eingeschlossen, wenn sie sich als revolutionäre Politik versteht. Man denke an das bekannte Wort von Karl Marx: „Die Revolutionen sind die Lokomotiven der Weltgeschichte." – Also Fortschrittskontinuität durch Revolution.

Ist dann die politische Unglücksprophetie, die Unterbrechungs- und Umkehrprophetie der Religion damit eigentlich eine strikt antirevolutionäre Prophetie? Wie etwa, wenn Walter Benjamin, der ja durchaus auch marxistisch geprägte Philosoph, mit seiner Vermutung gegen die Marxsche Definition von Revolutionen als Lokomotiven der Weltgeschichte recht hätte?

---

[6] Vgl. den Exkurs: „Vermissungswissen, theologisch", in: JBMGS 4, 39–45.

1. Aktuelle Einleitung: Religion und Politik   97

„Vielleicht ist dem gänzlich anders", mutmaßt Benjamin, *„vielleicht sind die Revolutionen der Griff des in diesem Zuge reisenden Menschengeschlechts nach der Notbremse".*[7] Ein solches Revolutionsverständnis lässt sich durchaus auf die politische Prophetie der Religion beziehen: Revolution hier nicht als dramatisch beschleunigter Fortschritt, nicht als gewalttätig angeschärfte Evolution, vielmehr als *Widerstand* dagegen, dass es so weitergeht, also auch als Unterbrechung.

Ich sage das deswegen, weil ich diese Art von Revolution schon oft unter dem Namen *anthropologische Revolution* zu beschreiben versucht habe.[8] Sie ist in meinen Augen das, was uns, den Bürgern dieser Ersten Welt, in der geschilderten Umbruchsituation, in den katastrophisch drohenden Transformationen heute abgenötigt ist – in der Weltarmutsfrage, in der Friedensfrage, in der sog. ökologischen Frage. Und ich bitte alle, die heute so sehr an der Friedensfrage interessiert sind, dies nicht auseinanderzuschlagen. Ich meine, dass diese Transformation nur in einem neuen produktiven Zusammentreten von Religion und Politik vollbracht werden kann, sodass hier die Kraft messianischer Religion in unserer Zeit auf dem Prüfstand stehen könnte. Am Gelingen dieser anthropologischen Revolution könnte sich nämlich erweisen, ob Gott in der Politik und Menschenfreundlichkeit in der Religion tatsächlich unvergessen sind.

Diese anthropologische Revolution hat bekanntlich einen biblischen Namen. Er heißt *Umkehr*, wir müssen genauer sagen: „Umkehr der Herzen". Diese Umkehr der Herzen ist die radikalste und anspruchsvollste Form der Umwendung und des Umsturzes. Und dies schon deswegen, weil die reine Umkehr der Verhältnisse nie all das ändert, was wirklich geändert werden muss. Gerade deshalb ist diese Umkehr der Herzen kein unsichtbarer oder rein innerlicher und in diesem Sinne strikt individualistischer Vorgang – politisch sozusagen unschuldig. Diese Umkehr geht, wenn wir den Zeugnissen der Evangelien und der gesamten messianischen Tradition, auch des Alten Testaments trauen dürfen, wie ein Ruck durch die Menschen. Sie greift in die etablierte, wie selbstverständlich vorausgesetzte, Bedürfniswelt ein, und so zwangsläufig und gleichzeitig in die Verhältnisse. Sie verletzt und unterbricht die vorgefassten Interessen und zielt auf eine Revision der bisher vertrauten und geübten Praxis.

---

[7] *Walter Benjamin*, Gesammelte Schriften (hrsg. von Rolf Tiedemann und Hermann Schweppenhäuser), Frankfurt am Main 1974, I.3, 1232.
[8] JBMGS 1, 182–193, 205, 214; JBMGS 6/1, 86, 205; JBMGS 7, 32; JBMGS 8, 109 f., 113 f.

98 III. Einleitungen, Exkurse, theologische Hintergrundprämissen

Diese anthropologische Revolution ist zuvörderst eine *Revolutionierung* von Revolution selber, eine Änderung im Verständnis der Veränderungsprozesse. Denn in dieser anthropologischen Revolution strebt das revolutionäre Bewusstsein über den Teufelskreis der Gewalt hinaus. Sie ist also im Ansatz eine *gewaltlose* Revolution, weil sie sich nicht nur auf die Erreichung bestimmter revolutionärer Ziele konzentriert. Angesichts der barbarischen Logik der Gewalt, der zufolge Gewalt immer wieder Gewalt gebiert und „Böses muss gebären", lassen sich zwei Grundeinstellungen unterscheiden: die *eine*, die von vornherein vor dieser Gewaltlogik resigniert und diese Resignation aus einer anthropologischen Bedingung herleitet. Man sagt: Gewalt ist der unvermeidliche Ausdruck der conditio humana, gehört zwangsläufig zur Kontingenz des Menschen und des menschlichen Zusammenlebens. Und da ist eine *andere*, die bezeichnenderweise eigentlich in allen Revolutionen eine Rolle gespielt hat. Sie geht davon aus, dass es sich durchaus lohnen würde, langfristig um ein gewaltfreies, wenn auch nicht konflikt- und widerspruchsloses politisches Leben zu kämpfen, vorausgesetzt, man weiß um die sog. Dialektik von politischen Mitteln und politischen Zielen. Das angestrebte Ziel eines gewaltfreien gemeinschaftlichen Lebens steht niemals einfach über jenen Mitteln, die zu seiner Durchsetzung angewandt werden. Dieses Ziel muss, wenn es das je geben soll, *aus* diesen Mitteln selbst entstehen. Und in diesem Sinn zielt das, was ich hier anthropologische Revolution nenne, auch auf eine Transformation der politischen Mittel, damit *aus* diesen gewaltfreien Mitteln endlich auch Ziele des Friedens und Ziele eines gewaltlosen Lebens hervorgehen können.

Um da kein Missverständnis aufkommen zu lassen: Ich lehne damit nicht jegliche revolutionäre Widerstandsgewalt ab; nicht die situativ aufgedrängte, sondern nur die zynisch von vornherein einkalkulierte Gewalt. Also ich lehne nicht ab, was ich die Kasuistik der Gewalt nennen würde, sondern nur das Gesetz der Gewalt. Alle revolutionäre Gewalt, die diesen Namen verdient, war immer Widerstandsgewalt. Man hat nicht einfach Gewalt angewendet, um ein neues System durchzusetzen, sondern um dem Unglück und den erfahrenen Leiden zu widerstehen.

Ist eigentlich diese Revolutionierung der Revolution, wie ich sie hier der anthropologischen Revolution ansinne, ist diese Unterbrechung des Banns der Gewaltlogik eigentlich rein rational im Sinne pragmatischer Rationalität oder auch im Sinne einer rein rationalen Ethik möglich? Oder bedarf diese Unterbrechung nicht im Grunde genommen einer neuen Ori-

1. Aktuelle Einleitung: Religion und Politik 99

entierung im Leben des Menschen – nennen wir sie doch einmal Wahrheitsorientierung oder auch Gottesorientierung, um kühn zu sein? Wir könnten auch sagen, ein solcher Durchbruch des Teufelskreises der Gewalt bedarf, was wir Christen Gnade nennen. Wir haben uns noch nie sehr viel Gedanken darüber gemacht, wie denn eigentlich Gnade und Sieg oder wie denn ein begnadeter Sieger ausschauen könnte. Wenn man in die Geschichte der Revolutionen der Neuzeit schaut, dann ist doch feststellbar, wie gnadenlos Revolutionen in ihrem Siege waren. Und zwar nicht nur, dass sie dann gnadenlos mit den Unterlegenen umgegangen sind, dass sie das Verzeihen nicht gelernt haben und die Schuldfähigkeit eigenen revolutionären Handelns nicht anerkennen wollten, sondern auch in dem Sinne, dass sie eigentlich immer wieder hinter ihre revolutionären Ideale zurückgefallen sind. Wenn man sich die Russische Revolution heute anschaut, muss man sagen: das Einzige, was denen heute noch einfällt, dreht sich darum, ihren Leuten den gleichen Lebensstandard zu ermöglichen, wie wir ihn ohne diese Revolution haben. Ich will damit nur fragen: Wie durchbricht man eigentlich das scheinbar historische Gesetz, dass politische Revolutionen gerade immer wieder gnadenlos hinter sich zurückfallen? Vielleicht muss ich das deswegen sagen, weil ich an der kleinen, von der Weltöffentlichkeit eher verächtlich behandelten Revolution in Nicaragua persönlich so interessiert war und immer noch bin.[9]

Dort setzte der Versuch ein, Revolution einmal anders zu verstehen und dort war – jedenfalls im Grundansatz – das, was man auch Verzeihen als eine religiöse Tugend pries, spürbar, weil man auch darum wusste, dass die Revolutionäre in sich selber widersprüchlich handeln. Und wenn dieses Revolutionsbild heute zwischen den Blöcken außenpolitisch und wegen der wirtschaftlichen Zwänge zermalmt wird, dann sind wir alle um etwas ärmer geworden.

Zurück zur anthropologischen Revolution: Sie ist die Revolution, die nicht bei den armen und unterdrückten Völkern der Dritten Welt ansetzt, sondern die bei uns in der Ersten Welt ansetzen muss. Sie zielt ja in ihrem Sinn auf eine neue Identitätsbildung der Menschen, auf ein neues politisches Individuationsprinzip, eine Vorstellung vom Individuum, die nicht einfach an sehnsuchts- und leidensfreien Bedürfnisbeziehungen

---

[9] Vgl. *Johann Baptist Metz*, Ein produktives Ärgernis – Rede zur Verleihung des Friedenspreises des Deutschen Buchhandels an Ernesto Cardenal (1980), in: JBMGS 6/2, 344–354.

100   III. Einleitungen, Exkurse, theologische Hintergrundprämissen

festgemacht ist. Eine Vorstellung, die nicht einfach am herrschenden Besitzindividualismus orientiert ist und nicht an der kapitalistischen Totalität des Habens, die heute ja auch beide Weltblöcke offensichtlich umschließt. Sie hat ja vor den Toren des real existierenden Sozialismus nicht haltgemacht. So ließe sich auch diese anthropologische Revolution mit einer *sozialistischen Utopie* verbinden. Der Kapitalismus hat immer dadurch geherrscht, dass er sich als utopielos gab, sodass er an nichts gemessen werden musste, was über seine wirtschaftlichen Erfolge hinausging. Mit einer sozialistischen Utopie lässt sich diese anthropologische Revolution nur dann verbinden, wenn diese nicht auf eine Einholung und Überbietung des bei uns ohnehin schon herrschenden Konsumismus zielt, nicht auf eine weltweite Eskalation einer dann in jedem Falle kapitalistischen Befriedigung herrschender Bedürfnisstrukturen aus ist, sondern auf eine neue Bedürfniskultur, also anthropologische Revolution als *Revolutionierung der Bedürfniswelt* bei uns. Denn diese Unterbrechung unserer eigenen Bedürfnisstrukturen gehört zu den unerlässlichen Voraussetzungen dafür, dass die armen Länder aus ihrem Elend heraustreten können und auch dafür, dass ein neuer, nichtherrscherlicher Umgang mit Natur und Umwelt politisch konzipierbar wird. Nur in Verbindung mit einer solchen anthropologischen Revolution kann es z. B., wenn überhaupt, zu dem kommen, was die armen Länder energisch fordern, eben zu einer neuen *Weltwirtschaftsordnung*, ohne die der Nord-Süd-Gegensatz in keinem Fall überbrückbar ist. Unterentwicklung und Entwicklung sind ja nicht zwei Stadien in einem linearen Prozess, sie sind vielmehr zwei Seiten ein und derselben Sache. Dies ist hier ökonomietheoretisch allerdings vorausgesetzt, ich will das gar nicht leugnen. Und von daher gesehen, bedürfte es gerade einer wirklichen, und zwar universalen Veränderung unserer Bedürfnisansätze, ohne die es keinen friedlichen Übergang z. B. von einem quantitativen zu einem *selektiven* Wachstum geben könnte, das uns erst befähigt, unsere eigene Wachstumspolitik der Ersten Welt nicht weiterhin auf dem Rücken der armen Länder und auch auf dem Rücken unserer Umwelt auszutragen.

Diese der politischen Prophetie der Religion entsprechende anthropologische Revolution zielt auf ein neues *nachbürgerliches* Individuationsprinzip.[10] Sie intendiert eine Identität, die nicht, wie in unserer europäisch-

---

[10] Zu diesem neuen Individuationsprinzip vgl. JBMGS 1, 216; JBM 3/1, 68, 94; JBMGS 3/2, 109; JBMGS 5, 160.

1. Aktuelle Einleitung: Religion und Politik 101

bürgerlichen Kulturgeschichte, an der Unterwerfung gegenüber der Natur, an der herrschenden Machtergreifung gegenüber der Umwelt gebildet ist und sich von dort als Unterwerfungsprinzip auch in die sozialen Dimensionen ausgeweitet hat. Die anthropologische Revolution will ein politisches Identitäts- und Individuationsprinzip, das nicht mehr, wie das klassischbürgerliche, streng eurozentrisch orientiert ist, sondern davon ausgeht, dass wir unsere eigene politische und soziale Identität nicht mehr ohne Rücksicht auf die Armut und das Elend und die Unterdrückung in der Dritten Welt definieren können und schon gar nicht gegen sie.

Diese anthropologische Revolution ist unsere *primäre* Form des Friedenswerkes, unser primärer Beitrag zur *Kriegsverhinderung*. Denn der Krieg, den ich da meine, findet längst statt. Wenn wir das nicht wahrnehmen und wenn wir gegen ihn nicht einschreiten, werden wir auch den anderen Krieg, um den es so vordergründig, scheinbar ausschließlich bei uns geht, nicht verhindern. Wir nennen den Zustand, in dem wir heute leben dürfen, immer noch Frieden und die Rüstung eine Vorbereitung auf den Ernstfall eines Krieges bei uns. Wir kennen die Widersprüche des Wettrüstens. Aber in Wirklichkeit leben wir bereits jetzt in einem grauenvollen Krieg. Es ist der Krieg der Reichen gegen die Armen, ein Krieg, der mit sauberen Mitteln, so scheint es, geführt wird: mit wirtschaftlichen Mitteln und mit militärischer Absicherung. Jeden Tag fallen Tausende in diesem Krieg; jeden Tag sterben Tausende an Hunger. Die amerikanische Friedensbewegung, die es auch gibt, hat ja für diese Situation ein sehr prägnantes Wort gefunden: The bombs are falling now. Die Bomben fallen schon jetzt! Die anthropologische Revolution möchte benennen, wovon wir hier uns bekehren müssen und in welche Richtung wir gehen müssten, damit dieser grauenvolle Krieg ein Ende findet. Denn dann werden wir auch, wenn überhaupt, die gesellschaftliche Apokalypse eines Weltkrieges verhindern helfen. Und eine Friedensbewegung, die nur auf die Gefahren des Ost-West-Konflikts starren und darüber den längst ausgebrochenen Nord-Süd-Krieg aus lauter Sicherungsangst vergessen würde, könnte in einer moralischen Betrachtungsweise diesen Namen der „Friedensbewegung" nicht verdienen.

Diese aus der messianischen Religion entspringende anthropologische Revolution ist auch politisch relevante Arbeit an einem Menschenbild, ohne dessen Änderung es wohl auch dann keine politische Kultur des Friedens gibt, um die es heute uns so entscheidend geht. Diese anthropologische Revolution will nämlich das unsere bisherige politische Kultur bewusst oder unbewusst prägende Menschenbild aufbrechen – mit all den

102   III. Einleitungen, Exkurse, theologische Hintergrundprämissen

merkwürdigen, nie erlassenen und doch so wirksamen konstitutionellen Trauer- und Melancholieverboten, seinen Leidens- und Schuldverboten, seinem Liebesverbot, wie man das nennen könnte, immer bezogen auf die Bedeutung, die eine messianische Religion für die zwischenmenschlichen und gesellschaftlichen Zusammenhänge hat.[11] Die anthropologische Revolution will jenes Menschenverständnis überwinden, das den Menschen völlig entsinnlicht, das ihn überrationalisiert und ihn so wehrlos macht gegen technokratische wie imperialistische Ansätze im gesellschaftlichen Leben überhaupt und das ihm jede politische Existenz zwischen Vernunft und Erinnerung, zwischen Logos und Mythos verweigert. Und die Frage, ob nicht die wachsende politische Apathie, die heute gerade bei jungen Menschen so sehr beklagt wird, in der Vorherrschaft eines solchen Menschenbildes in unserer Politik beruht, das sich eben doch primär an sehnsuchtsfreien Bedürfnissen orientiert und gerade deshalb auch keinen Anhalt bietet für den Identifikationshunger gerade junger Menschen. Liegt hier nicht vielleicht einer der Gründe dafür, dass junge Menschen in zunehmendem Maße aus den politischen Vorstellungswelten und den vorherrschenden Denkkategorien unserer etablierten großen Parteien zunehmend auswandern? Es zeigt sich, wenn wir so fragen, durchaus etwas, was unsere Situation in der Tat unmittelbar berührt.

In einem letzten Punkt möchte ich die Frage stellen, wie es denn nun mit dieser politischen Prophetie der Religion und der in ihr angestifteten anthropologischen Revolution tatsächlich steht. Ist sie am Ende doch nichts anderes als ein vergebliches moralisches Ansinnen an den Zustand unserer Welt und unserer Politik? Ist sie denn mehr als ein religiös und theologisch verbrämter Kulturpessimismus, also eher ein emphatischer, aber kein politikfähiger Widerstand gegen das, was wir die latente Katastrophe genannt haben? Also eher ein Appell, aber eben keine Inspiration für eine politische Kultur des Friedens? Wie und durch wen vermittelt sich denn diese politische Prophetie der Religion ins politische Leben? Welches sind denn die Träger dieser Prophetie, die sich aus der Gotteserinnerung speist? Welches sind die Kriterien der politischen Orientierung?

Auf diese Frage möchte ich mit einer Hypothese eingehen, die bestimmt nicht unumstritten ist und die auch nicht einfach eine Zustandsbeschreibung sein kann. Wenn man diese Frage wenigstens annäherungsweise beantworten will, dann muss man den Blick über unsere

---

[11] Vgl. dazu die Ausführungen zu den „gesellschaftlichen Grund- und Gegenerfahrungen" in Band I dieser Ausgabe.

1. Aktuelle Einleitung: Religion und Politik 103

Situation, in der wir im Augenblick leben, hinausrichten. Ich sage es als Theologe, dass ich den Blick auf die gegenwärtige Szene des Weltchristentums, speziell des Weltkatholizismus, richten möchte. Vermutlich wäre es sogar hilfreich, ja unter Umständen notwendig, von vornherein bei der Beantwortung dieser Frage nach den Trägern eines solchen neuen Prozesses über das christliche Szenarium hinauszuschauen und den Gesichtskreis auch auf die nichtchristlichen Religionen zu erweitern. Denn am Ende kann vielleicht Religion nur in einer *Koalition* der großen Weltreligionen überhaupt jenen Widerstand entwickeln gegen Hass und Banalität, die sich in der geschilderten Umbruchsituation als Gefahr abzeichnen.[12] Vielleicht kann sich nur in gegenseitigem Beistand der Religionen die genannte anthropologische Revolution überhaupt ansatzhaft verwirklichen. Vielleicht kommt die christliche Religion nur mit Unterstützung der nichtchristlichen Religionen über ihren eigenen spätabendländischen Individualismus hinaus, der eine der Bedingungen unseres gegenwärtigen Zustandes ist. Schon dies zeigt, dass die Eingrenzung der Frageorientierung nicht leicht ist.[13]

Hier blicken wir jedenfalls einmal über unsere mitteleuropäische Kirchturmspitze hinaus auf den *Weltkreis* christlicher Religion. Denn gerade der Katholizismus hat ja eine viel differenziertere historisch-soziale Ausgangslage und eine viel differenziertere kulturelle Spannungsbreite, als sie sich in der mitteleuropäischen Kirche spiegelt. Und wir können nicht ohne Arroganz das nichteuropäische Kirchentum bloß als einen letzten Endes doch defizienten Modus mitteleuropäischer Kirchlichkeit und mitteleuropäischer oder nordamerikanischer Religionsstandards ansehen. Wie denn, wenn sich gerade im Blick auf diese nichteuropäischen Kirchen zeigt, dass es den Aufbruch einer messianischen Religion gibt, also einer Religion, in der Gott los ist, durchaus auch im Christentum, und zwar in der realen gegenwärtigen Kirche?

Gewiss, solche Aufbrüche und Ausbrüche gab und gibt es immer wieder im Christentum. Aber der Aufbruch, den ich hier meine, hat nicht Zufallswert, sondern historische Dignität, hat paradigmatischen Charakter für das Schicksal der Religion und auch der politischen Kultur. Vergleichbar ist dieser Aufbruch, den ich hier meine, mit jenem Aufbruch

---

[12] Vgl. „§1 Gott unserer Hoffnung" in Band I dieser Ausgabe.
[13] Gott ist ein „Menschheitsthema" und nicht das Eigentum der Kirchen und ihrer Theologen.

104 III. Einleitungen, Exkurse, theologische Hintergrundprämissen

z. B. der Ordensreligion bzw. der Ordenskirche in der früheren Christenheit, die ja auch gerade dadurch eine eminent politische Bedeutung gewonnen hat, dass sie radikal religiös war, dass sie versuchte, Gott wirklich Gott sein zu lassen. Man denke einmal an Benedikt von Nursia, an Dominikus, an Franziskus und an die Folgen. Und ich fände es nicht als eine historisch unerträgliche Übertragung, wenn ich mir heute wünschte, dass etwa die Jünger Benedikts in den Wüsten unserer Großstädte lebten und dort die in den Mauern dieser Städte vereinsamten Seelen zu kultivieren suchten. Ich könnte mir vorstellen, dass ein Benedikt heute das „Gott los sein" so begreifen würde.

Eines kann man an diesem Vergleich auch sofort sehen: Es geht hier nicht um eine Perspektive, die sich sofort auf die Gesamtkirche übertragen lässt, sondern um Ansätze *in* dieser Kirche. Der messianische Aufbruch der Religion in unserer Zeit analog zum Aufbruch der Ordensreligionen in der frühen Christenheit ist nach meiner Auffassung der Aufbruch einer religiös-politischen *Basisreligion*, und dies vor allem in den Kirchen der Dritten Welt, in den armen Kirchen dieser Erde. Diese Basisreligion der Armen, von der heute so viel geredet wird, ist nicht politisch, weil sie sich einer fremden politischen Ideologie einfach untergeordnet hätte. Wer so über einen Aufbruch urteilt, der verspottet die Leiden und den Kampf, das religiös-politische Martyrium dieser Basiskirche. Sie ist politisch, weil sie sich in ihren Versuchen zuweilen natürlich auch in Abgründe stürzen kann – aber wo war das nicht der Fall? Man denke an die Abgründe, vor denen Jesus selber stand. Sie ist politisch, weil sie sich Gott unterstellt hat, dem messianischen Gott der Bibel, dem Gott der Propheten, dem Gott der Bergpredigt, dem Gott des Kreuzes. In ihr ist Gott los, darum ist sie politisch. Und wenn das konkrete politische Bewusstsein dieser Basisreligion in den armen Ländern für viele bei uns zuweilen zu sehr sozialistische Züge tragen mag und dann sofort die mitteleuropäischen Berührungsängste aufbrechen, dann wird das jedenfalls ein Sozialismus sein, der sich im Durchgang durch die religiös geprägte Kultur dieser Länder selber revolutionieren muss und revolutionieren wird.

Ich bleibe deshalb grundsätzlich dabei: Es ist der messianische Impuls, der diese Kirche umtreibt. Und die politische Prophetie, aus der sie lebt, ist, genau besehen, wiederum keine promissive Prophetie, sondern eine ultimative Prophetie, also eine Unglücksprophetie. Die Unglücksprophetie, die Unterbrechungsprophetie der Religion dort heißt Befreiung: Befreiung von Unterdrückung und Zerstörung der Menschen, die leben

1. Aktuelle Einleitung: Religion und Politik

müssen als wären sie „keines Menschen Sohn". Dieser Befreiungsprophetie der Religion *dort* entspricht die Umkehrprophetie der Religion *hier* bei uns, wie sie unter dem Namen „anthropologische Revolution" andeutungsweise skizziert wurde. Schließlich lässt sich auch diese anthropologische Revolution durchaus als eine Befreiung kennzeichnen; freilich nicht, wenn wir auf unsere Situation in der Ersten Welt blicken: nicht als eine Befreiung von unseren Mängeln, sondern allemal noch von unserer Art des Konsums; nicht als eine Befreiung von unserer Ohnmacht, sondern allemal von unserer Übermacht, die auch dann besteht, wenn wir nicht irgendwo einmarschieren, sondern wenn es um die wirtschaftlichen Strukturen, die militärisch abgesichert sind, geht. Nicht als Befreiung von unseren Leiden, sondern von unserer Fühllosigkeit und unserer Apathie. Die beiden politischen Prophetien der Religion hier und dort entsprechen sich gegenseitig, sind wie zwei Seiten ein und derselben Intention.[14]

Das bedeutet freilich auch, dass auch bei uns diese Prophetie, wenn überhaupt, auf Dauer nur politisch werden kann über eine innere Reform der Kirche in Richtung einer Basisreligion, einer sog. Basiskirche. Ich rede damit keiner simplen Übertragung das Wort, so als könnten wir das einfach nachmachen. Ich wehre mich nur dagegen, dass man die Basisreligion der armen Kirchen einfach als entwicklungsbedingtes Defizit des kirchlichen Lebens abtut und sich so gerade noch einmal taub und blind macht für den messianischen Impuls in unserer Kirche, der von dort aus zu diesen neuen Lebensformen der Kirche kommt. Der Widerspruch ist das Elend, in dem unsere kirchliche Situation sich selber findet. Es ist viel zu groß, als dass wir das einfach schon von dieser Seite her hinnehmen könnten. Und was heißt denn auch schon Entwicklung? Wenn man sie am Wirtschaftswachstum misst, dann sind wir natürlich immer noch hoch entwickelt. Nimmt man aber als Maßstab von Entwicklung die Kraft zu einer neuen Identitätsbildung, wie wir sie unter dem Stichwort anthropologische Revolution für unsere Situation gefordert haben, für die Entwicklung auch einer neuen kulturellen Identität der Menschen, dann können die Basiskirchen der Länder, die ökonomisch nicht nur unsere schwächer entwickelten Partner sind, sondern auch und gerade unsere Opfer, durchaus für uns eine Art Vorbild oder ein Anstoß sein, ein messianischer Impuls für unsere gesamtkirchliche Situation, schließlich für die gesamte Christenheit.

---

[14] Vgl. JBMGS 1, 188–191.

106 III. Einleitungen, Exkurse, theologische Hintergrundprämissen

In diesem Sinn halte ich den Aufbruch einer solchen Basisreligion im gegenwärtigen Christentum für einen *reformatorischen* Aufbruch, für den Beginn dessen, was ich einmal „Zweite Reformation" genannt habe – nicht aus Wittenberg, auch nicht aus Rom.[15] Das europäische Christentum steht eben diesmal nicht im Zentrum dieser Reformation, sondern die armen Kirchen dieser Welt; von dort muss diese Reformation, wenn überhaupt, über die Gesamtkirche und über das gesamte Christentum kommen. Denn selbst wenn man, auch als Katholik, bereit ist, in der großen Reformation des 16. Jahrhunderts nicht nur etwa einen der schnellen Gegenreformation bedürftigen Abfall vom Wesen der Religion zu sehen, sondern einen Ausbruch und Aufbruch der Religion zu sich selbst, d. h. zur Herrschaft Gottes in der Religion, so wird man doch nicht übersehen dürfen, dass diese Reformation – vor allem in ihrer calvinistischen Version – auch zum Aufgang einer bürgerlich-kapitalistischen Welt und zur Entwicklung des Christentums als bürgerlicher Religion beigetragen hat, die es heute im Namen der politischen Prophetie der Religion gemeinsam zu unterbrechen gilt. Und deswegen gibt es den Anstoß zu einer solchen Unterbrechung nicht nur innerhalb der katholischen Kirche. Aber wie und durch wen denn?

Das neuzeitliche Schicksal der Religion in unseren Landen, in der Ersten Welt, heißt bei uns, abgekürzt gesagt, *Privatisierung* und *Säkularisierung* der Religion. Durch die bürgerliche Aufklärung wurde die christliche Religion gesellschaftlich privatisiert und in einem hohen Maße entmythisiert. Obwohl die privatistische Reduktion der Religion und die rationalistische Reduktion der Religion, die sinnen- und symbolfeindliche Reduktion der Religion vermutlich zusammengehören wie zwei Seiten einer Münze, und obwohl sie beide zusammengenommen wahrscheinlich der Grund für die Dauerkrise der Religion in unserer modernen Gesellschaft sind, möchte ich hier nur die eine Seite, die *Privatisierung* ansprechen.

Religion wurde zur Privatsache, auch wenn das bei uns schwerer erkennbar ist als in anderen Ländern, z. B. in Frankreich, weil es eben durch die Staatskirchenverträge eine Art gesellschaftliches Image und gesellschaftliche Relevanz von oben gibt, die diese Problematik vielleicht verdeckt. Wenn Religion durch diese Privatisierung ihre Identität nicht mehr und mehr verlieren will, muss sie aus ihr ausbrechen. Und ich meine, dass sie es auch kann. Aber eben nicht von oben her, sondern wenn

---

[15] Siehe unten den einschlägigen Beitrag: „Hoffnung auf Reformation. Oder: die Zukunft des Christentums in einer nachbürgerlichen Welt".

1. Aktuelle Einleitung: Religion und Politik 107

schon, dann eher von unten, von der gesellschaftlichen Basis der Religion her. Den geforderten Einfluss auf eine neue gesellschaftliche Identitätsbildung der Subjekte, auf eine neue Friedenskultur unter uns, kann die Religion nicht eigentlich in erster Linie mehr von oben nehmen, sozusagen kirchenpolitisch, vertragspolitisch geradezu, sondern von unten, durch die Basisinitiativen und damit also nicht durch Legitimation und Reproduktion der geltenden öffentlichen Strukturen und Verhältnisse, sondern durch die Entfaltung dessen, was man eine religiös-politische *Basiskultur* nennen könnte. Das kennzeichnet das, was man die neue Situation, das neue Zeitalter, in der die Religion steht, nennen könnte, die neue Konstellation auch von Religion und Politik. Sie wird nicht hauptsächlich und in erster Linie durch das hoheitliche Verhältnis zwischen Kirche und Staat geprägt, sodass alles Politische an der Religion am Ende durch dieses Verhältnis repräsentiert wäre, sondern durch ein langsam sich entfaltendes *innovatorisches* Verhältnis zwischen gesellschaftlicher Basis der Religion und unserer Gesamtgesellschaft.

Gewiss, nicht alles, was sich von unten bildet, ist Basis in dem hier gemeinten Sinn von Basisreligion. Es geht hier um jene Basis, die sich an den *messianischen Kriterien* des Evangeliums orientiert, z. B. an der heute viel zitierten Bergpredigt, und die aus dieser Orientierung sich für eine neue Identität der Menschen interessiert im Sinne der Privilegierten in der Bergpredigt: der Armen und der Entrechteten, der Unmündigen und der Unterdrückten.[16] Das *privilegierte* Subjekt dieser Basisreligion sind in der Tat die *Armen* dieser Welt. Und es ist deshalb auch nicht von ungefähr, dass diese ganze neue Lebensgestalt der Kirche gerade aus den armen Kirchen dieser Erde ausbrach. Für uns heißt das: Wir definieren unsere religiöse und politische Identität nicht mehr ohne Rücksicht auf diese Armen der Welt. Und dann muss sich und wird sich auch bei uns vieles ändern. Das würde z. B. eine religiös-politische Basiskirche von anderen Bewegungen „von unten" scheiden.

Noch ein Wort zur Pfingstbewegung, die ja auch gerne als Basisbewegung in der Kirche bezeichnet wird. Das Phänomen und der Vorgang sind mehrdeutig. Man kann das, was man unter Pfingstbewegung heute in allen Kirchen versteht, und inzwischen auch in der katholischen Kirche, nicht auf einen klaren Nenner bringen. Es besteht die Gefahr, dass die Religion zu einer Art spirituellen Narzissmus wird, dass Pfingsten miss-

---

[16] Dazu mehr in JBMGS 1, 175, 198, 210 f., 217; JBMGS 3/2, 202, 279; JBMGS 4, 104A; JBMGS 6/2, 228, 247, 346; JBMGS 7, 104, 208–215; JBMGS 8, 98.

108 III. Einleitungen, Exkurse, theologische Hintergrundprämissen

verstanden wird als eine Identität des Genießens, des Geistes hinter ver-
schlossenen Türen und zugezogenen Vorhängen, sodass vergessen wird,
dass die Menschen, gerade um bei ihrem Gott zu sein, heraus mussten aus
dem „Hinter-verschlossenen-Türen" und den „zugezogenen Vorhängen".
Nochmals, das ist mir nämlich persönlich sehr wichtig: die Basisreligion
ist tatsächlich an den sozial Armen, an den Schwachen und Unterdrückten
grundlegend orientiert. In diesem Sinne ist „von unten" also eine soziale
Bestimmung, aber eben auch eine messianische Bestimmung: die Kleinen,
die Unmündigen, die Armen, die Bedrängten, die Sprachlosen, die in kol-
lektives Leid Eingeschlossenen, die Erniedrigten, die von Ängsten gequälten Menschen – das sind die zunächst einmal Angesprochenen. Für uns
muss sich der Versuch, Basisreligion zu gestalten, leitend an der Frage
nach der Solidarität mit diesen Menschen orientieren, dadurch eben, dass
auch wir den Versuch machen, unsere eigene soziale Lebenswelt nicht
mehr ohne Rücksicht auf das Weltschicksal dieser Menschen zu definieren. Basisreligion ist in diesen armen Ländern *Befreiung* – und *Umkehr-
religion* bei uns. Die so verstandene Basis hat durchaus eine theologische
Würde. Sie ist Kriterium eines biblisch fundierten und biblisch orientierten
Verständnisses von Orthodoxie.

Diese Orthodoxie, diese Rechtgläubigkeit ist ja in ihrem Kern nichts
Elitäres für die Gescheiten, für die Wissenden, für die, die zweimal nachgedacht haben, sie ist keine Eliteorthodoxie, keine Orthodoxie der theologisch Gebildeten, an der die Kleinen, die Unmündigen nur beiläufig teil-
hätten. Biblisch ist das eher umgekehrt. Das Hohe, das Besondere, das
Esoterische, das Geheime, das Arkane an der biblischen Rechtgläubigkeit
ist nicht das Hohe, das Esoterische, das Geheimnisvolle etwa des Sokrates,
es ist nicht das Arkanum der Gnosis, sondern das Arkanum Jesu, seine
Art des Leidenswissens, das Arkanum der *Nachfolge*. Und wie haben sich
diese Nachfolgeleute im Verhältnis zur damaligen Bildungsmacht Rom
und Athen verhalten! Das hat beträchtliche Konsequenzen für die Struktur des theologischen Wissens und Lernens auch für uns, weil sich diese
Struktur nicht einfach den Standards des wissenschaftlichen Wissens und
Lernens unterwerfen kann. Wenn man von dem, was Religion ist, wie sie
sich biblisch zeigt, etwas verstehen will, dann gibt es nicht irgend welche
durch Bildung privilegierte Leute, die die Unmündigen und die Kleinen, die
Sprachlosen einfach nur belehren und ihnen beibringen wollen, was Religion ist, sondern es ist ein *gegenseitiges* Verhältnis, dass man auch von denen
zu lernen und von denen zu empfangen hat, also von der Weisheit derer,
die nicht sprechen – von ihrem Leidenswissen. Nicht, als müsste man jetzt

1. Aktuelle Einleitung: Religion und Politik 109

alle Mühe des begrifflichen, des wissenschaftlichen Arbeitens abschaffen.

Aber man muss verstehen lernen, dass dies nicht das einzige Paradigma des Theologietreibens sein kann, sondern dass es daneben eines geben muss, indem Theologie ständig *lernt* von denen, die sie zu belehren sucht. Nun ist eine solche Basiskirche gewiss keine Zustandsbeschreibung der Religion bei uns, sondern allenfalls eine *Tendenzangabe*. Ansätze in diese Richtung gibt es in den verschiedenen europäischen Kirchen, auch schon im deutschen Sprachraum, zaghaft vielleicht, ohne große Stabilität, ohne hinlängliche Selbstklarheit, auch nicht so, dass sich das nun gewissermaßen alles außerhalb der kirchlichen Gemeinden vollzöge. Und man soll nicht so tun, als hätten wir, wenn diese Basisreligion sich entwickeln muss, auf diese Basischristen bei uns erst noch zu warten. Die werden nicht vom Himmel fallen. Wenn das sich nicht auch in der Umbildung unseres gemeindlichen Lebens entwickelt, werden wir es nicht bekommen.

Es gibt diese Ansätze in die Richtung einer solchen Zweiten Reformation. Die soll ja auch nicht die Sache großer Reformatoren sein, keine Reformation von oben, angeführt von kirchlichen oder gar von selbsternannten theologischen Großsubjekten. Nein, so nicht. Sondern sie ist, wenn es sie überhaupt gibt, wirklich die Reformation von unten, die *Basisreformation*. Und sie kommt deshalb natürlich nicht wie ein dramatisches Einzelereignis, mit einem Thesenanschlag womöglich oder einem neuen Buch. Sie ist eher ein unauffälliger, ein langwieriger Prozess, zäh und mit vielen Rückschlägen und vermutlich auch mit tiefen Beirrungen. Damit hängen nun eine Fülle von Fragen zusammen, die in die Mitte der theologischen Arbeit direkt hineinreichen. Wo sind die Subjekte für diese Basis? Überhaupt die Frage nach dem Verhältnis von Basiskirche und Gesamtkirche. Ich setze nicht voraus, dass die Gesamtkirche basiskirchlich organisiert sein wird oder auch nur organisiert sein muss, so wenig die Gesamtkirche jemals strikt ordenskirchlich orientiert war. Aber das Antlitz dieser Kirche hätte sich völlig anders gestaltet und die Macht des konstantinischen Imperialismus wäre noch ganz anders durchgeschlagen in dieser Kirche, wenn es diese Ordenskirche nicht gegeben hätte. Und in diesem Sinne meine ich, dass wir es unserer Kirchlichkeit schuldig sind, von einer solchen basiskirchlichen Orientierung unbedingt zu sprechen.

Es gibt so etwas wie eine christliche Magna Charta für die vom Christentum und vom politischen Wesen der Religion gesuchte Praxis. Man kann sie in dem Wort der *Bergpredigt* zusammenfassen, auch wenn die heute bei uns, gerade in der politischen Friedensfrage, Hochkonjunktur

110   III. Einleitungen, Exkurse, theologische Hintergrundprämissen

hat und deshalb vermutlich schwerer in ihrem eigenen Wert zu schätzen ist. Wenn alle sich auf etwas beziehen, ist es viel schwerer klarzumachen, wo das Gewicht der Sache liegt, als wenn man zunächst etwas vergessen hat. Eines scheint mir ganz klar: als messianisches Programm der Christen kann die Bergpredigt nur gelten, wenn sie nicht einfach rein selektiv wahrgenommen wird, sondern im Ganzen jener anthropologischen Revolution, die sie ohne Zweifel enthält. Und vor allem, wenn diejenigen, die die Bergpredigt zitieren, sich ihr auch selbst zu unterstellen suchen. Ich sehe gar keine andere Möglichkeit dafür, dass der in die politische Diskussion eingeführte Topos der Bergpredigt nicht ebenso rasch vergeht, wenn es nicht tatsächlich unter Christen Menschen gibt, die gegen ihre Gesellschaft und gegen vieles in ihrer Kirche versuchen, mit dieser Bergpredigt im Ganzen auch wirklich ernst zu machen. Denn nur dann entsteht ja auch eine religiös inspirierte politische Basiskultur als produktives Vorbild für eine Friedenskultur. Eine solche Basiskultur kann ja die Bergpredigt nicht mehr als Gegenstand einer elitären, sondern wenn schon, einer vulgären Mystik für alle begreifen, mit unerhörten politischen Konsequenzen.[17] Man hat so den Eindruck, dass wir in der Geschichte des Christentums doch sehr stark arbeitsteilig vorgegangen sind. Es gab nie eine Zeit, wo die Bergpredigt völlig außer Acht war, aber ihre Befolgung war so sehr separat institutionalisiert, sie war z. B. arbeitsteilig so sehr ein Gegenstand der Ordenspraxis geworden, dass sich das alltägliche christliche Leben von den Ansprüchen und Segnungen der Bergpredigt entlastet und isoliert fühlen konnte. Wenn die Bergpredigt heute überhaupt wieder eine Rolle spielt, dann in der Tat nicht elitär für Sondergruppen, sondern als Basismystik.

In dieser Bergpredigt wird das, was ich *messianisches Menschentum* nennen möchte und was immer schon eine Brücke zum politischen Leben in sich hat, vielleicht am deutlichsten sichtbar. Dieses Menschenbild kann nicht einfach „von oben" programmatisch und gewissermaßen via Parteidoktrinen in die Politik hineindoktriniert werden. Aber „von unten" her kann man für die Politikfähigkeit der in der Bergpredigt und ihrer anthropologischen Revolution angelegten Tendenzen kämpfen. Man muss es vielleicht in zunehmendem Maße, wenn die Friedensfrage ernst genommen wird. Auch bei der Bergpredigt geht es, soweit sie als prophetische Rede und als Verheißungsrede aufgefasst wird, nicht einfach um eine

---

[17] Vgl. JBMGS 7, 26–34.

1. Aktuelle Einleitung: Religion und Politik 111

glücksverheißende Prophetie, um das Paradies auf Erden „von unten" zu erzwingen, sondern um eine ultimative Prophetie, d. h. um den Anruf zu einer neuen Solidarität mit den Ausgeschlossenen, den Armen und den offensichtlich heute sichtbar zu machenden Unterdrückten, um so auch „von unten" die Heillosigkeit zu wenden.

Diese Bergpredigt ist eine ungeheure Zumutung ans politische Leben. Sie verlangt z. B. angesichts der Armutsfrage in der Welt, dass wir uns selber nicht nur mit unseren eigenen Augen, sondern mit den Augen *Anderer* beurteilen sollten, mit den Augen der Fremden, mit den Augen unserer unsichtbaren Opfer. Sie verlangt in diesem Sinne, dass wir uns keinerlei taktischem Provinzialismus hingeben, so als könnten wir schuldlos die Früchte unserer eigenen Arbeit nur genießen, wenn wir schon, wenn überhaupt, solche Früchte heute erkennen können, und als hätte das nichts mit der Situation der Welt im Ganzen zu tun. Die Bergpredigt verlangt in der Friedensfrage, dass wir z. B. nicht nur die eigenen Ängste, sondern auch die Ängste der Anderen, in diesem Falle unserer Feinde, zulassen und in Betracht ziehen, und von dort her als Christen zu lernen versuchen. Nun wissen wir ebenso, dass jeder offizielle Politiker, der so etwas bei uns öffentlich in Erwägung ziehen würde, vermutlich morgen schon vom Fenster unserer Politik weg wäre. Da zeigt sich nun die Differenz zwischen der heute möglichen konsensfähigen Politik und jener politischen Kultur, die aus den Ansätzen einer messianischen Basisreligion einerseits kommen kann und die übermorgen vielleicht die einzige Garantie möglichen Überlebens und der Abschaffung des Krieges zwischen Reichen und Armen sein könnte. Denn für Christen ist diese Erfahrung, die wir in unseren demokratischen Gesellschaften machen, nicht einfach Grund genug, sich mit solchen Gesichtspunkten und Zumutungen schleunigst aus dem politischen Leben einfach zurückzuziehen, wenn man den wirklichen Gefahren Rechnung trägt. Üblicherweise ist das die Empfehlung gerade von jenen Menschen, die genau wissen, wo der Christ anfängt und der Politiker aufhört – und umgekehrt. Aber wenn man genauer zuschaut, was da passiert, dann wird man sagen müssen, dass das Gehäuse, in das wir uns immer wieder privatissime zurückflüchten, gar nicht unbedingt das Haus Gottes ist. Und die Liebe, mit der wir uns vielleicht hilflos einen Augenblick hinausgewagt haben aus unseren individuellen und familiären Bereichen und mit ihr – ohnmächtig genug – im politischen Leben zu gestikulieren versucht haben, würde wieder aufhören. Wo die messianische Liebe nur privatissime gelebt werden will, da kann sie auch privat nicht mehr gelebt werden. Ich meine privat

112 III. Einleitungen, Exkurse, theologische Hintergrundprämissen

in dem für uns schlechthin überschaubaren Räumen, weil das messianische Bewusstsein uns Dimensionen der Verantwortung zumutet, die weit über das hinausgehen, was wir üblicherweise unter dieser messianischen Liebe verstehen. Sie ist uns nie um unserer selbst willen gegeben, sondern um der Hoffnungslosen willen. Und wer im Bündnis mit ihr leben will, der muss sich auf diesen Weg von unten machen, er hat keine rechte Wahl, er muss heraus, er muss, wie die pfingstlichen Menschen, heraus aus dem Haus, damit er weiß, womit er umgeht.

Religion und der Glaube, von dem wir sprechen, ist eingeschlossen in die Erfahrung einer bedrohten Identität der Menschen heute. Und sie sucht sich in der Gestalt von Basisreligion langsam in das Ringen auch um eine neue gesellschaftliche Identität der Menschen einzuschalten, nicht als Überbau über eine funktionierende Gesellschaft, nicht als Projektion angesichts der Gefahren und Gefährdungen unserer Identität, sondern als Inspiration in der gefühlten und empfundenen Gefahr und als solidarische Bereitschaft dabeizubleiben, als Hoffnung, als Inspiration, die sich von den messianischen Kriterien biblischer Gotteserfahrung leiten lassen will.

Nun sind die Wege von unten lang und übersehbar. Und immer wird man sich die Frage stellen: Wird es denn Zeit genug geben? Zeit genug, damit endlich eine Kultur des Friedens entstehe? Eines müsste uns theologisch und christlich gewiss sein: dort, wo christliche Religion bei der Sache ist, wo sie also nicht bürgerliche, sondern messianische Religion ist, taucht diese Frage nach der Zeit, da taucht überhaupt das Bewusstsein von der Zeithaftigkeit der Zeit und damit natürlich auch vom Ende der Zeit inmitten der Religion notwendig auf. Dieses messianische Bewusstsein vom Ende der Zeit, überliefert aus der großen Geschichte des Judentums ebenso wie aus der Tradition Jesu, ist weder ein apokalyptischer Zynismus noch verführt er notwendig zu lähmender Melancholie. Das wäre eine messianisch gestimmte Kaltblütigkeit, die uns allen guttäte.

2. Einleitung, theologisch-biographisch

Das Spiel zwischen Theologie und Biographie ist natürlich, gerade wenn es um Theologie geht, sehr riskant. Wenn hier auch das Wort „biographisch" benützt wird, dann möchte eigentlich dieses Ich-Sagen der Selbstbescheidung dienen. Es soll von vornherein die Begrenzung, die perspektivische Konzentration oder auch Verengung beleuchten, in der hier eine Vorlesung zum Glaubensbekenntnis der Christen vorgetragen wird. Und es soll diesen theologischen Ansatz besprechbar machen und auch befragbar. Keiner treibt für sich allein Theologie. Wo das versucht wird, wird es allemal zur Gnosis. Theologie ist ja immer eine *Kommunikationsgemeinschaft* in der Zeit und durch die Zeit, synchron und diachron. Oder sie ist eben nicht Theologie. Und Theologie ist und bleibt auch immer eine abgeleitete Größe, nicht eine erste Größe, sondern eine zweite; die Scholastiker nannten das einen „actus secundus", d. h. die Verlautbarung einer *Lebensgemeinschaft*, genannt Kirche, genannt Christentum. Wo sie das nicht sein will und kann, wo sie sich gewissermaßen nur auf sich selbst bezöge, fiele sie wohl, als christliche Theologie jedenfalls, ins Leere. Theologie ist auch nicht schicksallose Metaphysik, sondern der Versuch der Besprechung von Wahrheit in der Geschichte: Das Wort ist Fleisch geworden. Geschichtliche Situationen sind dem Logos der Theologie immanent.

Irgendwann und irgendwie wurde mir die Situation bewusst, in der ich Theologie zu treiben versuche, eine Situation, ohne die ich nicht deutlich genug wissen kann, wo mir der theologische Kopf steht. Diese Situation heißt für mich in aller Kürze: *nach Auschwitz*.[1] Ich entdeckte, dass Christsein für mich, in meiner geschichtlichen Situation, heißen müsse: Christsein im Angesichte einer schrecklichen Katastrophe, also im Angesichte des sog. Holocaust. Und Theologietreiben bedeutete für mich den Versuch, christliche Identität zu erörtern und zu besprechen im Angesichte der Katastrophe von Auschwitz. Ich begann mich zu fragen, ob man unbehelligt von dieser Katastrophe überhaupt Theologie treiben kann und treiben darf.

Die Theologie, die hier geboten wird, macht eine Voraussetzung, und die heißt: Es gibt für sie keine Wahrheit, die man mit dem Rücken zu dieser Katastrophe verteidigen könne, keinen Sinn, den man mit dem Rücken zu Auschwitz retten könne, keinen Gott, den man mit dem Rü-

---

[1] Vgl. JBMGS 4, 45–74.

114   III. Einleitungen, Exkurse, theologische Hintergrundprämissen

cken zu dieser Katastrophe anbeten und keinen Jesus, dem man mit dem Rücken zu Auschwitz nachfolgen kann. Deshalb versuchte ich, Theologie nicht mehr zu treiben mit dem Rücken zu den unsichtbaren oder gewaltsam unsichtbar gemachten Leiden in der Welt, weder mit dem Rücken zu diesem Holocaust, noch ohne Irritation durch die sprachlosen Leiden der Armen und Unterdrückten in der Welt und quer durch unsere Kirche. Ich nenne das, weil es vielleicht der Anstoß war zur Ausbildung der theologischen Überlegungen, die dann unter dem Stichwort „Neue Politische Theologie" bekannt geworden sind.[2] Dass sich diese Ansätze dem Versuch einer produktiven theologischen Auseinandersetzung mit dem säkularen Projekt des Marxismus verdanken, wird im Gang der Vorlesungen noch deutlicher werden. Jedenfalls ist diese Theologie der Versuch, auch jenseits des Idealismus Theologie zu treiben und theologisch zu bleiben.

Dieser Weg von einer idealistischen, abgekürzt gesagt, zu einer Politischen Theologie, scheint mir vor allem durch drei Szenenveränderungen gekennzeichnet:

Erstens durch eine Art Wechsel in der philosophisch-theologischen Hintergrundszene. Durch den Wechsel von dem sog. transzendentalen Kant zum Kant des Primats der *praktischen Vernunft*; vom Idealismus, der gerade in der deutschen Geistesgeschichte eine große Bedeutung hat und mit dem wir die theologische Welt überall versorgt haben, zum Versuch des Karl Marx, die Welt als *historisches Projekt* zu begreifen, hin zu Leuten wie Ernst Bloch und Walter Benjamin, Persönlichkeiten der Frankfurter Schule, Max Horkheimer, Theodor W. Adorno u. a. – und darin auch zu dem, was man die *messianische Weisheit* des Judentums nennen könnte. Theologisch wurden mir dabei Namen wie Sören Kierkegaard und Dietrich Bonhoeffer in einer besonderen Weise wichtig, ohne dass ich mich vom Geist und der Inspiration meines theologischen Lehrers Karl Rahner je entfernen wollte.

Zweitens durch einen Wechsel in der Grundsituation der Theologie, wenn wir davon ausgehen, dass Situationen geschichtlicher Art dem Logos der Theologie immanent sind. Dieser Wechsel heißt, dass nun die Spannung „Erste Welt – Dritte Welt" als innere Situationen des Theologietreibens und des kirchlichen Lebens bei uns zu verstehen war, also als eine Lockerung der *Überidentifizierung* der Theologie mit dem europäisch-abendländischen Welt- und Menschenbild. Oder: Der Aufbruch zu einem

---

[2] Vgl. alle Schriften in: JBMGS 3/2.

2. Einleitung, theologisch-biographisch   115

kulturellen Polyzentrismus in Kirche und Theologie. Das scheint mir auch eine neue Situation zu sein, die durch das Vatikanum II stärker auf uns zugekommen ist und die ein entscheidender Prüfstein unseres Theologietreibens ist.

Drittens durch das Auftauchen eines neuen theologischen Paradigmas, das Angebot neuer Subjekte und neuer Orte des Theologietreibens, die nicht einfach durch unser uns vertrautes Theologietreiben im Stil der akademischen Berufstheologie abgedeckt sind.

Hier möchte ich versuchen, anhand dieser kleinen theologisch-biographischen Einleitung einige Grundkategorien und Leitbegriffe dieser Theologie wenigstens ansatzhaft zu nennen und sie an diesem Leitfaden etwas zu verdeutlichen. Ein Grundkategorienpaar dieser Theologie heißt Subjekt und Praxis oder der Versuch, das *subjekthafte* und *praktische Fundament* aller theologischen Aussagen sichtbar zu machen. Schon dabei spielen die Kategorien *Erinnerung* und *Erzählung* in kognitiver Hinsicht eine andere Rolle als die Kategorien in der transzendentalen und in allen Formen metaphysischer Theologie, wie sie uns vertraut sind.

Damit verbunden ist der Versuch, ein nicht-lineares und ein nicht-zyklisches Verständnis von Zeit und Geschichte als der Theologie angemessen sichtbar zu machen. Anders ausgedrückt heißt das, ein Erbe anzurufen, das in der Theologie weithin gesperrt und geächtet ist, nämlich das *apokalyptische* Erbe, das nicht einfach identisch ist mit dem heute grassierenden und an unseren Seelen fressenden Katastrophenbewusstsein. Auch hier könnte sich zeigen, dass die Kategorie der Erzählung z. B. nicht etwa eine resignative Figur ist, in der sich jemand aus der ernsten Theologie verabschiedet und sich Kinderspielen und der Sprache alter vergreister Menschen anpassen möchte. Die Theologie braucht vielmehr die Form, in der überhaupt ein solches nicht-lineares, nicht evolutionistisch gedachtes Zeit- und Geschichtsverständnis besprechbar bleibt, wenn sie z. B. davon reden will, dass es eine Auferweckung der Toten, also eine unabgeschlossene Vergangenheit gibt. Die Prämisse aller Geschichtswissenschaft ist, dass die Vergangenheit vergangen ist, und die Prämisse aller Theologie ist, dass die Vergangenheit nicht vergangen oder abgeschlossen ist. Wie redet man davon? Die Hermeneutik, die zu diesem Zeit- und Geschichtsverständnis gehört, habe ich „Hermeneutik der Gefahr" genannt.[3]

---

[3] Im Anschluss an die Arbeit von *Ottmar John* über Walter Benjamin: „... und dieser Feind hat zu siegen nicht aufgehört". Die Bedeutung Walter Benjamins für eine Theologie nach Auschwitz", Münster 1982. Dazu: JBMGS 4, 137–149 („Im Angesicht der Gefahr: Zu einer Hermeneutik der Unterbrechung").

116   III. Einleitungen, Exkurse, theologische Hintergrundprämissen

Schließlich ist für das Gottesthema die immer neue Thematisierung der sog. *Theodizeefrage*, der Frage nach Gott im Angesichte der Leidensgeschichte der Welt unverzichtbar. Im Unterschied zu manchen modernen Theologien, die sich mit der sog. Theodizeefrage beschäftigen, kennt dieser Ansatz zwar ein Leiden *an* Gott, aber eigentlich kein Leiden in Gott, weil ich beim besten Willen nicht verstehen kann, wie das nicht, wenn man die Leidensgeschichte der Menschen mit einer Leidensgeschichte Gottes auslegt, zu einer – wenn auch noch so sublimen und subtilen – Verdoppelung der Leidensgeschichte führt.

Entgegen vielen Vorurteilen hat mich gerade diese Art Theologie zu treiben, gelehrt, Ich zu sagen in der Theologie, also mich nicht primär an Systembegriffen zu orientieren, sondern an Subjektbegriffen und eine gewisse Aufmerksamkeit zu entwickeln für den in meinen Augen relativ hohen Apathiegehalt theologischer Systeme, also die mangelnde Sensibilität für geschichtliche Katastrophen, und den geheimen Geschichtsidealismus, der in der Theologie am Werk ist und der es ihr vermeintlich erlaubt, am Ende doch ungerührt über solche Katastrophen hinwegzugehen.

Das System, das große Funktionen in der Geschichte der Theologie gehabt haben mag, ist jedenfalls für diese Art von Theologie nicht der bevorzugte Ort der theologischen Wahrheitsfindung, zumindest nicht seit der Katastrophe von Auschwitz, die doch niemand ohne Zynismus ignorieren oder in einem objektiven Sinnzusammenhang verschwinden lassen darf. Und deshalb versuche ich als Christ, als Theologe, Ich zu sagen vor diesen zerstörten Antlitzen von Auschwitz und angesichts jener armen und unterdrückten Menschen heute, die auch als Christen leben und leben müssen als wären sie „keines Menschen Sohn". Gerade als eine politisch sensible Theologie bekommt die Theologie biographische Züge, weil sie sich an Subjekten orientiert, indem sie unsichtbare Antlitze sichtbar zu machen sucht und nicht wie der Priester und der Levit an dem „Nichtmenschen" vorüberläuft, wie Jesus das im Gleichnis vom „Barmherzigen Samariter" (Lk 10, 25–37) anmahnt. Die Suche nach der Wahrheit des Christentums im Angesichte von fremden, von gefährdeten und verletzten Anderen hat konstitutionell *erzählende* und *erinnernde* Züge.

Ich möchte ausdrücklich betonen, dass dies nicht der Stilisierung theologischer Individualität dienen soll, sondern, wenn denn überhaupt, der Sensibilisierung für konkrete Verantwortung, unter der die allemal umstrittene Rede von Gott steht. Die Gottesfrage stellt sich diesem theologischen Ansatz in ihrer umstrittensten Gestalt, also in der Gestalt dieser sog.

2. Einleitung, theologisch-biographisch 117

Theodizeefrage, der Frage des Gottesglaubens im Angesichte der Leidensgeschichte der Welt. Und sie stellt sich hier nicht in einer existentialistischen, sondern – im weitesten Sinn des Wortes – in einer *politischen* Version. Sie setzt nicht an mit der Frage: Was ist denn mit mir im Leid? Was ist mit mir im Tod, sondern: Was ist denn mit dir im Leid? Was ist mit dir im Tod? Sie setzt an mit der Frage nach der Rettung der ungerecht Leidenden, der Opfer und der Besiegten unserer Geschichte. Ich weiß nicht, wie man nach einer solchen Katastrophe wie der von Auschwitz und ohne diese Perspektive überhaupt nach der eigenen Rettung fragen kann. Wenn es überhaupt etwas gibt, was Theologie – auch in einer noch so profanen Welt von heute – immer wieder auf die Tagesordnung zu pressen hat, dann wäre es die Frage nach diesen ungesühnten vergangenen Leiden und der Hinweis darauf, dass mit dem Vergessen der Einmarsch in die Inhumanität ansetzt. Für diesen theologischen Ansatz, biographisch bedingt, gilt: geschichtliches Bewusstsein und Gewissen bewähren sich nicht in erster Linie in einem linear deutbaren Umgang mit Fortschritten, Erfolgen und Siegen, sondern in dem viel schwieriger deutbaren Umgang mit den Niederlagen und Katastrophen. Darin nämlich begegnet uns, so meint dieser Ansatz, was die Geschichte am Ende immer von Naturprozessen und den daraus resultierenden Deutungsmustern unterscheidet, nämlich die Unterbrechung, die Diskontinuität, der Schmerz der Negativität, das Leiden. Die Fixierung von Geschichte auf Leidensgeschichte enthält freilich eine große Gefahr. Die Gefahr nämlich, dass Geschichtsbewusstsein in tragisches Bewusstsein umschlägt. Damit Geschichte in ihrer Negativität, in ihrem katastrophischen Charakter, nicht zur Tragik gerät, müssen die Katastrophen in praktischer und politischer Absicht erinnert werden. Es ist also nicht ein törichter Aktionismus und auch nicht der durchsichtige Versuch, irgendeine schon in Geltung gesetzte Politik durch eine theologische Paraphrase zu verdoppeln, sondern das Ringen um die Geschichte als konstitutionell gefährdeten Ort theologischer Wahrheitsfindung.

Nun haben wir in der Theologie – vermutlich unter dem Überdruck moderner Rationalität – der christlichen Eschatologie oder Endzeitlehre ihren sog. apokalyptischen Stachel längst gezogen. Und seitdem wurde das Bewusstsein von der Geschichtlichkeit des Heils schwach. Ich meine, dass Theologie in vielen Fällen sich zu sehr mit dem evolutiven Lebensgefühl der Moderne arrangiert und ihrer Vorstellung von Zeit als einem leeren und überraschungsfreien Kontinuum nachgegeben hat. Die von dieser Zeitvorstellung geleitete Logik ist das im Denken bereits festgemachte Ende von Geschichte. Dieser Zeitvorstellung ist am Ende alles

118   III. Einleitungen, Exkurse, theologische Hintergrundprämissen

gleich-gültig wie dem Tod. Nichts, was war, ist vor ihrer gnadenlosen Kontinuität zu retten, denn unabgeschlossene Vergangenheiten gibt es nicht. Wovon reden wir denn, wenn wir von dem Gott reden, der auch das Vergangene nicht in Ruhe lässt, also von der Auferweckung der Toten und vom Gericht oder was immer? In der Zeitvorstellung eines leeren, unendlichen Kontinuums ist der eschatologische Gott, der Gott der Lebenden und der Toten, der Gott, der auch an den vergangenen Leiden rührt, der auch die Toten nicht in Ruhe lässt, schlechthin undenkbar. Freilich, diese Zeitvorstellung ist auch die heimliche Quelle einer neuen unbegriffenen Angst unter uns. Die Angst in der Moderne ist nämlich nicht, wie die Angst des archaischen Menschen, eine Angst vor dem hereinstürzenden Ende des Lebens und der Welt, sondern sie ist, wenn ich recht sehe, tiefer sitzend eine Angst davor, dass im Grunde genommen nichts mehr zu Ende geht, dass es überhaupt kein Ende gibt, dass vielmehr alles hineingerissen ist in das anonyme ewige Gewoge einer ungerichteten Naturzeit. Das hat Konsequenzen.

Diese Angst nämlich frisst an der Seele des modernen Menschen. An dem von ihr gespeisten Lebensgefühl zerbrechen die großen Visionen, es verflachen die großen Utopien immer mehr zu mittelfristigen Strategien, wie wir das im politischen Leben unserer Zeit quer durch alle Blöcke beobachten können. Und politisch erfolgreich ist heute jene Politik, die dieses mittelfristige Leben am erfolgreichsten verwalten kann. Und dann sagt man: Gott sei Dank, dass endlich diese großen Visionen weg sind, jetzt können wir endlich konkret werden. Aber was heißt hier „konkret"? Wenn die Utopien und die Visionen weg sind, dann erst merken wir, was sie bewirken konnten. Sie stifteten zu einer Solidarität unter Menschen an, die heute zerfällt. Und diese Solidarität wäre die Basis für ein neues Handeln, das es heute auch nicht gibt. Denn aus dieser Angst, dass vielleicht nichts mehr zu Ende geht, dass man sich eigentlich im Grunde genommen überhaupt nicht an einem Ende profilieren kann, nährt sich auch, was man jüngst den „Zynismus der Moderne" (Peter Sloterdijk) genannt hat. Es ist ein heimlicher Kult der Apathie, das Sich-Herausdrücken aus den Gefahrenzonen einer geschichtlich-politischen Verantwortung, das anpassungsschlaue Sich-klein-Machen, das Nie-gewesen-sein-Wollen, das Nischendenken, das Leben in kurzfristigen Intervallen.[4] Diese Art von Geschichtsmüdigkeit lässt sich ja unter uns alltagsgeschichtlich beschreiben.

---

[4] Vgl. JBMGS 3/2, 111–116.

2. Einleitung, theologisch-biographisch 119

Ich möchte die Theologie fragen, ob sie denn ihrerseits genügend auf diese Art des Endes von Geschichte geachtet hat, die von einem Heil im Fleisch der Geschichte spricht. Können wir so ein Problem überhaupt noch hinreichend kommentieren und besprechen? Haben wir nicht jene Potentiale vernachlässigt, die uns hier widerstehen ließen und die uns hier auch, selbst wenn sie so schrecklich schwer in unsere Zeit hereinzuholen sind, kritisch werden lassen könnten? Vielleicht schulden wir es dem Menschen der Moderne, auf diese Dinge zu achten. Als ich mir dieser meiner sog. Post-Holocaust-Situation theologisch bewusst wurde, habe ich mich auch gefragt, welcher Glaube denn viele Christen während der Barbarei des Nationalsozialismus mit dem Rücken zu dieser Barbarei und vor allem auch mit dem Rücken zu Auschwitz mehr oder minder ungeniert weiterglauben und auch weiterbeten ließ. Und ich habe mich gefragt, welche Gestalt von Glaube dies wohl ist, den wir da alle mehr oder minder teilen. Und habe deshalb dazu die Formel vom nur *geglaubten Glauben*, einem „Überbauglauben" zu einer von diesem Glauben eigentlich unberührten bürgerlichen Identität geprägt und deshalb von Glaube als *bürgerlicher Religion* gesprochen. Ich habe mich gefragt, ob dies nicht ein Glaube ist, der eben nicht nachfolgt, sondern an die Nachfolge glaubt und unter dem Deckmantel geglaubter Nachfolge dann doch die eigenen, von ganz anderen Gesetzen vorgeschriebenen und vorgeprägten Wege geht, ob dies nicht ein Glaube ist, der eben nicht mitleidet, sondern an das Mitleiden glaubt und unter dem Deckmantel des geglaubten Mitleidens eben vielleicht doch jene Apathie kultiviert hat, die uns Christen mit dem Rücken zu solchen Katastrophen weiterglauben und weiterbeten lässt. Dies habe ich mich gefragt. Und hier liegt ein entscheidender Grund für meine kritischen Fragen an das Christentum in der Gestalt bürgerlicher Religion.

Die Verwendung des Begriffes „bürgerliche Religion" hat – in diesem Kontext gesehen – nicht einfach eine soziologische, sondern durchaus eine theologische Basis. Ich habe versucht, diese kritischen Fragen inzwischen auszuweiten auf unser christliches Verhalten in der Ersten Welt angesichts der Leidenskatastrophe in den armen Ländern dieser Erde. Es war mir deutlich geworden, dass solche Fragen nicht etwa bloß mit dem sozialen Außendienst der Kirche und „bloß" mit der sozialen Diakonie des Christentums zu tun haben, sondern dass solche Fragen ins Zentrum christlicher Identität gehören, wenn man einmal davon ausgeht, dass solche Figuren der Verantwortung nicht außerhalb dessen liegen, was wir die Apologie der Hoffnung in dieser Welt nennen. Es war mir dabei deut-

120 III. Einleitungen, Exkurse, theologische Hintergrundprämissen

lich geworden, dass die Krise unseres Christentums nicht primär eine Krise seiner Lehre ist, sondern *eine Krise seiner Subjekte und ihrer Praxis*. Dieser Satz bedeutet, dass es nicht nur etwa um eine sublimere Interpretation bestimmter Glaubenssätze geht, sondern um das *Subjektwerden* der Christen in der Kirche und um eine *neue* Praxis. Wenn die Krise so formuliert wird, dann bedeutet das nicht eine Verharmlosung der Krise christlichen Glaubens zu einer „nur" praktischen Krise, denn diese Praxis berührt den *Wahrheitskern* des Christentums selber. Die Praxis hat *intelligiblen* Rang, ohne sie wissen wir auch intellektuell nicht, wo uns theologisch der Kopf steht, ohne sie bleibt der Zugang zur Wahrheit des Christentums als Christentum verstellt. Denn die Wahrheiten des Christentums können nie so gedacht werden, dass sie als Wahrheiten nur gedacht sind. Jesus ist nicht Sokrates. Die Lehrinhalte des Christentums sind aus sich selber praktische Inhalte. Das klingt vielleicht selbstverständlich, hat aber große Konsequenzen für den Einstieg in die Auslegung des christlichen Glaubensbekenntnisses. Der christliche Gottesgedanke ist in sich selbst ein *praktischer* Gedanke. Er verletzt immer die Interessen derer, die Gott zu denken suchen. Die biblischen Geschichten des Aufbruchs, des Sich-selbst-Überschreitens, der Umkehr, der Befreiung, des Widerstands, des Leidens – diese Geschichten sind nicht nachträgliche Ausschmückungen einer reinen Gottesidee, sie gehören vielmehr zur Definition Gottes, von dem Christen reden.

Dieser Begriff Gottes ist nichts anderes als das Stenogramm eines Vorrats an Erinnerungen und Erzählungen von einer Geschichte, in der sich *der* zugänglich gemacht hat, den wir im Glauben Gott nennen. Auf diese Geschichten hin müssen wir die theologischen Begriffe immer wieder dechiffrieren. Erzählungen dienen nicht der Ausschmückung von Begriffen über Gott. Begriffe sind abgekürzte, für die Erinnerung durch die Menschheitsgeschichte zubereitete Stenogramme von Erzählungen, zu denen wir wieder durch müssen; die sind nicht da, um irgendeinen reinen Gottesbegriff zu erläutern für die Kleinen und die Unmündigen, sondern sie sind die *gefährlichen* Geschichten, die an der Wurzel unserer Begriffe liegen. Eine Theologie, die das versucht, ist eine Theologie in *Subjektbegriffen* mit einem *praktischen* Fundament. Diese Praxis kann man nicht ableiten, sie muss man beschreiben, sie muss erfahren sein und wird in den Erfahrungen weitergegeben.

Auch die Christologie ist nicht eigentlich ein Systemwissen über Christus, sondern ein praktisches Wissen. Im Kern der Christologie steht ja keine Idee, sondern eine Geschichte, natürlich keine unterhaltsame Ge-

2. Einleitung, theologisch-biographisch

schichte, sondern eine *gefährliche* Geschichte, die nicht nur zum Nachdenken, sondern vor allem zum *Nachgehen* anleitet, und die nur im Wagnis dieses Gehens ihre rettende Kraft offenbart. Das ist theologisch von entscheidender Bedeutung für den Blick auf die Sache. Wichtig ist, dass diese Nachfolge als eine ungeteilte ganze Größe gesehen wird, in der Wege vorgezeichnet sind, die Jesus in den Konflikt mit seiner damaligen Welt gebracht haben. Denn die Wege dieser Nachfolge führen nicht in gesellschaftliche und politische Schicksallosigkeit. Der Nonkonformismus dieser Nachfolge, den Paulus mit dem berühmten Satz: „Passt euch dieser Welt nicht an" (Röm 12,2) ausdrückt, zielt nicht etwa auf eine elitäre Gelassenheit oder Entspanntheit gegenüber den Krisen, den Problemen, den Schreien, den Ängsten, den Leiden dieser Welt. Weit mehr als eine Religion der Eliten spricht das Evangelium von einer Religion der Sklaven, einer Religion, deren messianische Hoffnung zu erheben und zu befreien sucht, weil sie der Vergötzung irdischer Macht, etwa im Angesichte der politischen Religion Roms damals, ebenso widersteht, wie der Vergötzung irdischer Ohnmacht und dem geringen Zutrauen, nichts tun zu können im Interesse der Anderen. Vielleicht blüht diese Religion gerade darum heute in den armen Kirchen dieser Erde neu im Angesichte großer Gefahr.

Lange Zeit hatte ich eine Frage zu wenig beachtet. Nämlich die Frage nach den kirchlichen und christlichen Subjekten des Glaubens und der Nachfolge. Lange Zeit habe ich selber immer nur von *der* Kirche gesprochen. Wer ist denn das, der da glaubt? Wer ist denn das Subjekt dieses Glaubens? Und ich habe dabei die Kirche angesprochen, bezeichnet als „Institution gesellschaftskritischer Freiheit des Glaubens" oder als „öffentliche Tradentin einer gefährlichen Erinnerung" in unserer Welt usw. Das sind alles schöne Definitionen. Sie konnten wohlwollend vereinnahmt werden. Ich sah mich also immer mehr umgeben von der Gefahr eines Radikalismus, der eigentlich ein ästhetischer Radikalismus war: schöne Definitionen. Dieser ästhetische Radikalismus scheint mir eine Art konstitutioneller Gefahr für die Situation des Berufstheologen zu sein, speziell des deutschen Theologieprofessors, der einerseits in der vorgegebenen gesellschaftlichen und kirchlichen Arbeitsteilung unter außerordentlich privilegierten Produktionsbedingungen lebt und arbeitet, und der eben anderseits, wenn er auf seine Inhalte schaut, von einer Nachfolge des Gekreuzigten zu reden hat.

Ich versuchte in den letzten Jahren die Rede nach den kirchlichen Subjekten der Nachfolge differenzierter zu sehen und auch meine theologische

122   III. Einleitungen, Exkurse, theologische Hintergrundprämissen

Praxis ein wenig danach einzurichten. Ich habe deshalb mitgearbeitet im Rahmen der Gemeinsamen Synode unserer Bistümer und dieses Dokument „Unsere Hoffnung" vorbereitet mit dem Versuch, das Credo der Christen immer auch unter dem Anspruch nicht des „geglaubten Glaubens", sondern der Nachfolge zu sehen, auch mit einem Abschnitt über das besondere Verhältnis zu den Juden angesichts der Katastrophe von Auschwitz und einem Abschnitt über die Tischgemeinschaft mit den armen Kirchen. Rückblickend bin ich mir zwar nicht mehr so sicher, ob und wie eine solche Synode der privilegierte Ort für die Erneuerung kirchlichen Lebens bei uns sein kann. Und ich gehöre gewiss nicht zu denen, die jetzt nach einer neuen Synode rufen. Gleichwohl werden wir das Synodendokument als Basistext benützen. Es ist schließlich getragen und in diesem Sinne auch legitimiert vom öffentlichen Konsens unserer Kirche in der Bundesrepublik Deutschland. Und die Vorlesungen zum Credo haben deshalb die Gestalt eines fundamentaltheologischen Kommentars zu diesem Text.

Zunächst habe ich mich bei der Frage nach den konkreten Trägern, nach den Subjekten der Nachfolge, wie sie ja im Synodentext angesprochen sind, an die Orden gewandt, vor allem an die klassischen Orden. Hier, so meinte ich, wäre das, was in diesem Synodentext über die Glaubensweise der Nachfolge gesagt ist, auf die Füße gestellt. Bei meiner Anfrage an die Orden ging es mir dabei nicht etwa um die Ordenskirche in sich selbst, sondern um die Orden als eine Art Innovation, als produktives Vorbild, als Korrektiv, als eine Art charismatischer Schock für eine bürgerlich beruhigte Kirche.[5]

In den letzten Jahren galt meine Aufmerksamkeit immer mehr dem Aufbruch einer sog. Basiskirche innerhalb der armen Kirchen dieser Erde, einer mystisch-politisch geprägten Basiskirche – aus ungeteilter Nachfolge lebend. Hierin sehe ich nämlich in der Tat einen providentiellen kirchengeschichtlichen Vorgang, der nicht ohne Bedeutung für das Schicksal der Gesamtkirche ist, die ja heute – erstmals kenntlich gemacht im II. Vatikanum – in einem Übergang von einer mehr oder weniger monozentrischen Kirche abendländisch-europäischer Prägung zu einer kulturell polyzentrischen Weltkirche steht. Wer das als Flucht auslegt, der soll sich fragen, ob das nicht Abwehrreflexe unserer eurozentrisch gestimmten Herzen sind, die es einfach nicht annehmen wollen, dass uns womöglich ein wirklich kirchenerneuernder Impuls treffen könnte,

---

[5] Siehe „Zeit der Orden?" (JBMGS 7, 150–207).

2. Einleitung, theologisch-biographisch

bei dem Theorie und Praxis des Glaubens leidenschaftlicher, unmittelbarer verbunden sind als bei uns. Nicht von ungefähr haben sich gerade jene Mitglieder der Ordenskirche als Inspiratoren und eine Art Geburtshelfer dieser basisgemeindlichen Kirche bewährt und damit auch die Sendung der Ordenskirche für die Entfaltung eines neuen kirchlichen Lebensbildes unterstrichen. Von diesem Kirchenbild, seiner Bedeutung auch für uns, soll in Teil III des Synodentextes („Wege in die Nachfolge") die Rede sein.

124   III. Einleitungen, Exkurse, theologische Hintergrundprämissen

3. Basistheologie und wissenschaftlich-akademische Theologie

3.1 Zur Funktion wissenschaftlich-akademischer Theologie

Eingangs ein paar begründende Worte zur Funktion der Theologie, wie sie hier getrieben wird. Es geht also um die Frage, welche Funktion denn eigentlich in dem gesamten Prozess des kirchlichen und religiösen Leben die wissenschaftliche und akademische Theologie hat. Das Entscheidende scheint mir zu sein, dass sie angesichts der Probleme, die wir erörtert haben und angesichts der Gesamtsituation, wie sie uns vor Augen stehen sollte, selber *legitimationsbedürftig* geworden ist. Sie muss also zunächst sagen, warum gerade Theologie in diesem wissenschaftlich-akademischen Sinn getrieben wird. Da geht es nun nicht darum, in einer Art Pendelschlag zur bisherigen Reputation der akademischen Theologie und ihrer Monopolstellung sie nun einfach gering zu achten oder einfach auszuschalten, aber es geht in der Tat um ihre Relativierung, um den Versuch der Selbstbegrenzung und Selbstbescheidung. Warum ist sie notwendig? Inwiefern bleibt sie notwendig?

3.1.1 Aufspüren von Erfahrungen und Erinnerungen des christlichen Gedächtnisses

Es ist sehr wichtig, darauf hinzuweisen, dass das Christentum auch aus kulturellen und politischen Gründen auf jenen *Vorrat* an Erinnerungen und Erfahrungen nicht verzichten kann, die in ihm bereits gemacht worden sind. Theologie nun, die die verschiedensten Dimensionen eines solchen Gedächtnisses gerade auch die verschütteten, die verratenen, die verdrängten Dimensionen dieses Gedächtnisses präsent halten und kritisch neu durchleuchten möchte, kann ja durchaus eine Art *Inspirierung* eines gefährlichen Gedächtnisses sein. Und die Aufdeckung solcher Zusammenhänge ist eine harte und schwere Arbeit. Ich möchte sehr herzlich darum bitten, bei allem Willen zur Praxis, bei allem Willen zur Basis, keinen künstlichen Gegensatz aufkommen zu lassen zwischen Theorie und Basis, zwischen einer kognitiven Elite auf der einen Seite und der Basis oder dem Volk auf der anderen Seite. Eine gute theologische Theorie möchte niemals einfach in diesem ideologiekritischen Dienst elitär und von der Basis abgehoben sein, sondern die auf den Begriff gebrachte, die präziseste Formulierung eben der religiösen Erfahrungen des Volkes und der Basis. Eine gute theologische Theorie möchte gerade dem Volk zu-

3. Basistheologie und wissenschaftlich-akademische Theologie 125

rückgeben, was ihm gehört an Erfahrungen und Erinnerungen und was es selbst allein oft nicht behält und behalten kann, weil es ihm genommen wird. Theorie und Basis sollten also in diesem Sinne nicht als Gegensätze von vornherein empfunden werden.

3.1.2 Bezug neuer Praxis auf das Ganze des christlichen Gedächtnisses

Neue Erfahrungen müssten ständig auf den gesamten geschichtlichen Kommunikationszusammenhang bezogen bleiben, den wir Christentum nennen. Und zwar gerade deswegen, damit eine solche neue Praxis nicht einfach sporadisch bleibt, sondern sich einwurzeln kann und Stabilität gewinnt. Um Einwurzelungen zu ermöglichen, bedarf es dieses Versuchs, neue Formen kirchlicher und christlicher Praxis eben auf den großen Zusammenhang zu beziehen. Und das geschieht in einer gewissen Weise auf diese Art wissenschaftlich-theologischer Reflexion, die sich immer wieder des christlichen Logos zu vergewissern sucht.

3.1.3 Interdisziplinäre Kritik und Rechtfertigung des Christentums

In einer durch Wissenschaften geprägten und definierten Gesellschaft muss das Christentum seinerseits auch an der Front der Wissenschaften selbst sich bewähren und sich wissenschaftlicher Kritik aussetzen. Anders würde das Christentum langsam, aber sicher in die kognitive Einschüchterung und Isolation einer Sekte absinken. Das zwingt natürlich die Theologie heute in ein sehr schwieriges Geschäft hinein. Gerade wenn sie dieses Geschäft sehr ernst nimmt, kann sie ja ohne interdisziplinäre Arbeit überhaupt nicht mehr weiterkommen, d. h. ohne einen ständigen und nicht nur beiläufig angezogenen Kontakt mit nicht-theologischen Wissenschaften. Damit wird vermieden, dass wir die Welt in Bezug auf den Glauben einfach verdoppeln, sozusagen eine katholische Sonderwelt errichten, indem die Theologie alles noch einmal sagt über die Wirklichkeit – in Bezug auf den Glauben. Die Theologie hat keine Schlüsselattitüde bei der Definition dessen, was Wirklichkeit heute ist. Sie muss das lernen, muss es sich in einer oft sehr schmerzlichen Weise vorgeben lassen. Sie kann zu vielen Dingen wenig sagen, aber sie wird überhaupt auf die Dauer nicht mehr mitreden können, wenn sie sich der interdisziplinären Arbeit entzieht.

3.1.4 Formen „schöpferischer" Theologieverweigerung

Die gesellschaftlich hochkomplexe Situation, an der sich das Christentum heute abarbeiten muss, um von seiner Botschaft reden zu können, braucht

126   III. Einleitungen, Exkurse, theologische Hintergrundprämissen

auch eine intensive analytische Reflexionsarbeit. Das sage ich gegen zum
Teil verständliche Versuchungen einer gewissen romantisch anmutenden
Theologielosigkeit unter Theologen selber. Dabei will ich nicht leugnen,
dass es in der Geschichte des Christentums immer wieder eine Art schöpfe-
rischer Theologieverweigerung gegeben hat. Ich glaube, dass vor allem die
Ordensgeschichte immer wieder auch eine solche Geschichte der Verweigerung von Theologie war oder einer bewussten Theologiearmut, um sich
nicht einfach kritiklos zum Komplizen der Theologie zu machen, weil man
fühlte, dass in der großkirchlichen Theologie sich nur das Elend ständig
reproduzierte, gegen das anzugehen das Gebot des Evangeliums eigentlich
wäre. Man denke an die typische, sehr oft angesprochene Theologiearmut,
sogar Theologieverweigerung der großen Ordensgründer, speziell des Franziskus von Assisi. Widerstand etwa gegen die offizielle Theologie, in der
die Kirche sich ihre eigene Reformbedürftigkeit dauernd verbirgt. Einer der
großen Gegner der starken Reformbewegungen im mittelalterlichen Christentum war ja die offizielle Theologie. Und in diesem Sinne kann es auch
zurecht Figuren der Theologieverweigerung geben. Und wenn heute in jenen Kirchen, in denen es Basisgemeinden gibt, eine beträchtliche Skepsis
gegenüber der subjektlosen, situationslos tradierten systematischen Theologie herrscht, dann kann das mit dieser schöpferischen Theologieverweigerung zu tun haben.

3.2 Der Ansatz einer praktischen Fundamentaltheologie

Ich möchte nun ganz kurz etwas zu dem fundamentaltheologischen Ansatz selber sagen. Wenn wir wissenschaftlich-akademische Theologie
treiben, soll das, was ich über die Selbstbegrenzung dieser Art des Theologietreibens gesagt habe, nicht vergessen werden. Aber was man von dieser Theologie verlangen kann, ist, dass sie in zunehmendem Maße sich
der Arbeitsteiligkeit bewusst wird und sie miteinbezieht in ihre Reflexion,
dass sie mehr als bisher eine Art theologischer Beistand sein möchte, eine
Art *Anleitung* zur gesellschaftlichen Differenzierung des Christentums an
seiner eigenen Basis.

Was ist diese Art von theologischem Beistand für die Basis? Ich meine,
dass es selbst bei uns inzwischen, in dieser relativ monolithischen, büro-
kratisch erfolgreichen, verwalteten und vereinheitlichten Kirche, so etwas
wie *Basisprozesse* gibt, die in der Theologie wenig diskutiert und die auch
in der offiziellen kirchlichen Öffentlichkeit nicht mehr wahrgenommen
werden: Jugendinitiativen, Initiativen im Bereich der Arbeitswelt, Gewerk-

3. Basistheologie und wissenschaftlich-akademische Theologie 127

schaften usw. Es scheint mir sehr wichtig, dass hier die Theologie so etwas nicht bloß als einen Vorgang ansieht, der ihr äußerlich bleibt, sondern dass der Versuch gemacht wird, theologisch dafür zu sorgen, dass hier der Geist nicht zu schnell ausgelöscht wird. Es kann also auch durchaus sein, dass hier die Theologie Widerstandshilfe leistet gegen allzu rasche Versuche, solche Initiativen – und weil man sie nicht übersieht – möglichst schnell wieder aus der Welt zu schaffen. Ich – in meiner Einseitigkeit – bin sehr wohl darauf angewiesen, dass gewissermaßen meine manchmal sehr hochfahrenden und einseitig einschärfenden Reflexionen zusammengehalten werden von einem Sozialkörper, genannt Kirche.

Gerade die kritische Theologie ist viel *kirchenbedürftiger* als die ausgewogen daherkommende Theologie, die ohnehin schon alles selber sagt, wo die Wahrheit gewissermaßen in der Mitte liegt und dauernd um die Mitte getanzt wird. So geht Theologie nicht voran. Die Wahrheit findet man nicht, indem man dauernd auf die Mitte schaut, die findet man nur durch *Übertreibungen.* Das gilt für die Praxis genauso wie für die theologische Wahrheitsfindung. Und in dem Sinne ist z. B. ein Element ganz wichtig in der Theologie und ein Zeichen ihrer Kirchlichkeit: wo nämlich diese von der Kirche selbst eingesetzte akademische Theologie *Kritik* übt an bestimmten Stilllegungsstrategien. Man lässt also Initiativen entstehen, aber man sorgt dafür, dass ihnen kein Beistand geleistet wird. Sie haben dann ja auch keine große Konsistenz und zerfallen schnell – und eben dies wendet man gegen sie. Was keinen Bestand hat, sagt man, kann auch keine Wahrheit haben. Aber, ein altes Axiom, das ich schon oft zitiert habe: Es ist wichtig, zu wissen, dass in der Verfahrensform, in der man Wahrheit sucht, die *Übertreibung* dazugehört und der Mut zur *Einseitigkeit.* Diese Wahrheit ist nicht vorfindlich. Der Geist, der sie prägt, weht eben nicht nur, wann er will und wo er will, sondern auch wie lang er will. Und nicht immer sind die, die unterlegen sind, tatsächlich die, der Wahrheit ferne sind.

Eine wichtige Aufgabe für die deutsche Kirche ist, dass wir beharrlich gegen die Vorherrschaft einer typisch deutschen Ideologie in unserem Christentum kämpfen. Dass nämlich im Grunde genommen alle Veränderungen, alle Reformprozesse eigentlich nur im Kopf stattfinden: Revolutionen im Kopf, Mangel an Zivilcourage als ein Charakteristikum, das Otto von Bismarck schon dem deutschen Geist vorgehalten hat und den es auch gerade im Christentum selber gibt.

Ich möchte jetzt den Versuch machen, diesen theologischen Ansatz kurz als den Ansatz einer *praktischen Fundamentaltheologie* zu kenn-

128   III. Einleitungen, Exkurse, theologische Hintergrundprämissen

zeichnen, die sich dem Glaubensbekenntnis der Christen stellt.[1] Ich nenne zwei Grundkennzeichen dieser Fundamentaltheologie.

1. Sie betont das praktische Fundament aller Theologie bzw. aller theologischen Aussagen. Sie ist in diesem Sinne geprägt vom *Primat der Praxis*.

2. Sie betont das subjekthafte Fundament aller theologischen Aussagen und ist in diesem Sinne Theologie als *Politische Theologie des Subjekts*.

Diese zwei Kennzeichen ließen sich auch durch eine zweifache Dialektik ausdrücken:

1. Diese Theologie ist geprägt von einer Theorie-Praxis-Dialektik.
2. Sie ist geprägt von einer Subjekt-Objekt-Dialektik.

Ad 1: Eine Theologie in der Dialektik von Theorie und Praxis
Ich nenne also die praktische Fundamentaltheologie eine Theologie in der *Dialektik* von Theorie und Praxis. Bekanntlich kann christliche Praxis mit einem biblischen Wort (neutestamentlich jedenfalls) zusammengefasst werden – unter dem Wort „Nachfolge". In diesem Sinne spricht praktische Fundamentaltheologie von der *messianischen Praxis der Nachfolge*. Diese Praxis ist nun nicht einfach als eine Folge bzw. als eine Anwendung der Theologie oder der theologischen Lehre gesehen, sondern als eine Quelle der theologischen Erkenntnis und der theologischen Lehre. Und das hat seine Bedeutung für die Auslegung des christlichen Credos. Wenn die Nachfolge nicht hinterher kommt, nachdem man schon weiß, wem man nachfolgt und was man in dieser Nachfolge zu erwarten hat, dann sieht natürlich die Auslegung dieses Credos anders aus, als wenn man diese Theorie-Praxis-Dialektik beachtet.

Diese Praxis nun ist kirchlich und christlich, aber eben auch gesellschaftlich außerordentlich differenziert. Nachfolge ist hier nicht als rein religiöse Praxis gemeint, sondern als *religiös-sinnenhafte* Praxis, also auch als *religiös-politische* Praxis, wobei sinnenhaft und politisch zunächst durchaus weit gefasst sind. Wo immer Andere mit im Spiele sind, Bedürftige und Arme ebenso wie Unterdrückte, Ausgeschlossene, Unsichtbare, vor allem Vergessene, aber auch Kranke, Trauernde und Kämpfende, – wo sie mit im Spiele sind, sprechen wir von einer politischen Praxis der Christen und von einer sinnenhaften Praxis. Diese Praxis ist also von vornherein

---

[1] Vgl. den ersten Teil von „Glaube in Geschichte und Gesellschaft" (JBMGS 3/1, 25–101).

3. Basistheologie und wissenschaftlich-akademische Theologie 129

in ihrem Ansatz nicht eine Praxis, die sich nur auf den Einzelnen bezieht oder auch nur beziehen könnte. Der Ansatz ist sogar eine Kritik an diesem Versuch, christliche Praxis in Bezug auf den Einzelnen vor seinem Gott allein auszulegen, weil die Politische Theologie und die praktische Fundamentaltheologie von dem Verdacht geleitet ist, dass eine so strikt individuelle Praxis immer wieder, bewusst oder unbewusst, zum Konformismus gegenüber den Verhältnissen anleitet, und seien sie noch so schlecht und seien sie noch so grausam. Das geht in dem Stadium des theologischen Bewusstseins nicht, wie wir es heute haben müssen. An diese Praxis kommt die Theologie auf die Dauer nur heran, indem sie ihrerseits mindestens teilweise eine Art Ortswechsel vollzieht, indem sie also jene Arbeitsteilung in sich selber vorsieht, die nicht von den Fächern her vorgegeben ist, sondern vom *Ort* und den *Subjekten* des Theologietreibens. Wenn man diesen Ansatz einer praktischen Fundamentaltheologie geistesgeschichtlich charakterisieren sollte, dann müsste man sie als eine *nachidealistische* Form von Theologie bezeichnen, also als Versuch einer produktiven Auseinandersetzung mit Traditionen der praktischen Vernunft.

Ad 2: Eine Theologie in der Dialektik von Subjekt und Objekt
Praktische Fundamentaltheologie geht davon aus, dass die theologischen Inhalte nicht ermittelt werden können, ohne gleichzeitig eine genauere Bestimmung der Subjekte vorzunehmen, die diese Inhalte vertreten. Es werden also nicht subjektfreie, situationsfreie Inhalte einfach transportiert. Oder anders ausgedrückt: Die Inhalte der theologischen Lehre stehen in einer sogenannten dialektischen Beziehung zu den Subjekten, die diese Lehre vertreten und aussagen. Das heißt Subjekt-Objekt-Dialektik, wie sie hier als kurze Charakteristik gebraucht wird. Wenn der geschichtliche und soziale Zustand der glaubenden Subjekte nicht mitberücksichtigt wird, kommt es eben – das ist die Voraussetzung – zu ideologischen Verzerrungen der Glaubensinhalte selbst. Insofern hat diese praktische Fundamentaltheologie ein besonderes Interesse an der jeweiligen historischen und sozialen Bestimmung der Subjekte dieses Glaubens. Denn wir glauben ja nicht einfach als Menschen, auch nicht einfach als neuzeitliche Menschen. Die Rede von dem Menschen als dem Subjekt des Glaubens hat in der Art, wie wir sie praktizieren, fast immer etwas Vereinnahmendes und Verschleierndes an sich. Wir sind doch Subjekte einer ganz bestimmten *historisch-sozialen* Welt; wir glauben doch nicht einfach als Menschen, – wir sind Bürger, Bürgerinnen und Bürger im Sinne einer spätbürgerlichen Welt. Als solche versuchen wir zu glauben.

130 III. Einleitungen, Exkurse, theologische Hintergrundprämissen

4. Vom inneren Antagonismus der Symbolwelt biblischer Gottesrede

Erstens ist es sehr wichtig, den inneren Antagonismus der biblischen Gottesrede mit ihren Bildern und Symbolen zu respektieren. Es steht nicht in der Beliebigkeit der Theologie und eines sog. menschenfreundlichen Christentums, die positiven Bilder dieser Traditionen – etwa die Rede von den abgewischten Tränen, von der eschatologischen Mahlgemeinschaft, von dem barmherzigen Vater, der alle aufnimmt in die strahlenden Arme seines Erbarmens – zu behalten und aus dieser Botschaft die negativen, die irritierenden herauszukürzen, etwa die Rede vom Gericht, vom Abstieg in das Reich der Toten, vom Verderben. Offensichtlich besteht in der gegenwärtigen Theologie der Hang, dass man eben zwar an den positiven Symbolen festzuhalten sucht, aber an den irritierenden nicht, bzw. letztere mit besonderer Vorliebe der Entmythologisierung unterwirft.

Man kann nicht das eine retten und das andere zerstören. Man kann das auch daran sehen, dass unser Christentum dadurch, dass es die Krisensymbole der Apokalyptik mehr oder minder herausgestrichen hat aus der eschatologischen Verkündigung und die positiven Heilssymbole im unmittelbaren Sinn zu bewahren sucht – dass dieses Christentum dadurch nicht etwa glaubwürdiger geworden ist, sondern beliebiger, spannungsloser, eigentlich überflüssig. Warum? Nun, eine Rede von dem Gott, der in theologischer Aussage am Ende doch alles gut macht für alle, also in einer Art Allversöhnungslehre („Apokatastasis panton"), ist nicht etwa besonders human und menschenfreundlich, sondern stellt, wo sie theologisch zur Geltung kommt, eigentlich a priori und ungefragt allem menschlichen Handeln ein letztes Zeugnis seiner politischen, sozialen und sittlichen Unschuld aus. Eine Religion, die so redet oder in diese Richtung geht, ist eher in der Gefahr, als reiner Überbau über die Dinge angesehen zu werden, die ohnehin geschehen, als eine Religion, die den Gerichtsgedanken etwa bei sich hat. Denn dieser Gerichtsgedanke unterbricht die Lehre von der Allversöhnung, indem sie jedem von uns sagt, wir müssten als Christen mit dem Verdacht leben, etwas tun oder unterlassen zu können, was nicht erlösbar ist. Eine solche Religion ist nicht menschenfeindlich, sie legt nur ein ungeheures Gewicht auf unsere *Verantwortung*. Dieses Gewicht spricht aus dem Evangelium in seiner eschatologischen Botschaft. Kritische Theologie muss auf die unauflösbare Spannung der eschatologischen Bilder – ihre innere Dialektik – achten und wissen, dass man deren Gehalt nicht ungestraft antastet, indem man

4. Vom inneren Antagonismus der Symbolwelt biblischer Gottesrede 131

die liebgewordenen Symbole der Freude und der Zustimmung behält und die der Krise nicht.

Das hängt tief damit zusammen, dass das ganze christliche Credo eigentlich von der *Theodizeefrage* durchprägt ist, also dass alle Zustimmungen zu diesem Gott durchstimmt bleiben müssen von der Erfahrung der Negativität des Schmerzes, der Verneinungsmöglichkeit, der Verzweiflung, und dass dies nicht eine Figur der Resignation, womöglich nur noch eines kargen Glaubens ist, sondern genau die *Zustimmung* zu Gott im Angesichte der radikalen Herausforderung durch die Sinnlosigkeit der Leiden, wie sie uns aus der Tradition des Alten und Neuen Testaments und zugemutet ist.

Der Versuch der Rückgewinnung apokalyptischer Dimensionen ist nicht der Rückfall in ein vorkritisches Theologisieren, sondern nur eine Vergewisserung über die *Grundintention* theologischer Kritik. Und diese Grundintention zielt nicht auf die Auflösung der religiösen Bilder und Symbole, etwa geleitet von dem Wahn, Menschen könnten symbolfrei leben oder sich nur wechselnder Symbole bedienen. Nein, denn Menschen, die sich den religiösen Symbolen völlig entziehen, leben nicht etwa frei von Grundsymbolen der Gesamtdeutung von Wirklichkeit. Es geht vielmehr um die *Kontrolle* der Verwertung dieser Symbole in Kirche und Gesellschaft. Es geht darum, diejenigen, die sie gebrauchen, selber zu Subjekten dieser Sprache zu machen. Die Theologie muss die *Verwertungszusammenhänge*, in denen diese Rede eschatologisch-apokalyptischer Art geschieht, kontrollieren. Denken wir nochmals etwa an das Gerichtssymbol. Die theologische Gerichtskritik besteht nicht darin, nun einfach zu sagen: „Gericht" passt nicht in ein aufgeklärtes, modernes, neuzeitliches, gegenwärtiges Gottesverständnis hinein. Sondern es geht darum, dass dieses Gerichtssymbol durch die Art seiner Verwendung auch verbraucht, in jedem Falle verdunkelt, in seiner religiösen Macht entwichtigt werden kann. Keine Frage, dass in der Geschichte der Kirche und des Christentums das Gerichtssymbol zu einer Art Entmündigungssymbol wurde, zu einer Verängstigungsstrategie, in der man das Gericht häufig falsch adressierte, indem gewissermaßen zu sehr die Kleinen und die Ohnmächtigen, die ohnehin Verängstigten noch mehr entmächtigt und durch Angst unterdrückt wurden – und es zu wenig an die gerichtet wurde, die als Mächtige eigentlich in erster Linie unter diesem Gerichtsgedanken gestanden hätten. Dass das heute für die Theologie wichtig ist im Blick auf die Art, wie religiöse Symbole kirchlich und gesellschaftlich eingesetzt werden, scheint mir außer Frage zu sein.

132   III. Einleitungen, Exkurse, theologische Hintergrundprämissen

5. Nichts als Illusion (Projektion)?

Ich möchte zeigen, wie die Theologie durch Objektionen von außen sich selber verändern kann und muss. Es geht um das Schicksal der Gottesrede in der Neuzeit, und zwar im Spannungsfeld von Ludwig Feuerbach bis Friedrich Nietzsche.

Es gibt eine klassische Triade der sogenannten „modernen" Religionskritik: Ludwig Feuerbach, Karl Marx, Sigmund Freud – so wird sie üblicherweise genannt. Bei Freud – wie überhaupt in der tiefenpsychologischen und psychoanalytischen Religionskritik – wirkt Feuerbach auch deutlich nach mit seiner sogenannten „Projektionsthese", auf die wir kurz eingehen werden. Marx stellte die Gottesrede unter Ideologieverdacht. Die Theologie verliert dadurch zum einen ihre gesellschaftlich-politische und zum anderen ihre geschichtliche Unschuld. Wenn theologische Erkenntnis interessebedingt ist, wird dann die Wahrheitsfrage nicht zwangsläufig zur bloßen Relevanzfrage herabgedeutet? Wie steht es dann aber überhaupt mit dem Wahrheitsanspruch einer Religion? Sind Interessen überhaupt wahrheitsfähig?

Bei Nietzsche nun begegnet uns ein neuer Typus von Gotteskritik. Bei ihm muss nicht nur alle Theologie auf Anthropologie zurückgenommen werden wie bei Feuerbach, sondern bei ihm lauert die dramatische Frage, welche Anthropologie denn, wenn das theologische Korrelat verlorengegangen ist, welcher Mensch denn, wenn ihm sein Dach abgehoben, wenn ihm Gott gestorben ist?

Der Tod Gottes erzwingt nach Nietzsche einen anthropologischen Bruch, von dem bei Feuerbach noch nicht die Rede ist. Nietzsche versteht sich nicht als einer der üblichen Vertreter des modernen Atheismus, die seines Erachtens immer wieder dem verhaftet bleiben, gegen das sie angehen. Er versteht sich als der konsequente Vollstrecker der Botschaft vom Tode Gottes. Nietzsches Botschaft vom Tod Gottes ist im Kern eine Zeitbotschaft. Er drängt deshalb der Theologie den Horizont der Zeit auf und in ihm die Frage nach Gott und Zeit. Also: Verlust der Unschuld einer „zeitlosen" Gottesrede.

5.1 Religion ohne Gott: Ludwig Feuerbach (1804–1872)

Ludwig Feuerbach wird als Klassiker der Religionskritik bezeichnet. Das ist nicht ganz genau, denn Feuerbach ist eigentlich ein Gotteskritiker, er

5. Nichts als Illusion (Projektion)? 133

kritisiert die Gottesrede, den Gottesgedanken, wie er seit der jüdischen Glaubensgeschichte in das religiöse Bewusstsein der Menschheit eingetreten ist. Seine Kritik wendet sich nicht gegen alle Religion, das ist mit einer Reihe von Texten zu belegen. Mit seiner sogenannten „Projektionsthese" schuf er die Grundlagenvoraussetzungen für die Christentumskritik des 19. und 20. Jahrhunderts.

Religion versteht Feuerbach *als feierliche Enthüllung der verborgenen Schätze des Menschen*".[1] Feuerbach sah in der theistischen Religion das Resultat einer ganz bestimmten Vergegenständlichungsarbeit des Menschen, das Resultat der Projektion menschlicher Sehnsucht in ein ungefährdetes Jenseits. „Vergegenständlichung" ist eine zentrale Kategorie seiner Kritik. Theistische Religion gehört nach ihm der Kindheitsphase an. Er erinnert daran, dass das Kind sich selbst in einem anderen außerhalb seiner selbst vergegenständlicht, wie die kindliche Sprache bekanntermaßen verrät. Es dauert eine Weile, bis es „Ich" sagen lernt und alles, was es über sich sagt, erst langsam in sich selbst zurückholt. Das Kind geht in unbewusster Weise projektiv mit sich selber um und die Aufgabe der Religionskritik ist es nun, diese Projektion Gottes in den Menschen selbst zurückzuholen.

„Die Religion, wenigstens die christliche, ist *das Verhalten des Menschen zu sich selbst oder richtiger: zu seinem Wesen, aber das Verhalten zu seinem Wesen als zu einem anderen Wesen. Das göttliche Wesen ist nichts anderes* als das menschliche oder besser: *das Wesen des Menschen,* abgesondert von den Schranken des individuellen, d. h. wirklichen, leiblichen Menschen, vergegenständlicht, d. h. *angeschaut* und *verehrt als ein anderes, von ihm unterschiedenes eigenes Wesen* – alle Bestimmungen des göttlichen Wesens sind darum Bestimmungen des menschlichen Wesens."[2] „*Wie der Mensch denkt, wie er gesinnt ist, so ist sein Gott. Das Bewusstsein Gottes ist das Selbstbewusstsein des Menschen.*"[3]

5.2 Religionskritische Strategie und die Frage nach ihren Prämissen

Ich frage: auch wenn *alles Projektion ist*, – muss Projektion *wirklich alles* sein? An dieser Stelle kann eine Analogie von Nutzen sein. „Nehmen wir

---

[1] *Ludwig Feuerbach,* Das Wesen des Christentums (mit einem Nachwort von Karl Löwith), Stuttgart 1969 (der Text folgt der dritten Auflage, Leipzig 1849), 53.
[2] *Ludwig Feuerbach,* a. a. O., 54 f.
[3] A. a. O., 52 f.

134   III. Einleitungen, Exkurse, theologische Hintergrundprämissen

den Fall an, dass Reisende mit Berichten über ferne Länder heimkehren.
Gehen wir davon aus, es kann über jeden Schatten des Zweifels hinaus
nachgewiesen werden, dass jeder dieser Berichte durch die historischen,
sozio-ökonomischen und psychologischen Merkmale des in Frage stehen-
den Reisenden determiniert ist. So sieht ein Reisender das ferne Land als
Widerspiegelung der zurückliegenden Geschichte seines eigenen Landes,
ein anderer beschreibt es als die Lösung der sozialen Probleme, unter
denen er in seinem Leben zu leiden hat und wieder ein anderer sieht
darin die Verkörperung seiner schlimmsten Ängste oder höchsten Hoffnungen usw. Wenn der kritische Beobachter all diese Berichte analysiert,
ist es für ihn vollkommen plausibel, das ferne Land als gigantische Projektion des Landes der Reisenden anzusehen. Tatsächlich werden die
Schilderungen der Reisenden dabei behilflich sein, ein besseres Verständnis des eigenen Landes zu gewinnen. Kein Bericht kann jedoch die Behauptung erschüttern, dass dieses ferne Land wirklich existiert und dass
sich aus den Berichten der Reisenden etwas über dieses Land ablesen
lässt. Der entscheidende Punkt ist nicht, dass Marco Polo ein Italiener
war – und, wer weiß, vielleicht ein Italiener mit allen möglichen Arten
von Klassenressentiments und mit einem ungelösten Ödipuskomplex –,
sondern dass er China besucht hat."[4]

Es könnte also auch so sein, um im Beispiel zu bleiben, dass in der
Faszination des fremden Landes und ihrer Verdeutlichung die Menschen
ihre perspektivischen Schilderungen entworfen haben. Es könnte so sein.
Was heißt das jetzt für uns?

Es ist ja empirisch nicht zu bestreiten, dass alle Gottesvorstellungen
immer auch ein menschliches Selbstverständnis in seiner Welt spiegeln.
Wir reden von Gott als Person, von Vater, Sohn und Geist usw. Was
meinen wir damit und wie lässt sich eine solche Rede legitimieren? Sind
es Projektionen ins Jenseits?

Ich antworte mit einer Gegenvermutung: Seit Feuerbach lautet die Frage im Blick auf Religion ganz allgemein und grundsätzlich: Hat der
Mensch im Angesicht der Gefährdungen die Religion gemacht oder hat
die Religion den Menschen zum Subjekt gemacht? Ist Religion dazu da,
um Gefahren und Enttäuschungen zu absorbieren? Oder ist Religion in
den Gefahren des Lebens ein Widerstandspotential, das gegen bedrohen-
de Entfremdungen „Identität" ermöglicht und gewährt? Bei Feuerbach

---

[4] *Peter L. Berger*, Der Zwang zur Häresie. Religion in pluralistischer Gesellschaft,
Frankfurt am Main 1980, 137.

5. Nichts als Illusion (Projektion)?

heißt allerdings die Prämisse bezeichnenderweise, dass sozusagen die Religionsgeschichte ein Produkt, eine Funktion der Entwicklungsgeschichte der Menschheit ist. Doch ist es – zunächst einmal ganz undogmatisch und ohne jede religiöse Normativität gesprochen – historisch fraglich, ob und inwieweit es nicht umgekehrt ist. Könnte man nicht einmal die Vermutung aussprechen, dass die Entwicklungsgeschichte der Menschheit eine Funktion der Religionsgeschichte ist? Gibt es überhaupt ein religiös neutrales Subjekt als solches, das dann die Basis für Projektionen abgeben soll? Gibt es das geschichtlich? Oder ist nicht die Feuerbach'sche Anthropologie eine späte Abstraktion des Denkens in einer religiösen Emanzipationsgeschichte?

Wolfhart Pannenberg hat schon früh eine solche Gegenvermutung vorgelegt: „Die Menschen aller alten Kulturen haben ihre Welt und vor allem sich selber erst im Lichte dessen wahrgenommen und verstanden, was sie als göttliche Wirklichkeit bezeichnet haben ... Ein religiös neutrales, profanes Selbstverständnis des Menschen ist dagegen ein Spätprodukt der Menschheitsgeschichte. Daher kann es nicht ohne weiteres als Ausgangspunkt für eine psychologische Erklärung der Religion benutzt werden. Ein solcher Anachronismus liegt aber überall da vor, wo religiöse Erfahrung und Vorstellungen fundamentaler als Übertragungen, als Projektionen profaner menschlicher Selbsterfahrungen auf ein illusionäres Schema gedeutet werden. Die dabei vorausgesetzte profane Selbsterfahrung der Menschen hat es in den Ursprüngen keiner der alten Kulturen gegeben. Daran scheitert wohl auch jene Theorie, die die religiösen Überlieferungen der Menschheit als illusionäres Spiegelbild der Menschen selber erklären will."[5] Danach hätte die Religionsgeschichte eine konstitutive und nicht nur funktionale Bedeutung für die Gattungsgeschichte der Menschheit. Wo die Religionsgeschichte endet, endet die Menschheitsgeschichte, wie wir sie bisher jedenfalls erzählt haben.

In der biblischen Religion ist von einem neutralen Subjekt, das auch noch ein Gottesverhältnis hat und unterhält, nicht die Rede. Hier gehört das Gottesverhältnis in das menschliche Selbstverständnis konstitutiv hinein, es ist identitätsbildend. Gott ist nicht ein abstraktes Gespenst in einem dinghaften Jenseits.

Dieser Zusammenhang von Religionsgeschichte und Subjektgeschichte gewinnt heute neue Plausibilität durch die offensichtliche Synchronisa-

---

[5] *Wolfhart Pannenberg*, Grundfragen systematischer Theologie. Gesammelte Aufsätze, Göttingen ²1971, 252 ff.

136   III. Einleitungen, Exkurse, theologische Hintergrundprämissen

tion von fundamentaler Krise der Religion einerseits und gesellschaftlicher Krise des Subjekts andererseits. Ist es von ungefähr, dass die Rede vom „Ende der Geschichte" überhaupt da auftaucht, wo menschliche Universalgeschichte aufhört, als Religionsgeschichte begriffen zu werden? Dass der Verdacht über den Zerfall und Tod der Sprache sich meldet, wo religiöse Sprache immer mehr verkümmert?

5.3 Zur erkenntnistheoretischen Prämisse der Projektionsthese

Nach Feuerbach schafft sich der Mensch Gott nach seinem Bild. Ist das nicht Ausdruck für den geschlossenen Kreis eines Identitäts- und Gleichheitsdenkens? Warum muss Religion bzw. Gott von vornherein als Produkt eines gottschaffenden Bewusstseins interpretiert werden? Warum zwängt Feuerbach die Religionen in den geschlossenen Kreis einer menschlichen Selbstspiegelung? Deshalb, weil sein Denken einem Gleichheits- oder Identitätsaxiom folgt, das echte Transzendenz von vornherein nicht mehr zu denken vermag.

Ich möchte gerne etwas zur erkenntnistheoretischen Prämisse der Projektionsthese sagen. In dieser Erkenntnistheorie, die nicht nur bei Feuerbach am Werk ist, sondern die ganze Moderne durchzieht, weist sich das klassische Identitäts- und Angleichungsdenken aus: *simile a simili cognoscitur*. Gleiches wird nur durch Gleiches erkennbar. Das kommt aus den griechischen Traditionen, ist vor allem von Plotin ausgearbeitet worden und wurde dann im Mittelalter auch bei Thomas von Aquin als erkenntnistheoretisches Prinzip des Gleichheits- und Angleichungsdenkens formuliert. Durch das Erkennen wird das Erkannte dem Erkennenden eingeordnet, angepasst, angeglichen. Erkennen – und das ist nun die Neuzeit – ist instrumentalisierter Wille zur Macht. Erkennen ist eine Form von Beherrschung. Wissen ist Herrschaftswissen, zunächst Unterwerfungswissen gegenüber der Natur und dann in soziale Räume ausgedehnt. Die Logik ist eine Logik der Beherrschung, nicht der Anerkennung. Also schaffen Menschen auch ihre Götter nach ihrem Bild: die männlichen Götter, die weißen, die schwarzen, die weiblichen Götter. Diese herrscherliche Vernunft der Moderne macht den Menschen auch in ihrer Weise narzisstisch. Wie der schöne Jüngling Narziss sieht der moderne Mensch, wohin er sich auch wendet, überall und immer nur sein eigenes Spiegelbild. Die Projektionsthese verdankt sich einer bestimmten hier nur angedeuteten Logik der Moderne, aber nicht *der* Moderne selber.

5. Nichts als Illusion (Projektion)? 137

5.4 Individualistische Anthropologie?

Die Projektionsthese bei Feuerbach basiert auf einer betont individualistischen Anthropologie. Man könnte heute im Stile der Formulierungen von Emmanuel Levinas sagen: auf einer alteritätsblinden Anthropologie. Das projizierende Ich ist ein Ich ohne die Anderen, vor den Anderen, vor der Begegnung mit den Anderen. Da taucht dann sofort die Frage auf: Ist das aber das Ich der Religion, speziell der jüdisch-christlichen Religion? Wäre hier nicht gerade von jüdischen Anthropologien zu lernen – schon von Martin Buber, besonders aber vielleicht vom eben erwähnten Emmanuel Levinas –, dass die Ich-Werdung mit den anderen und an den anderen Menschen geschieht.

Gegen Feuerbachs individualistische Anthropologie möchte ich gerne ein Axiom stellen: *Je radikaler es um mich selbst geht, desto weniger geht es um mich allein.* Der Mensch dieser Anthropologie hofft, träumt, wünscht nie nur für sich allein, sondern jeweils mit Anderen und für Andere auch.[6]

Die Frage heißt also: Sind die Hoffnungen, die nur als Hoffnungen für Andere und im Blick auf Andere auch meine eigenen Hoffnungen sind, durch Feuerbachs Projektionsverdacht auch wirklich widerlegt? Sind sie sozusagen als ein ins Metaphysische, ins Transzendente verlängerter Egoismus entlarvt? Solches Ich-Werden zusammen mit den Anderen, so eine Absage an monadische, selbstische Identität ist nicht unbedingt wichtig für kleine alltägliche Hoffnungen, aber für die großen, lebensprägenden Hoffnungen, die uns heute so schwerfallen und die uns so schnell von aller Religionskritik ausgeredet werden. Ich glaube, dass die biblische Ur-Geschichte der Ich-Werdung das lehrt und wir sollten sie zunächst einmal – theologisch gesprochen – ernst nehmen, denn bei Jesus scheint m. E. alles so ausgerichtet zu sein. Man versuche einmal dessen Verheißungen, die er unter dem Stichwort „Reiches Gottes" uns zugemutet und vergönnt hat, auf sich allein zu beziehen. Betrügen wir uns dabei nicht? Man könnte eher in Melancholie verfallen, wenn man sich in ein Verhältnis zur Größe der Verheißungen vom Reich der Freiheit, der Gerechtigkeit, der Versöhnung, von den abgewischten Tränen usw. bringen wollte. Ich kenne Menschen, von denen ich eher annehmen würde, dass für sie diese Verheißungen gesprochen sind. Und nur weil ich mich zu diesen angemessen zu verhalten versuche, deshalb hoffe ich auch für mich.

---

[6] Vgl. *Johann Baptist Metz*, Ich-werden im Mitsein. Zur Anthropologie der „anthropologischen Wende", in: JBMGS 7, 39–42.

138   III. Einleitungen, Exkurse, theologische Hintergrundprämissen

Nochmals: Ist Feuerbachs religionskritische Anthropologie im Grunde genommen nicht zu individualistisch angesetzt? Dies ist auch von den Einsichten moderner Anthropologien her zu fragen.

5.5 Theologische Auseinandersetzung

Der biblische Monotheismus war eine mitunter sehr schmerzvolle Verweigerung der Projektion eigener Wünsche. Natürlich wissen wir alle: dieser Monotheismus enthält auch Elemente eines archaischen Monotheismus mit seinen Gewaltmythen, mit seinen Freund-Feind-Bildern. Gleichzeitig aber kennt er ein Bilderverbot, eine Mythenkritik und eine Art „negativer Theologie". Er ist begleitet von der Theodizeefrage nach dem Leid in Gottes guter Schöpfung. Es ist ein reflexiver Monotheismus, in dem den Glaubenden ihre Projektionen und Wunschbilder auch genommen werden und die diesen Verlust erfahren als eine *Gottespassion*.

Die alttestamentliche Glaubensgeschichte ist die Geschichte der Subjektwerdung eines Volkes – und der Einzelnen in ihm – durch die Anrufung seines Gottes: „Jahwe". Menschen sollen aus archaischen Zwängen und Ängsten herausgelöst und zu Subjekten einer neuen Geschichte gemacht werden. Es wird ihnen etwas zugemutet, nicht etwas erspart, es wird etwas verlangt. Menschen wird – ganz anders als im Mythos – die Nichtidentität eines geschichtlichen und auch schuldfähigen Daseins zugemutet, um ihr *standzuhalten*. Gott gehört geschichtlich in die Konstitution einer ganz bestimmten Weltwahrnehmung. Das ist der Beginn einer Entmythologisierung. Das Gottesverhältnis ist ein „Basisphänomen". Man denke an die Geschichte des Exodus, aber nicht nur.

Oder wenn wir an die Auferstehung Jesu denken: Ist das eine Weltflucht oder nicht viel mehr der Anfang einer neuen Geschichte in der Welt? Gerade weil Christen an einen endzeitlichen Sinn von Geschichte glauben, können sie geschichtliches Bewusstsein wagen, d. h. eine Erinnerung, die nicht nur das Gelungene, sondern auch das Zerstörte, nicht nur das Verwirklichte, sondern auch das Verlorene erinnert und die sich gegen die Identifizierung von Sinn und Wahrheit mit der Sieghaftigkeit des Gewordenen und Bestehenden wendet. Die Träger dieser Geschichte sind Gemeinschaften. Das anthropologische Korrelat solcher Verheißungen ist nicht der isoliert Einzelne, sondern der Mensch in einer *anamnetischen Solidarität*, dem die Schicksale Anderer niemals gleichgültig sind. Es ist also nicht der Einzelne, der sich erst im Nachhinein der Koexistenz mit anderen Subjekten vergewissert. Hier existiert der Mensch von vorn-

5. Nichts als Illusion (Projektion)? 139

herein kommunikativ-solidarisch. Seine Hoffnung auf Gott ist nicht die Hoffnung des geängstigten, bedrängten Einzelnen. Es ist solidarische Hoffnung: Der Einzelne hofft nicht für sich, sondern für alle, für die Anderen und darin auch für sich selbst. Die Rettung, auf die sich seine Hoffnung richtet, heißt nicht einfach Unsterblichkeit des Einzelnen, sondern universale Gerechtigkeit für die Lebenden und die Toten.

Wir wissen übrigens, dass es in der Glaubensgeschichte Israels lange Zeiten einen Gottesglauben gab, ohne eine ausgearbeitete Hoffnung auf Unsterblichkeit bzw. Auferweckung der Toten. Das heißt jedenfalls: Gott ist nicht dazu „erfunden", um den Tod und Untergang zu verharmlosen.

Wenn wir auf die biblischen Gebetstraditionen blicken, so zeigen doch vor allem die Psalmen, dass die Gebete nie den Sinn einer Immunisierung oder illusionären Verklärung, nicht den Sinn einer Kompensation oder Selbsttröstung haben. Wie viele Ängste werden hier zugelassen in der Sprache der Gebete! Bis hin zu Jesus und seiner Geschichte am Ölberg, wo es um eine Zulassung von Angst geht, die ihn stark macht, seinen Weg zu Ende zu gehen.[7]

Hier möchte ich etwas Grundsätzliches zu bedenken geben: Religion ist nicht erst in Gefahr, wo sie ausdrücklich bekämpft oder negiert wird, sie ist viel mehr *konstitutiv* in Gefahr. Wer in der Religion eine ungefährdete Identität sucht, nur Heil, Sicherheit, Geborgenheit, Seelenfrieden usw., der liefert sie am ehesten dem Projektionsverdacht aus. Religion im biblischen Sinn gewährt keine Versöhntheit mit sich selbst – ohne Erschrecken auch über uns. Was verstehen wir eigentlich vom Neuen Testament, wenn in unserer modernen Deutung die Gegenwart von Gefahr systematisch ausgeblendet ist? Was, wenn wir den Horizont der Gefahr einfach wegwischen, der die biblische bzw. neutestamentliche Geschichte umspannt und zusammenhält?[8] Hat die Theologie das Sensorium für Gefahr, das Organ für geschichtliche Unterbrechungen verloren? Dann freilich entstünde im Christentum eine Art bürgerlicher Heimatreligion, die der Gefahr ledig ist, aber auch des Trostes. Denn ein ungefährdetes Christentum tröstet auch nicht. Wo das Christentum immer beheimateter, immer erträglicher wird, wo es immer lebbarer wird und für viele zur symbolischen Überhöhung dessen gerät, was ohnehin geschieht, ist seine messianische Zukunft schwach. Nur wenn wir den

---

[7] Vgl. die Ausführungen zum Sinn des Betens in Band I („§ 7 Schöpfung").
[8] Vgl. „Im Angesicht der Gefahr: Zu einer Hermeneutik der Unterbrechung", in: JBMGS 4, 137–143.

140   III. Einleitungen, Exkurse, theologische Hintergrundprämissen

Krisenbildern standzuhalten suchen, werden auch die Verheißungsbilder uns treu bleiben und nicht wie längst durchschaute archaische Wunschträume zerfallen.

Üblicherweise sagen wir: der Glaube kommt vom Hören. Und wir setzen in Sachen Gott und Heil von vornherein auf Unsichtbarkeit, auf Wahrnehmungsferne, auf Unberührbarkeit. Das Christentum wäre demzufolge eine Schule des Hörens und nicht des Sehens. Jesus besteht dagegen offensichtlich auf Sichtbarkeit, auf gesteigerter Wahrnehmungspflicht, auf Fühlsamkeit und Empfindlichkeit. Blind macht nicht der Glaube, sondern blind macht der Hass, der die Anderen nicht anblickt und der auch sich selbst nicht anblicken lässt. Wer Gott sagt, darf die Augen nicht schließen.

Jesus wusste um die Sehschwierigkeiten der Menschen. Selbst seine Freude tadelt er, sie seien Menschen, die sehen und doch nicht sehen. Er kennt die elementare Angst vor dem Sehen und Hinsehen, vor dem Sehen, das uns hineinverstrickt in das Gesehene und uns nicht schuldlos passieren lässt. Im Sehen von Menschen beginnt für Jesus die anfängliche Sichtbarkeit Gottes selber unter uns. Da finden wir uns in seiner Spur – ohne Projektion.

Wo immer Menschen an Gott leiden, nicht masochistisch im gesuchten Leid, sondern leiden im *Vermissen* der Gerechtigkeit für Andere, da wird die Projektionslogik durchkreuzt und ein geschlossenes Identitätsdenken aufgebrochen.

Das Vermissen Gottes in den biblisch-apokalyptischen Traditionen, das eine besondere Nähe Gottes, ein Nahegehen Gottes bedeutet, durchkreuzt allemal die Logik eines geschlossenen Identitätsdenkens, das immer schon bei Gott ist. In der Passion des Standhaltens ist Gott mehr und anderes als die glatte Antwort auf unsere Fragen und die Erfüllung unserer Wünsche. Das ist eine Form der negativen Theologie, die im Christentum viel ernster genommen werden sollte, als dies der Fall ist.

Natürlich bedeutet das keine pauschale Rechtfertigung der religiösen Gottesrede. Auch in der christlichen Religion suchen Menschen oft ziemlich ungebrochen ihre selbstbezüglichen Interessen der Selbstbehauptung. Aber gesagt soll werden: Nachdem nun einmal der Projektionsverdacht so grundsätzlich geworden ist, ist das Christentum gezwungen, Lebenserfahrungen anzurufen, die in der geschichtlichen Sprache der Passion den geschlossenen Kreis der Projektionslogik durchbrechen. Und es werden immer Erfahrungen im Hereinlassen Anderer in unsere eigene Geschichte sein.

5. Nichts als Illusion (Projektion)?

Daher muss Gott in aller begrifflichen Annäherung als die Transzendenz einer lebensgeschichtlichen Passion verdeutlicht werden, wenn nicht durch einen Trick unser Dasein selber „spekulativ" der Gefahren- und Krisenzone enthoben werden soll.

142   III. Einleitungen, Exkurse, theologische Hintergrundprämissen

6. Sitzhermeneutik und Weghermeneutik

Ich möchte die für das Verständnis unseres Ansatzes wichtigsten Perspektiven nennen. Die hermeneutische Fragestellung, ganz generell zunächst einmal, entsteht als Frage nach Verstehensmöglichkeit, wenn Traditionen nicht mehr von sich her zugänglich sind, nicht mehr von sich her sprechen, wenn also diese Sprache fremd wird und unzugänglich, wenn die Bilder dieser Sprache nur noch als solche empfunden werden und nicht mehr in ihrem lebensbestimmenden Charakter.

Wenn wir den Beginn der Hermeneutik und das hermeneutische Interesse ganz generell so formulieren, dann müsste man sagen: Die hermeneutische Fragestellung setzt eigentlich dort ein, wo die antike Konsensgemeinschaft, die immer eine religiös geprägte Konsensgemeinschaft war, endgültig zerfällt. Diese antike Konsensgemeinschaft verlängert sich mehr oder minder problemlos in die mittelalterliche Gesellschaft hinein. Es würde also bedeuten, dass das hermeneutische Problem des Verstehens von Traditionen mit dem Zerfall dieser mittelalterlichen Konsensgemeinschaft beginnt, etwa in den ersten Spuren im sog. Nominalismus, dann im Umgang mit reformatorischer Problematik und schließlich in der sog. Zeit der frühen Aufklärung. Selbstverständlich gibt es durch die Zeit der Reformation so etwas wie eine Auslegungsdiskussion. Aber sie selber ist eigentlich noch nicht in dem spezifischen Sinn hermeneutisch, weil auch innerhalb der interkonfessionellen Streitigkeiten um die Sache der Bibel eine gewisse allgemeine christliche Konsensfähigkeit in Sachen christlicher Tradition noch unterstellt ist.[1] Dramatisch, das erste Mal explizit, wird das hermeneutische Problem eigentlich erst in der frühen Aufklärung. Verbunden ist diese hermeneutische Problemstellung mit Namen wie Baruch de Spinoza, Hermann Samuel Reimarus, Gotthold Ephraim Lessing u. a. Ich möchte – die hermeneutische Problemsituation charakterisierend – eine Unterscheidung anbieten.

Es gibt heute so etwas wie eine *Sitzhermeneutik* und eine *Weg- oder Gehhermeneutik*. In ersterer wird der Versuch gemacht, durch zuschauendes Verstehen und einem Ideal von Objektivität, das an dieser Form des zuschauenden Verstehens orientiert ist, Traditionen zum Sprechen zu bringen und ihre Sprache zu verstehen. Bei der Weghermeneutik wird der

---

[1] Vgl. „Politische Theologie des Subjekts als theologische Kritik der bürgerlichen Religion", in: JBMGS 3/1, 53–68.

6. Sitzhermeneutik und Weghermeneutik 143

Versuch gemacht, durch handelndes Verstehen, also durch ein besonderes Theorie-Praxis-Verhältnis Traditionen zur Sprache zu bringen, ihre Bilder nicht aufzugeben, sondern festzuhalten und im praktischen Verstehen ihre Bedeutung, ihre Orientierungskraft zu ermitteln.

Zur *Sitzhermeneutik* gehörten die Figuren einer *existentialen* Hermeneutik, die den Entmythologisierungsprozess eingeleitet und am Maßstab eines am Schreibtisch konstruierten modernen Menschen nun Entmythologisierung betrieben hat. Ich weiß, dass darin sehr viele Probleme stecken. Ich habe hier nur eine Orientierungsaufgabe, um zu sagen, von welcher hermeneutischen Position her ich eschatologische Aussagen und Bilder nahezubringen suche. Hierher gehörte auch die *transzendentale* Hermeneutik von Karl Rahner mit seiner Hermeneutik eschatologischer Aussagen, die er einmal explizit entworfen hat und in der er eine rigorose Distinktion zwischen apokalyptischen und eschatologischen Aussagen macht.[2] Hierher gehören auch die sog. *universalgeschichtlichen* Hermeneutiken, die sich bestimmten geschichtsidealistischen Positionen verdanken.[3]

Die *Weghermeneutik* hat ihre Vorgänger, einmal von der Gegenwart her gesehen, in Sören Kierkegaard, in einer Tradition, die sich dann vor allem auch bei Dietrich Bonhoeffer zeigt und, wie ich meine, in der Neuen Politischen Theologie. Handelndes Verstehen als hermeneutische Grundkategorie. Vielleicht lässt sie sich durch ein, mich immer wieder nachdenklich gemacht habendes Wort von Dietrich Bonhoeffer erläutern, das er wenige Monate vor seiner Hinrichtung, als er eine Taufansprache konzipierte und dabei an die Jugend gewendet, sagte: „Denken und Handeln wird für euch in ein neues Verhältnis treten. Ihr werdet nur denken, was ihr handelnd zu verantworten habt. Bei uns war das Denken vielfach der Luxus des Zuschauens; bei euch wird es ganz im Dienste des Tuns stehen."[4] *Handelndes Verstehen* – theologisch formuliert: Verstehen der neutestamentlichen Aussagen, speziell der Reich-Gottes-Botschaft und ihrer Bilder aus der Praxis der Nachfolge. Die Nachfolgepraxis ist das *praktische* Fundament der theologischen Rede vom Reich Gottes. Die Bil-

---

[2] *Karl Rahner*, Theologische Prinzipien der Hermeneutik eschatologischer Aussagen, in: Schriften zur Theologie IV, 401–428 (KRSW 12, 489–510).
[3] *Wolfhart Pannenberg*, Hermeneutik und Universalgeschichte, in: *ders.*, Grundfragen systematischer Theologie, 91–122; *ders.*, Systematische Theologie Bd.1, Göttingen 1988, 133–205.
[4] *Dietrich Bonhoeffer*, Widerstand und Ergebung. Briefe und Aufzeichnungen aus der Haft (WEN), hrsg. von Eberhard Bethge, München 1970, 325.

144   III. Einleitungen, Exkurse, theologische Hintergrundprämissen

der vom Reich Gottes sind unersetzbar und unzerstörbar für jene, die sich
den leidvoll widersprüchlichen Erfahrungen der Nachfolge aussetzen.
Wer diese Bilder nur als Zuschauer analysieren wollte, beginge an ihrem
immanenten Sinn einen semantischen Betrug. Denn sie verlangen von
sich her eine sog. praktische Hermeneutik, eine Nachfolgehermeneutik.
Denn weder ist Jesus Sokrates, noch ist seine Botschaft eine sokratische
Lehre, die zum Betrachten und zum Bewundern einlädt. Er hat immer
imperativische Geschichten erzählt: „Tut desgleichen! Lasst euch darauf
ein!" Und vor allem natürlich: „Folgt mir nach!" Das scheint mir sehr
wichtig zu sein, weil darin hermeneutische Vorentscheidungen eine Rolle
spielen, die auch in den exegetischen und den systematisch-theologi-
schen Diskussionen immer wieder begegnen.

Die Bibel ist das Buch von Leuten, die da gehen, also von dem Volk,
das Jesus ansprach, sie ist ein Volksbuch, das sich seinerseits immer auch
kritischen wissenschaftlichen, mythenkritischen Aspekten aussetzen muss,
aber sekundär. Es ist das Protokoll einer Nachfolgegeschichte, nämlich
der frühen christlichen Gemeinden, das Protokoll also jener Erfahrungen,
die gemacht wurden, als Menschen sich mehr oder minder bedingungslos
darauf einließen, was dieser Jesus von Nazareth ihnen zumutete. Dabei
ist diese Nachfolge weder Nachahmung noch reine Bewunderung. Das
Bewundern kann schnell zum ästhetischen Umgang mit diesen Texten
führen und die Nachahmung zur situationslosen Als-ob-Einstellung –
man tut so, als ob man in seiner Situation wäre. Die Nachfolge ist kein
situations- und geschichtsloses Bewundern und Nachahmen, denn die
Situation, in der wir leben, geht mit kognitiver Bedeutung in das Verstehen dieses Buches ein.

Eine solche Feststellung ist folgenreich für die *praktische* Grunddimen-
sion des hermeneutischen Verstehens, die in der, etwa durch Hans-Georg
Gadamer lange Zeit inspirierten, Hermeneutikdiskussion zu wenig im
Vordergrund stand. Wer denn entscheidet, was Christen heute als solche
zu tun haben oder zu tun hätten? Welche Kriterien gibt es denn für die
Beantwortung dieser doch offensichtlich entscheidenden Frage?

Üblicherweise wird man, wenn man von der *Sitzhermeneutik* her-
kommt, doch sagen, dass sich diese Frage nur beantworten lässt durch
die Ausarbeitung der historischen Frage: „Was hat denn Jesus getan?"
Aber gerade durch die klassische Form der historisch-kritischen Rückfrage – „Was hat er getan?" – kann die Nachfolgefrage nicht beantwortet
werden. Warum nicht? Einmal ist deutlich, dass hier das Handeln konditi-
onalisiert wird durch vorausgegangene wissenschaftliche Evidenz in dem

6. Sitzhermeneutik und Weghermeneutik 145

Sinne, dass immer der neueste Forschungsstand angeben könnte, was Christen zu tun hätten – also Professorenmaßstäbe. Jeder sieht, dass offensichtlich die praktische Vernunft im Christentum so nicht normiert sein kann.

Dies lässt sich auch noch deutlicher zeigen durch eine Kritik an diesem Verfahren der historischen Rückfrage selbst. Da gibt es zunächst einmal die naive Figur und Auffassung, die Frage nämlich z. B.: „Sollen Christen heute auch teilnehmen am politischen Kampf gegen Elend und Unterdrückung?" Das beantwortet man dann mit Hilfe der Frage: Was hat denn Jesus nun tatsächlich getan? Hat er eigentlich systematisch gegen Elend und Unterdrückung gekämpft? Hat er auf eine Veränderung der gesellschaftlichen Verhältnisse, der Repressionen gedrängt? Hat er danach gehandelt? Antwort der Exegeten: Offensichtlich nein. Also kann das nicht das Gebot der Nachfolge sein. Das läuft dann bei der Sitzhermeneutik so, dass man zunächst einmal ein situationsfreies, im historisch-kritischen Rückblick verstandenes Wort oder Handlungen Jesu haben, die dann ebenso situationslos auf die Gegenwart übertragen werden. Das wäre eher eine Art Holzhammerhermeneutik, die sichtbar macht, wie wichtig die Frage nach der situativen Form des Verstehens ist oder, wie es in der hermeneutischen Diskussion heißt, die Frage nach der Gleichzeitigkeit und Ungleichzeitigkeit der Verstehenden (Sören Kierkegaard). Die ganz andere Situation, in der dort Jesus handelt, wird hermeneutisch nicht in Rechnung gestellt.

Die Frage, die man von einer *Weghermeneutik* her stellen müsste, wäre also: Welche *Tendenzen* sind denn in dem unter anderen Situationen laufenden Handeln Jesu angelegt und erkennbar? Diese praktische Hermeneutik wäre also eine Art *Tendenzkunde*. Und dann würde man sehen, dass es offensichtlich eine ganz neue Form von Brüderlichkeit und gegenseitiger Verantwortlichkeit gibt, die in dieser Gestalt in den archaischen Gesellschaften nie vorhanden war. Aber nicht nur eine undialektisch verstandene Brüderlichkeit, wie man sie heute vor allem jungen Menschen schnell verkaufen könnte, sondern auch eine voraussetzungslose, bis dahin unbekannte, vorbehaltlose Nähe zu den Entrechteten, zu den im gesellschaftlichen Kontext oder im Kontext der damaligen Polis geächteten Menschen. Das sind sicher Tendenzen, die in der Botschaft Jesu erkennbar sind.

Es gibt auch eine sich aufgeklärt gebende Figur dieser Hermeneutik: „Wir wissen nicht, was Jesus in unserem Fall getan hätte, denn wir sind ja in einer ganz anderen Situation." Die Folgerung daraus: Für viele Fra-

146　　　III. Einleitungen, Exkurse, theologische Hintergrundprämissen

gen liefert das Christentum keine Antwort mehr und für viele Fragen gibt es aus dem Evangelium überhaupt nichts zu sagen, ob das auf der Ebene der Moral ist, auf der Ebene des politischen Lebens, auf der Ebene der Ökonomie oder wie immer, – das Evangelium schweigt, es sagt dazu nichts, wir sind ja auch in einer ganz anderen Situation. Das Christentum wird sozusagen zu einer Hintergrundanweisung, die sich eigentlich auf ganz bestimmte Auseinandersetzungen überhaupt nicht mehr einlässt und die nicht mehr wuchert mit dem Pfund der Reich-Gottes-Botschaft, die gewissermaßen diesen Scheck, der da als Verheißung ausgestellt ist, nicht einzulösen bereit ist. Er wird zwar immer als großer vorgezeigt, aber er wird nicht bezogen auf die Situationen, weil er auch gar nicht mehr situationsbezogen verstanden wird.

Sie kennen wahrscheinlich die Geschichte von der Millionen-Pfund-Note, wo zwei Engländer die Wette eingehen, dass sie einem armen Teufel eine Millionen-Pfund-Note folgenlos schenken können. Er wird sie eines Tages wieder zurückbringen, weil sie kein Mensch einwechseln kann. Und so passiert es dann auch. Der Mann hat überall unheimlich viel Kredit bekommen, alles bekam er, – aber die Verschuldung wuchs ins Ungeheuerliche, es war nichts einzulösen.

Die Geschichte ist nicht so ganz jenseits dessen, was wir das Verhältnis des Evangeliums zu unserer Situation nennen. Durch Jahrhunderte haben wir mit einem hohen Kredit, mit einer fast uneinlösbaren Kreditkarte bezahlt. Und jetzt schützen wir sie auch noch, dass wir sagen: „Sie ist überhaupt nicht einlösbar." Aber die Verschuldungen wuchsen. Wenn man Verheißungen in die Zukunft der Menschen hineinspricht und sie gar nicht einlöst, dann wächst das ins Ungeheuerliche. Ich meine damit diese subtilere Hermeneutik, die sagt: Jesus lebte da in einer archaischen, religiösen Welt und für uns, die Aufgeklärten, die Säkularisierten, gibt es gar keine Anweisungen, denn das ist Dorfluft, die da weht. Was sollte die uns heute in den Metropolen überhaupt zu sagen haben? Wenn das also ideologiekritisch eingestellte Leute tun, die vom Evangelium ohnehin nichts halten und kein Interesse an ihm haben – gut, dann können sie daran den Prozess der jahrhundertelangen Verschuldung des Christentums demonstrieren. Wenn aber ein Theologe oder wenn die Kirche sich anschickt, da eine Art Schamschwelle zu machen und zu sagen: „Da gehen wir nicht hinüber", – dann entsteht ein bisschen die Situation der Millionen-Pfund-Note für uns.

Diese hermeneutische Einstellung ist von einem ganz bestimmten erkenntnistheoretischen Prinzip geleitet, das keineswegs unwidersprochen

6. Sitzhermeneutik und Weghermeneutik 147

akzeptiert werden kann. Die hier gemeinte erkenntnistheoretische Voraussetzung lautet: Weil die jeweiligen Situationen in den Verstehensvorgang zwangsläufig eingehen, kann man überhaupt nur unter der Voraussetzung oder doch zumindest unter der Fiktion von gleichartigen Bedingungen und gleichartigen Verhältnissen etwas verstehen. Und weil eine Gleichartigkeit von Situationen zwischen Jesus und uns nicht gegeben ist, kann man auch nichts mehr verstehen bzw. nichts mehr wissen. Diese Folgerung verdankt sich ihrerseits einem idealistischen Erkenntnisprinzip, für das Erkennen ein rein theoretischer Vorgang ist, dem das Handeln nachfolgt. Dieses Erkenntnisprinzip lautet, dass *Gleiches nur von Gleichem* erkannt werden könne. Genau das steht mindestens in Frage, wenn wir jenes Erkennen, zu dem schon die neutestamentlichen Aussagen über Jesus und seine eigene Sache auffordern, ernst nehmen. Das Ganze ist in der Tat ein Weg. Und der Weg selber gehört zum Verstehen. In diesem Sinne gehört die Geschichte des Christentums zur Geschichte Jesu Christi untrennbar dazu. Nachfolge muss unübersehbare Situationen auf sich nehmen, den Weg selber aufdecken, also biblisch formuliert: das Kreuz auf sich nehmen. In diesem Wagnis und eigentlich nur in ihm geschieht das Verstehen der christologischen Aussagen ebenso wie der eschatologischen Bilder, von denen wir ausgegangen sind.

148   III. Einleitungen, Exkurse, theologische Hintergrundprämissen

7. Der apokalyptische Gott – Annäherungen

7.1 Hoffnung mit apokalyptischem Stachel

Der Glaube der Christen, wie wir ihn hier inhaltlich zu entfalten suchen, steht unter dem Stichwort: Hoffnung. Dass ein christliches Glaubensbekenntnis unter dem Primat der Hoffnung steht, bedarf einer Erläuterung. Der Primat der Hoffnung heißt nicht, dass hier der Glaube der Christen in eine vage schweifende Utopie aufgelöst werden soll, zu der bekanntlich noch nie jemand gebetet hat; heißt auch nicht, dass hier von Hoffnung ohne Glaube geredet werden soll, weil Hoffnung als perspektivische Kraft allemal eingängiger sei als Glaube. Nein, Primat der Hoffnung heißt zunächst nur dies: Der Glaube der Christen steht unter der Dynamik einer Hoffnung. Und er will sich gerade als *bestimmte* Hoffnung in den geschichtlichen Kampf auch und gerade um die Menschen einschalten.

Dieser Primat der Hoffnung hat sein gutes biblisches Fundament. Hoffnung ist neutestamentlich ebenso wie schon alttestamentlich geradezu ein Stenogramm für die Identität des glaubenden Menschen und wird im Neuen Testament zu einer Art Kurzformel christlichen Glaubens. Paulus, der allein in solchen Kurzformeln spricht, kennzeichnet die Christen ganz schlicht als jene, die eine Hoffnung haben (1 Thes 4,13).

Es handelt sich bei dieser Hoffnung, so wie wir sie hier verstehen, um eine Hoffnung mit *apokalyptischem Stachel*. Dieser Primat einer apokalyptisch geprägten Eschatologie ist folgenreich für Theologie und praktisches Christentum. Warum? Hoffnung, nämlich christliche Hoffnung, soll hier wieder in ihren *zeitlichen* Strukturen entdeckt werden. Und ich schäme mich nicht, sie als eine Figur von *Naherwartung* auszulegen und zu reklamieren, sodass dann diese Hoffnung als ein praktisches Fundament der theologischen Kritik an jenem evolutionistischen Zeitverständnis verständlich werden könnte, das unsere Wirklichkeitsdefinitionen heute allenthalben durchprägt und in dem Gott, wie immer er gedacht wird, immer unbestimmter, ja schließlich undenkbar wird, und in dem sich deshalb auch das Ende des Subjektseins und der Geschichte als Gefahr abzeichnet.

Was heißt das? Ist das alles wieder einmal so folgenlos gesagt, in jener Folgenlosigkeit des Weitersprechens vorbei an den Widerständen, Fragen und Ängsten, Zweifeln, Verneinungen – in jener Folgenlosigkeit, an der wir zugrunde gehen? Die Frage ist also doch: Was macht man mit solchen Texten? Sind die denn überhaupt in irgendeiner Weise realisierbar, lebbar? Was ist dabei noch zu denken? Und zwar in jener praktischen Figur

7. Der apokalyptische Gott – Annäherungen 149

des Denkens, in der das Denken nicht geringgeschätzt wird als Gegensatz zum Glauben, sondern als Ausdruck einer Kommunikation, in der Menschen untereinander stehen und stehen müssen, wenn sie hinter ihre Identität nicht zurückfallen wollen. Ist es nicht so, dass wir als Christen eben doch das peinliche Schauspiel von Menschen bieten, die durchaus von Hoffnung reden, aber die eigentlich nichts mehr erwarten im Sinne einer *zeitlich* orientierten Erwartung oder *Sehnsucht?* Erwarten wir denn überhaupt noch ein Ende? Und deshalb möchte ich nun diesen Abschnitt, der bei uns heißt: „Annäherungen an den apokalyptischen Gott", jetzt unter den Tenor stellen: „Christliche Hoffnung als Naherwartung" oder: „Der Kampf um die verlorene Zeit".[1] Die folgenden Überlegungen haben natürlich eine *korrektivische* Intention. Korrektive übertreiben, um das als Gefahr oder als Not Gefühlte besonders deutlich zu machen. Ich glaube, dass im Zuge der Überlegungen auch deutlicher wird, was denn im Einzelnen mit Apokalyptik gemeint ist.

Zunächst einmal steht hier Apokalyptik eigentlich als ein Reflexionsbegriff, um den Faktor *Zeit* in der Theologie und im Christentum deutlich zu machen. Und die Betonung des zeitlichen Erwartungscharakters christlicher Hoffnung will die Praxis der Christen, also kurzum die Nachfolge in einer neuen Weise auch unter Zeitdruck stellen. Denn alle unsere Überlegungen gehen davon aus, dass die Krise des christlichen Glaubens nicht eigentlich eine Krise seiner Inhalte ist, sondern seiner Subjekte und ihrer Praxis, die sich dem unweigerlich praktischen Sinn dieser Inhalte entziehen und sie dann natürlich auch in ihrem Sinn verohnmächtigen, verdunkeln, vergleichgültigen und unzugänglich machen.

Ich möchte auch gleich hier noch auf etwas anderes hinweisen: *korrektivisch* sind diese Überlegungen auch in dem Sinne, dass sie für das Christentum und für die christliche Hoffnung nicht nur etwa die jüdischen Traditionen in der Gestalt des Alten Testaments zu reklamieren suchen, sondern dass sie davon ausgehen, dass es so etwas wie ein verdrängtes und gesperrtes nachbiblisches Erbe des Judentums im Christentum gibt. Man wird es mir nicht falsch auslegen, wenn ich in diesem Kreis einen Brief zitiere, den mir Ernst Bloch 4 Wochen bevor er starb, noch geschrieben hat. In diesem Brief äußert er sich über die bei ihm durchklingende „apokalyptische Weisheit", die ihm gerade aus jenen jüdischen Traditionen zuwuchs, die im Christentum m. E. allzu lange gesperrt blieben. Bloch

---

[1] Ausführlicher in: JBMGS 3/1, 182–192. Zur Thematik „Gott und Zeit" vgl. JBMGS 5, 14–77.

150 III. Einleitungen, Exkurse, theologische Hintergrundprämissen

äußert sich „zum schweren Leben mit einer wirklich geglaubten Augenblickserwartung der letzten Dinge ... *Gegenwart* als solche, wenn auch noch so verräterisch ausgebügelt, ist das Gegenteil von allemal apokalyptisch gewissenhafter *Präsenz.*" Nun, hier soll nur darauf hingewiesen werden, dass dies Fragen sind, die eben nicht nur sozusagen im esoterisch abgeschirmten Winkel der womöglich schon sektiererisch wirkenden Christen erörtert werden sollten. Vielleicht ist es so, dass wir aus lauter Ächtung dessen, was man hier apokalyptisch und apokalyptische Traditionen nennt, nichts mit den Dingen zu tun haben und jene Impulse aussperren und nicht zur Geltung kommen lassen, die heute wichtig wären.

Nun, der Einstieg muss so laufen, dass der Verdacht wirksam wird, wir wüssten nicht, was dies sei: eine zeitliche Hoffnung der Christen. Weil wir eigentlich unter einem Bann der Zeitlosigkeit leben und nicht wissen, was „Zeit" eigentlich heißt. Ich möchte gerne auf bestimmte Gesichtspunkte aufmerksam machen, die dann an die *zeitlichen* Strukturen der christlichen Hoffnung hinführen können.

Damit das Wort Apokalyptik jetzt nicht ganz unbestimmt im Raume bleibt, möchte ich sagen, dass hier unter Apokalyptik jene spätjüdische Tradition gemeint ist, die eine ausgearbeitete Erwartung einer *universalen* Auferweckung der Toten, des Gerichtes durch den rechtschaffenden Gott mit einem entsprechenden Zeitverständnis kennt. Nichts zu tun hat diese Apokalyptik mit den doch heruntergekommenen Formen apokalyptischen Denkens in der Art von Zahlenspielereien, von Vorausberechnungen, sozusagen von kalendarischer Festlegung des Tages des Herrn oder wie immer man das nennen will.

Die Verbergung und Sperrung dieser – spätjüdisch dann entwickelten – apokalyptischen Traditionen, die in der Zeit Jesu sozusagen den ganzen Horizont dessen, was wir *Naherwartung* Jesu nennen, prägen, beginnt im Christentum vermutlich aus einer Art bewusster Absetzung gegenüber jüdischen Traditionen in der frühen Christenheit; vor allem natürlich im Namen der Christologie, d. h. des nun bereits ereigneten Heiles in ihm, sodass das spezifisch Christliche in einer unmittelbaren Weise als das angekommene Heil verstanden wurde und nicht etwa als das Ausstehende, das noch zu Erwartende und mit erhobenem Haupt noch zu Empfangende. Gleichwohl ist und bleibt also das Neue Testament von apokalyptischen Elementen durchprägt, vor allem von dem sog. Horizont der Naherwartung, ohne den die neutestamentliche Botschaft in ihrem Kern – in der Bergpredigt ebenso wenig wie in der Nachfolgerede, in der Passionsgeschichte ebenso wenig wie eigentlich in den wichtigen Reich-Gottes-Parabeln – nicht ver-

7. Der apokalyptische Gott – Annäherungen   151

stehbar wäre. Ich sage das bewusst polemisch, weil die Unterstützung vonseiten der Exegese für diese Problematik eigentlich gering ist, wenn auch nicht ganz ausgeschlossen. Wenn wir uns an die Thematik der Frage nach der *Erwartungsstruktur* christlicher Hoffnung und damit eigentlich an den spezifisch temporalen Charakter dieser Hoffnung heranarbeiten wollen, dann wollen wir von Problemen ausgehen, mit denen wir es jetzt, hier und heute, unter uns, in unseren Lebensgefühlen und in unseren Theorien zu tun haben.

Es gibt heute, so sagt man, einen Machbarkeitskult. Alles ist machbar. Aber es gibt auch, wenn man genauer zusieht, einen neuen Schicksalskult. Alles ist überholbar. Der Wille zur Machbarkeit ist unterströmt durch eine Form von Resignation. Beide, der Kult einer omnipotenten Schicksalsbewältigung einerseits und der Kult der Apathie anderseits, gehören zusammen, quasi wie zwei Seiten einer Münze. Warum? Das Wirklichkeitsverständnis, das die wissenschaftlich-technische Form von Naturbewältigung im Interesse der Bedürfnisbefriedigung leitet und aus dem der Kult der Machbarkeit seine Reserven zieht, ist geprägt von einer Vorstellung von Zeit als einem leeren, sozusagen evolutionär *ins Unendliche wachsenden Kontinuums*, in das alles gnadenlos eingeschlossen ist. Und diese Zeitvorstellung, die einerseits die Bedingung der Möglichkeit wissenschaftlicher Weltbemächtigung und Voraussetzung unserer technischen Zivilisation ist, – diese Zeitvorstellung treibt anderseits jede Form einer substantiellen zeitlichen Erwartung aus und erzeugt eine besondere Form von Fatalismus, eine Art von Resignation, die an der Seele des alles für machbar haltenden Menschen frisst. Und deshalb ist dieser sog. moderne Mensch schon resigniert, ehe ihn die Gesellschaft unter dem Stichwort pragmatischer Rationalität in diese Art von Resignation womöglich erfolgreich eingeübt hat.

Katastrophen werden im Rundfunk zwischen zwei Musikstücken gemeldet. Und die Musik tönt dann weiter, wie der hörbar gewordene Lauf der Zeit, der unbarmherzig alles überrollt und durch nichts zu unterbrechen ist. Bertold Brecht hat einmal gesagt: *„Wenn die Untat kommt wie der Regen fällt, dann ruft niemand mehr: Halt!"*[2]

---

[2] *Bertolt Brecht*, Gesammelte Werke, Band 9 (Gedichte 2), Frankfurt am Main 1967 (1990), 552.

152 III. Einleitungen, Exkurse, theologische Hintergrundprämissen

7.2 Systeme der Zeitlosigkeit

Es gibt heute eine Art neuer Metaphysik, eine Art Metaphysikersatz oder Quasimetaphysik. Ihr Name: *Evolutionslogik.* In dieser Logik, die nicht etwa nur in naturwissenschaftlichen Zusammenhängen angesiedelt ist, sondern zur Grundlogik nahezu aller Wissenschaftstheorien gehört, hat die Vergleichgültigung von Zeit ihre systematische Herrschaft über das wissenschaftliche Bewusstsein angetreten. Auf dem Boden dieser Evolutionslogik wird nämlich nun auch alles zeitlos kontinuierlich rekonstruiert: religiöses Bewusstsein ebenso wie religionskritisch-dialektisches Bewusstsein.

Diese Entwicklungslogik ist keineswegs eine sinnhaft-gerichtete Logik. Sie ist eine selbst nicht mehr legitimierte, auch gar nicht legitimationsfähige, sondern alle Legitimationen erst ermöglichende Grundannahme unserer technischen Rationalität, innerhalb derer sich zwar Strukturen und Tendenzen, Formen einer höheren und einer niederen Komplexität aufweisen und sortieren lassen, die sich aber als Ganze der weiteren Aufhellung permanent entzieht. In diesem Sinne arbeitet die sog. Entwicklungslogik nicht nur funktional mit wechselnden Hilfssymbolen; sie ist selbst von einem Grundsymbol geleitet, dem der Evolution. *„Entwicklung will nicht Glück, sondern Entwicklung und weiter nichts".*[3] Was ich hier für die Theologie reklamieren möchte ist nur ein ganz schlichter Befund: Dieses Grundsymbol, selbst nicht mehr legitimationsfähig, sondern allenfalls heuristisch legitimierbar, d. h. in dem Sinne, dass es zeigt, wie fruchtbar es sein kann, ist keineswegs rationaler als die Zeitsymbole der Religion, sondern nur undurchdringlicher. Deswegen ist z. B. jeder Versuch, dialektisch konzipierte Wege zu einer künftigen Humanität aller, zu einem humanen Leben aller „Entwicklung" zu nennen, falsch.

Es geht also nicht um den empirisch-naturwissenschaftlichen, auch nicht um den unmittelbar politischen Gebrauch des Wortes Entwicklung, sondern um den *ideologischen* Gebrauch von Entwicklung, d. h. um die bis ins Mythische reichende Verallgemeinerung des Symbols einer ungerichteten Evolution. Der Versuch einer theologischen Kritik an totaler Evolutionslogik ist deshalb nicht etwa eine romantische pseudokritische Absage an jede Form von Entwicklung, sondern sucht der Erklärung und Begrenzung des theoretischen Status von Evolution zu dienen.

---

[3] *Friedrich Nietzsche* in: KSA 3, 96.

7. Der apokalyptische Gott – Annäherungen   153

In dem umfassenden Gebrauch von Entwicklung zeigt sich an, dass die Symbole für das Verständnis von Zeit sich längst gewandelt haben. Die apokalyptische Symbolik vom *Abbruch der Zeit*, vom Ende der Zeit ist längst eingetauscht gegen das pseudoreligiöse Symbol der Evolution. In seinem Gebrauch ist es pseudoreligiös. Und in der Art wie es unbegrenzt gebraucht wird, macht es uns unfähig, seine irrationale Herrschaft, also seine quasireligiöse Totalität wahrzunehmen. – Der extensive Gebrauch des Wortes Entwicklung in allen unseren Lebensbereichen signalisiert etwas von dieser irrationalen Vormachtstellung. Nirgendwo ist also eine semantische Kontrolle so wichtig wie bei solchen vorbesetzten, zur Totalisierung neigenden Begriffen, speziell eben dem der Evolution.

Ehe ich auf die Theologie im Bann dieser evolutionären Zeitlosigkeit eingehe, möchte ich ein kritisches Wort zu einer Beobachtung sagen, die man revolutionäres Bewusstsein im Bann dieser evolutionistischen Zeitlosigkeit nennen könnte. Revolutionäres Bewusstsein als Evolution! Wieso? Nun, *Karl Marx* hat die Revolutionen genannt und gepriesen als die Lokomotiven der Weltgeschichte. *Walter Benjamin* hat eben zu dieser Bemerkung von Karl Marx gesagt: „*Vielleicht ist dem gänzlich anders. Vielleicht sind die Revolutionen der Griff des in diesem Zuge reisenden Menschengeschlechts nach der Notbremse.*"[4]

Die moderne Welt mit ihrer wissenschaftlich-technischen Zivilisation ist nicht einfach ein vernünftiges Universum, wie Hegel es gesucht und festgestellt zu haben meint. Ihr Mythos ist die Evolution, behaupten wir hier. Das verschiedene Interesse ihrer Rationalität ist die unaufgeklärte Fiktion von Zeit als einer leeren und überraschungsfreien Unendlichkeit, in die alle und alles gnadenlos eingeschlossen ist. Dafür gibt es auch gesellschaftliche Signale. Die Erfahrung solcher gnadenlosen Eingeschlossenheit erzeugt Apathie auf der einen und Hass auf der anderen Seite.

7.3 Theologie im Bann der Zeitlosigkeit

Nur deshalb muss ich mich von hier aus anzunähern versuchen, weil ich unbescheiden in meinen Überlegungen davon ausgehe, dass hier ein theologisch ausgearbeiteter Begriff von Erwartung und Hoffnung nicht abrufbar ist.

---

[4] *Walter Benjamin*, Gesammelte Schriften (hrsg. von Rolf Tiedemann und Hermann Schweppenhäuser), Frankfurt am Main 1974, I.3, 1232.

154 III. Einleitungen, Exkurse, theologische Hintergrundprämissen

7.3.1 Beginnen wir mit dem Wort „Naherwartung". Naherwartung ist aus den zentralen Passagen des Neuen Testaments immer wieder auf die Tagesordnung des Christentums, der Theologie, der Exegese gerückt. Es erscheint dem Bewusstsein, dem die Zeit längst zu einer soeben genannten evolutionär zerdehnten Unendlichkeit geworden ist, als eine ungeheure, unerträgliche Zumutung, als ein Mythos aus archaischer Zeit. Nur eines scheint ganz wichtig, nämlich der Versuch, Naherwartung zu eskamotieren und langsam mit ihr zu Ende zu kommen. Lange genug hat man sie uminterpretiert zu einer Art zeitlosem Existential, zu dem, was man auch manchmal Stetserwartung nennt. Das ist – so sei es hart als These gesagt – ein *semantischer Betrug* an der temporalen Grundverfassung des Christentums, das nicht einen zeitlosen Kern hat, sondern einen *Zeitkern.*

Theologisches Bewusstsein ist selbst häufig dem anonymen Druck eines solchen evolutionären Zeitbewusstseins oder der evolutionistischen Zersetzung von Zeit erlegen. Das scheint mir persönlich für die zunächst imponierende, in jedem Fall forsche Redlichkeit derer zu gelten, die meinen, die Naherwartungsfrage sei schon längst dadurch erledigt, dass die Parusie eben nicht eingetreten ist, also der Herr nicht gekommen ist, sondern die Zeit vielmehr, wie doch jeder Vernünftige erkennen könne, „weitergegangen" sei.[5] Eine Theologie, die sich kritiklos dem Zeitbild eines evolutionistischen Historismus unterwirft, für den die Zeit ein kontinuierlicher Zeitablauf ist, wird sich mit dem Verlust der Naherwartung, die im Namen dieses weitergehenden Zeitablaufs abgetan wird, jedenfalls auch um einen Gott bringen, der die Vergangenheit nicht in Ruhe lässt. Wenn es überhaupt einen Unterschied gibt, den man zwischen Utopie und Gott qualifizierbar festlegen kann, dann den, dass der Gott unserer Hoffnung sich nicht diesen Vorstellungen eines Zeitablaufes beugt, in dem die Zeit ins Unendliche weitergeht und in dem die Toten tot bleiben, das Vergangene vergangen, das Untergegangene untergegangen. Die Frage muss gestellt werden, ob wir vielleicht nicht radikal genug gefragt haben, wenn wir hier stranden.

Die Logik der Evolution, wenn man sie nicht im Stil einer sinnträchtigen Teleologie theologisch uminterpretiert, ist die im Denken bereits festgemachte *Herrschaft des Todes* über die Geschichte. Hier muss am Ende

---

[5] Vgl. *Rudolf Bultmann*, Neues Testament und Mythologie. Das Problem der Entmythologisierung, hier zitiert nach *ders.*, Kerygma und Mythos, Hamburg [4]1960, 18. Zur Gesamtthematik: *ders.*, Geschichte und Eschatologie, Tübingen [2]1964, bes. 44.

7. Der apokalyptische Gott – Annäherungen 155

alles gleichgültig sein, wie dem Tod. Nichts jedenfalls, was war, ist vor ihrer gnadenlosen gleichgültigen Kontinuität des Zeitablaufs zu retten.
In diesem Sinn ist für diese Evolutionslogik Gott, also der Gott der Lebenden und der Toten, der Gott, der auch die Vergangenheit nicht in Ruhe lassen kann um seines Gottseins willen, undenkbar.

7.3.2 In unserer zweiten These ist anzuschließen, dass es durchaus so etwas wie Theologie im Bann dieser Zeitlosigkeit selbst gibt. Die neuzeitliche Konzentration des Zeitcharakters des Christentums auf die Existenzzeit des Einzelnen durchbricht nicht den Bann dieser evolutionären Zeitlosigkeit, wie er vorher geschildert worden ist, sondern bestätigt ihn eigentlich indirekt. Denn die Konzentration des theologischen Zeitgedankens auf die Existenzzeit führt am Ende immer, wie die neuzeitliche Geschichte zeigt, in die Paradoxie von Zeit und Ewigkeit: Gottes Ewigkeit und des Menschen Zeit. Ewigkeit aber, als das andere zur Zeit des Menschen, ist eben nicht Gott, sondern allenfalls, soweit es denkbar bleibt, die schlechte Ewigkeit der Natur. Denn Gott ist biblisch nicht das andere zur Zeit, sondern deren *Ende*, ihre Begrenzung, ihr Abbruch und darin ihre Möglichkeit.

7.3.3 In einer dritten These möchte ich die eingeschliffene, routinierte Bewusstlosigkeit gegenüber dem Zeitproblem, in dem das theologische Bewusstsein heute vielfach sich besonders deutlich zeigt, in der beliebten Unterscheidung zwischen „horizontal" und „vertikal" verdeutlichen. Im Grunde genommen wird da eigentlich als Kriterium für das eschatologische Bewusstsein ein militärisches Symbol, das Fadenkreuz, eingesetzt. Es gilt ja eigentlich nur, um Gegner auszumachen und abzuschießen. „Horizontal" und „vertikal" ist keine Kategorialität, an der man das eschatologische Bewusstsein der Christen verdeutlichen kann.

7.3.4 Unter dieser anonymen Herrschaft einer gewissen, schwer zu beschreibenden Zeitlosigkeit, die durch das evolutionistische Denken begünstigt wird, wird nun viertens der Reich-Gottes-Gedanke von den *einen* strikt entzeitlicht, etwa nach dem Schema: Reich Gottes – Reich dieser Welt. Die Frage der Unterscheidung wird dann nur noch anthropologisch getroffen und nicht mehr zeitlich. Man schließt bei Paulus an, und zwar bei seinem anthropologischen Schema vom „inneren" und „äußeren" Menschen. Dieses Innen-Außen-Schema ist anthropologisch gesehen ein

156   III. Einleitungen, Exkurse, theologische Hintergrundprämissen

zeitloses, quasi gnostisches Bild. Und die anthropologische Begründung der Unterscheidung von Reich Gottes und Reich dieser Welt, oder auch in dem Gebrauch Transzendenz-Immanenz, ist zeitlos-gnostisch. Auf der *anderen* Seite steht in der gegenwärtigen Theologie auch der Versuch, nun doch den Reich-Gottes-Gedanken nicht bloß jenseits von Zeit zu denken und ihn nun – bewusst oder unbewusst – auf eine Art Evolutionsschema aufzutragen. Ich meine, dass diese beiden Ansätze, der entzeitlichende ebenso wie der lineare, diesem Schema verhaftet sind. Wie soll man denn von einem Punkt aus, ins Unendliche laufend, zu Gott kommen? Da kommt man allemal in die schlechte Unendlichkeit, die René Descartes schon gekannt hat. Diese lineare Zeitvorstellung hat also mit dem cartesianischen Kontinuum, dem mathematischen Kontinuum, weit mehr zu tun als mit der Bibel. Als Problem aber bleibt die Frage, ob eine Begrenzung und ein Ende der Zeit überhaupt noch denkbar ist, oder ob die Erwartung eines Endes der Zeit und ein Denken des Endes der Zeit als Bedingung der Möglichkeit des Gott-Denkens überhaupt nicht längst zum Ausdruck einer mythischen Eschatologie geraten ist. In einem homogenen, überraschungsfreien, unendlichem Kontinuum kann alles und jedes passieren – nur eben das eine nicht, dass nämlich eine Sekunde dieser Zeit zu „der kleinen Pforte (wird), durch die der Messias in die Geschichte treten" könne.[6]

7.4 Wider den Bann der Zeitlosigkeit: Erinnerung an die Apokalyptik

7.4.1 Nicht etwa reine Utopien brechen den Bann der evolutionistischen Zeitlosigkeit, sondern jenes eschatologische Bewusstsein, das sich seinen apokalyptischen Stachel durch Evolution nicht ziehen lassen will. Denn Utopien ohne Apokalyptik würden sich schließlich als letzte List der Evolution erweisen, als eine Art mitwandernder symbolischer Paraphrase dessen, was ohnehin geschieht. Nur dort, wo es einen Widerstand gegen die Unwiderruflichkeit des Vergangenen gibt, gibt es überhaupt Brechung des Bannes von Evolution als einer gnadenlosen Kontinuität. Das ist jedenfalls der Ansatz zum Gottdenken, der hier nicht übersehen werden

---

[6] *Walter Benjamin*, Über den Begriff der Geschichte, in: Gesammelte Schriften (hrsg. von Rolf Tiedemann und Hermann Schweppenhäuser), Frankfurt am Main 1974, I.2, 704.

7. Der apokalyptische Gott – Annäherungen 157

sollte und bei dem das, was man das eschatologisch apokalyptische Potential im Christentum nennt, nicht unterschätzt werden soll.

7.4.2 Eine Information zur Apokalyptik: Welcher Art die Wirklichkeit in den sog. apokalyptischen Zeiten war, lehrt der Blick auf die Religionsgeschichte außerhalb des Christentums und besonders auch auf das Neue Testament. Es waren eben sog. Krisenzeiten. Zeiten der Verfolgung, einer massiv gewordenen Ungerechtigkeit, Zeiten des menschenfeindlichen Hasses, beschrieben natürlich und erfahren im Kontext der damaligen Welt. Es scheint mir sehr wichtig, dass das, was wir als Versuch, Zeitbewusstsein in die christliche Hoffnung zu bringen, so verstanden wird in seiner Entsprechung zu einer bestimmten Wirklichkeit.

7.4.3 Ernst Käseman hat einmal die Apokalyptik die Mutter der christlichen Theologie genannt. Und er wusste doch offensichtlich, wovon er sprach. Als ich unsicher war in dem Versuch, solche Thesen in Sachen Apokalyptik zu machen, habe ich mich auch einmal an ihn gewandt und ihm die Thesen, die ich hier vortrage, auch vorgelegt. Er hat mir seine exegetische Solidarität zugesichert.

Es wäre falsch zu sagen, die Apokalyptik ist der Versuch, die erzählte Heilsgeschichte zwischen Gott, den Menschen und ihrer Welt in eine Art starres kosmologisches Schema zu bannen und dadurch sozusagen die Zeit selber in diesem Weltschema starr festzulegen. Die Grundintention der hier angesprochenen apokalyptischen Traditionen ist also nicht die Kosmologisierung der Zeit, sondern die *Verzeitlichung* der Kosmologie oder die Verzeitlichung der Welt und der Weltprozesse. Das so oft zitierte Katastrophenbewusstsein der Apokalyptik ist fundamental ein Zeitbewusstsein, und zwar nicht ein Bewusstsein vom Zeitpunkt einer Katastrophe, sondern vom *katastrophischen* Wesen der Zeit selbst, also vom Charakter der Diskontinuität. Dadurch wird Zukunft erst zu dem, was man vorsichtig echte Zukunft nennen könnte, d. h. die Zukunft selbst gewinnt nun eine Art Zeitverfassung. Sie verliert ihren Charakter als jene zeitlose Unendlichkeit, in die hinein wir uns projizieren, in die hinein wir alle unsere gegenwärtigen Möglichkeiten extrapolieren, sodass dann die Zukunft allemal Anthropophanie wäre, d. h. die Erscheinung des Menschen in seinen eigenen Möglichkeiten. Die Katastrophenbilder der Apokalyptik, die uns theologisch so viele Schwierigkeiten machen, sind eigentlich vor allem Vorstellungsverbote im Blick auf die Zukunft. Das heißt: Signale, die darauf aufmerksam machen wollen, dass es eben Bestimmungen

158 III. Einleitungen, Exkurse, theologische Hintergrundprämissen

dieser Zukunft gibt, die nicht einfach Ausfluss unserer mächtigen Gegenwart sind.

7.4.4 Wo speziell Christologie ohne Apokalyptik, ohne dieses Bewusstsein vom katastrophischen Wesen der Zeit entwickelt wird, sinkt sie sehr leicht in eine Ideologie der Sieger zurück. Muss man hier nicht sagen, dass gerade jene das leidvoll genug erfahren haben, deren apokalyptische Traditionen vom Christentum allzu sieghaft verdrängt worden sind, nämlich die Juden? Ist jüdische Geschichte ein Signal dafür, dass Christologie und Christentum selbst, wo sie sich ohne die Irritation des apokalyptischen Bewusstseins verstehen, eben zu einer Ideologie der Sieger werden?

7.4.5 Dieses ist der entscheidende Punkt: Christologie ist nicht beiläufig Nachfolgechristologie, sondern wesentlich. Nachfolge hat also etwas mit Christentum und Christologie konstitutiv zu tun. Und nun gehören eben der christliche Gedanke der Nachfolge und der apokalyptische einer zeitlichen Gotteserwartung zusammen. Denn die Nachfolge, wo sie sozusagen mit der Stimme des Evangeliums gehört wird und nicht schon temperiert ist durch die Art, wie wir ein Auskommen mit ihr gefunden haben, ist offensichtlich nicht ohne eine zeitliche Hoffnung auf Gott zumutbar, wenn also, biblisch gesprochen, die Zeit nicht abgekürzt wird. Es ist nicht beiläufig, dass der Nachfolgewunsch Jesu („Folge mir nach“) und gewissermaßen das Schlussgebet der neutestamentlichen Nachfolgegemeinde („Komm, Herr Jesus“) wesentlich zusammengehören. Vielleicht ist die Wiederkunft Christi deswegen so unwahrscheinlich für die Imagination von Christen, weil wir ihn für das, was wir Nachfolge nennen, überhaupt nicht brauchen.

7.4.6 Diese leidenschaftliche Erwartung des Tages des Herrn, als die man, biblisch gesprochen, die zeitliche Hoffnung der Christen formulieren könnte, muss keineswegs in eine Art pseudoapokalyptische Traumtänzerei führen, in der ja ohnehin alle praktischen Zumutungen dieser Nachfolge verdampft und vergessen sind. Paulus wendet sich gegen den Versuch, Naherwartung im Stil einer solchen Traumtänzerei zu verstehen. Er will nur sagen: Naherwartung erlaubt keine Vertagung dessen, was wir Christen tun sollen, also keine Vertagung der Nachfolge. Es wäre also nicht das apokalyptische Lebensgefühl, das sozusagen zur Vertagung drängt und zum Aufschub verführt, sondern eher das evolutive Lebensgefühl. Die bewusst erfasste Naherwartungshaltung versieht eine schon längst evolutio-

7. Der apokalyptische Gott – Annäherungen 159

nistisch beruhigte und verführte Hoffnung mit neuen Erwartungshaltungen. Sie will jedenfalls Zeitdruck, Handlungsdruck in das bringen, was wir Christentum nennen. Sie will also nicht etwa Verantwortung paralysieren, sondern sie vielmehr anrufen, ja geradezu begründen. Das apokalyptische Bewusstsein steht ja, in der Bergpredigt und wo immer, nicht primär unter dem Aspekt der Bedrohung und der lähmenden Katastrophenangst, sondern vielmehr unter dem der Herausforderung zu einer praktischen Solidarität mit den Geringsten der Brüder, wie es in der kleinen Apokalypse des Matthäus-Evangeliums (Mt 25) steht.

160   III. Einleitungen, Exkurse, theologische Hintergrundprämissen

8. Brot des Überlebens. Das Lebensprinzip der Religion und die Überlebenskrise der Menschheit

8.1 Die Überlebenskrise oder die gesellschaftliche Apokalypse des herrscherlichen Lebens

Wovon lebt der Mensch? Wessen Brot isst er? Welche Speise nährt sein Leben? Nietzsche:

> „Ich bin Zarathustra, der Gottlose; ich koche mir noch jeden Zufall in meinem Topfe. Und erst, wenn er da gargekocht ist, heiße ich ihn willkommen, als meine Speise. Und wahrlich, mancher Zufall kam herrisch zu mir; aber herrischer noch sprach zu ihm mein Wille, – da lag er schon bittend auf den Knien."[1]

Brot der Herrschaft über den Zufall, Speise der Macht und der Unterwerfung des Spiels der Natur: ist dies das Brot, von dem wir leben? Ist das die Speise, die uns nährt? Was aber hat dann das „Tischgebet" Nietzsches mit der grassierenden Überlebensfrage unserer Tage zu tun? Ich meine vieles, vielleicht alles; es führt uns ins Zentrum unserer sogenannten Überlebenskrise.

Diese Überlebenskrise, die wir heute als ökologische Frage diskutieren, hängt ja nicht zuletzt am Problem der Überbelastung und der Überausbeutung der uns umgebenden Natur. Um hier neue Maßstäbe des Umgangs mit Natur zu gewinnen und ökologische Weisheit zu praktizieren, kann man nicht einfach in simulierter Unschuld bei „der Natur" selbst beginnen. Sie, diese Natur, kann nicht unvermittelt, ohne gesellschaftliche und anthropologische Durchdringung, zum Prinzip eines neuen Handelns werden. Nur zu leicht triebe das, wie gerade unsere jüngste deutsche Geschichte befürchten lässt, in faschismusähnliche Haltungen (von „Blut und Boden") hinein. Wir müssen schon bei der Geschichte, die der Mensch mit der Natur hat, einsetzen. Diese Geschichte aber ist eine Herrschaftsgeschichte beziehungsweise eine Unterwerfungsgeschichte.

Zu Beginn der Zeit, die wir „die neue" nennen und mit der jene Fortschrittsgeschichte anhebt, an deren Grenzen wir gegenwärtig immer deutlicher stoßen, entfaltet sich – keimhaft und von vielen religiösen und kulturellen Symbolen überlagert – diese *Herrschaftsanthropologie*: Der Mensch versteht sich als herrschaftliches, unterwerfendes Subjekt gegenüber der

---

[1] *Friedrich Nietzsche* in: KSA, 215 f.

8. Brot des Überlebens 161

Natur; sein Wissen wird vor allem Herrschaftswissen, seine Praxis Herrschaftspraxis gegenüber der Natur. An dieser herrscherlichen Unterwerfung, an dieser Art von Ausbeutung und Verdinglichung, an dieser Machtergreifung über die Natur bildet sich seine Identität: Er „ist", indem er unterwirft. Alle nichtherrscherlichen Tugenden des Menschen, die Dankbarkeit etwa und die Freundlichkeit, die Leidensfähigkeit und die Sympathie, die Trauer und die Zärtlichkeit treten in den Hintergrund; sie werden gesellschaftlich und kulturell entmächtigt, werden allenfalls, in verräterischer „Arbeitsteilung" der in dieser herrscherlichen Männerkultur ohnehin entmächtigten Frau anvertraut. Diese nichtherrscherlichen Haltungen werden auch in ihrem kognitiven Rang unterschätzt. Es dominiert das Unterwerfungswissen: Wissen als „Begreifen", als „Sichaneignen", als eine Art des Inbesitznehmens; andere Formen des sinnlich-intuitiven Zugangs zur Wirklichkeit, wie etwa über die Augen und ihr Schauen, werden ins Private und Irrationale abgedrängt. Inzwischen hat dieses Unterwerfungsprinzip längst die seelischen Grundlagen unseres gesamten gesellschaftlich-kulturellen Lebens durchdrungen. Es ist zum heimlichen Regulativ aller zwischenmenschlichen Beziehungen geworden; die psychosozialen Pathologien unserer Tage liefern dazu eine Überfülle von Illustrationsmaterial. In diesem Sinne könnte und müsste man nicht nur und nicht einmal in erster Linie von einer Vergiftung der äußeren, den Menschen umgebenden Natur durch die technische Überausbeutung sprechen, sondern auch von einer Vergiftung der inneren Natur des Menschen selbst. So macht eine Identität, die sich am Herrschafts- bzw. Unterwerfungsprinzip bildet, zutiefst beziehungslos, im eigentlichen Sinne egoistisch. Sie macht den Menschen unfähig, sich mit den Augen seiner Opfer zu sehen und zu beurteilen.

Uns mögen diese Züge einer herrscherlichen Anthropologie lange entgangen sein, weil sich der Unterwerfungszwang, der zu dieser Art von anthropologischer Identität gehört, sehr bald nach außen verlagert hat – gegen fremde Minderheiten, gegen fremde Rassen, gegen fremde Kulturen. Die europäische Kolonisationsgeschichte hat hier ihre Wurzeln, und dass die christliche Missionsgeschichte damit nur allzu sehr Hand in Hand ging, diese Unterwerfungsgeschichte gewissermaßen überwölbte, mag wie beiläufig zeigen, wie sehr der Unterwerfungsmechanismus auch das kirchlich-religiöse Leben durchdrungen hat. In einer Art objektivem Zynismus reden wir heute viel von sogenannten „unterentwickelten" Völkern; wenn wir genauer zusehen, handelt es sich nicht selten um Völker, deren Kulturen wir unterworfen, zerstört und ausgebeutet haben.

Dieses anthropologische Modell vom Menschen als herrscherlichem Wesen ist unserer europäischen wissenschaftlich-technischen Zivilisation

162   III. Einleitungen, Exkurse, theologische Hintergrundprämissen

immanent. Der Ansatz von Naturwissenschaft und Großtechnik wird nicht dadurch anthropologisch neutralisiert, dass die Technik in beiden großen gesellschaftlichen Systemen, in dem des westlich-bürgerlichen Kapitalismus wie auch dem des bisher real existierenden Sozialismus, als vermeintlich neutrales Instrument eingesetzt wird. Im Gegenteil, eben diese gesellschaftliche Verbergung ermöglicht die nachhaltigste und alles durchdringende Wirksamkeit des in ihr verwurzelten anthropologischen Unterwerfungsprinzips. Schwer ist zu bezweifeln, dass z. B. die bürgerliche Identität im Kern danach ausgebildet ist. Und wo wäre der Kampf um einen neuen, gewissermaßen nachbürgerlichen Menschen so gelungen, dass man an ihm nicht wiederum diese herrscherlichen Züge entdeckte und deshalb sein Bild angstfrei anschauen könnte?

Diese zwangsläufig knappe Analyse ist nicht etwa geleitet von der Erwartung einer langsamen Euthanasie von Naturwissenschaft und Großtechnik überhaupt. Es geht nur darum, sie kritischer und vorsichtiger zu handhaben und vor allem darum, sich nicht oder doch weit weniger als bisher dem anonymen Druck der ihr immanenten Unterwerfungsanthropologie auszusetzen. Es geht kurz darum, dass wir uns den Begriff des „Lebens" nicht heimlich durch sie vorgeben und definieren lassen. Die damit bezeichnete anthropologische Revision geht bis an die Wurzeln; sie entspricht dem Ausmaß, in dem das Herrschaftsmodell längst alles durchdrungen hat; sie betrifft die gesamte gesellschaftliche Konstruktion unserer Wirklichkeit, unserer politisch-ökonomischen Systeme. Deshalb gibt es heute viel Ratlosigkeit und Angst; Apathie oder Resignation fressen bereits an den Seelen. Über Nacht sind unsere herrscherlichen Fortschrittsträume umgekippt in grassierende Überlebensängste. Doch: wo das Leben nur noch auf Überleben zielt, wird auch das bald nicht mehr gelingen. Überleben nämlich werden wir nur, wenn wir uns auf das Leben verstehen. Und so wiederhole ich die Frage vom Anfang: „Wovon lebt der Mensch? Wessen Brot isst er? Weiche Speise nährt sein Leben?" Was fehlt, dass uns das Leben fehlt, dass es jedenfalls schwächer wird, nahezu unsichtbar?

8.2 Leben vom „Brot des Lebens"

Im Zentrum ihrer Abendmahlsgemeinschaft gedenken Christen des Leidens, des Todes und der Auferweckung dessen, der – in der Sprache des Johannesevangeliums – von sich gesagt hat: „Ich bin das Brot des Lebens" (vgl. Joh 6,35.48). Und im gleichen Evangelium steht auch das

8. Brot des Überlebens

163

Wort von jener Speise, aus der dieses Leben sich nochmals verborgen nährt: „Meine Speise ist es, den Willen dessen zu tun, der mich gesandt hat." (Joh 4,34) Von Nietzsche hatten wir es anders gehört.

Es ist nicht ungefährlich, von diesem „Brot des Lebens" zu leben – wenn wir uns selbst schon allzu sehr an die Nahrung der herrscherlichen Anthropologie, des Willens zur Macht und zur Unterwerfung gewöhnt haben. Sich ernsthaft auf dieses „Brot des Lebens" umstellen, kann uns zunächst, zumindest in den Augen der Normalitätsbeflissenen, geradezu krank machen. Aber es wird eine Krankheit zum Leben sein – zu jenem Leben, ohne das es vielleicht auch bald kein Überleben mehr gibt. Dieses Brot kann uns zur Nahrung und zum Sakrament des Lebens werden, gerade weil es inmitten unseres herrscherlichen Lebens den Tod, die Leiden, die Liebe, die Angst und die Trauer sichtbar und uns dafür empfänglich macht. Natürlich kann ich davon hier nur einiges andeuten.

8.2.1 Dieses eucharistische „Brot des Lebens" macht uns empfänglich für den Tod. Es holt gewissermaßen den Tod zurück ins Leben, lässt ihn erneut zu in unserem Leben, damit dieses Leben gerade nicht zum blanken Überleben wird. Es ist ja nicht eigentlich der Tod, der uns uns selbst entfremdet und uns das Leben raubt, sondern die Verdrängung des Todes, die Todesflucht. Diese Todesverdrängung hat uns zu jenen herrscherlichen Wesen der Unterwerfung gemacht, die heute allenthalben an die Grenzen ihres Überlebens stoßen. Was denn steht im Hintergrund der Unterwerfung, der Ausbeutung und Verdinglichung der Natur, die unsere Fortschrittsgeschichte prägen? Erfährt nicht der Mensch an dieser Natur, die ihm fremd und gleichgültig gegenübersteht und deren Wogen auch ihn morgen überrollen werden wie die Flut das Sandkorn am Meer, seinen eigenen Tod, seinen eigenen Untergang? Und ist deshalb nicht die aggressive, hemmungslos totale Unterwerfung dieser Natur letztlich der Versuch des herrscherlichen Menschen, seinen Tod aus der Welt zu schaffen? Ist in diesem Sinne unsere wissenschaftlich-technische Zivilisation mit ihrem Trieb zur totalen Unterwerfung der Natur nicht eine einzige Gigantomachie der Todesverdrängung? Ist die unendliche Straße unseres Fortschritts nicht eigentlich ein Fluchtweg, ein Weg der Todesflucht? Und wohin führt er uns? Ins Leben? Die Verdrängung des Todes hat uns zu hemmungslosen Unterwerfern gemacht. Sind wir inzwischen aber nicht längst unserem eigenen Unterwerfungsprinzip unterworfen, jenem Herrschaftsprinzip, in dem ein beziehungsreiches Leben immer mehr erlischt? Jenem Herrschaftsprinzip, das den Tod nur verdrängen kann, indem es selbst immer

164   III. Einleitungen, Exkurse, theologische Hintergrundprämissen

neu tote Verhältnisse produziert und so die Frage nach einem Leben vor dem Tod immer mehr zur Frage des reinen Überlebens reduziert?

8.2.2 Das eucharistische „Brot des Lebens" stärkt uns in der Empfänglichkeit für das Leiden und die Leidenden. Ein Leben, das sich von diesem Brote nährt, lässt die Leiden in neuer Weise zu, macht die fremden Leiden sichtbar, damit sie sich in die unseren verwandeln. Wiederum ist es nicht eigentlich das Leiden, das uns uns selbst entfremdet und uns das Leben raubt, sondern die Verdrängung und die Verdinglichung des Leidens, die pure Leidensflucht. Nur wer selbst leidensfähig bleibt, macht nicht Andere willkürlich leiden und ist auch seinerseits fähig und bereit, am Leiden Anderer zu leiden und sich einzuschalten in die Befreiungskämpfe der Gequälten und Ausgebeuteten. Der gleiche Nietzsche, der alle ihn anfallenden Leiden herrisch in die Knie zwingt, sie zur Speise seines herrischen Willens verkocht: dieser gleiche Nietzsche wird zum großen Feind des Mitleidens am Leiden der Anderen. Die Kultur der Unterwerfer ist die der Apathie und der Beziehungslosigkeit. Ihr Beistand gilt den Leidenden nur, um an ihnen erneut zur Macht zu kommen und an ihnen ihre ungebrochene Herrschaft zu bestätigen.

Eine eucharistische Gemeinschaft, die sich vom „Brot des Lebens" nährt, holt die Leidensfähigkeit zurück ins apathische Leben; sie sucht sie neu zuzulassen und durchzusetzen in einer herrscherlichen Gesellschaft, die ihre Leiden oft verräterisch genug nur wegschminkt, sie mit Analgetika betäubt oder sie durch Betreuungsbürokratien zu bewältigen und gesellschaftlich unsichtbar zu machen sucht. Freilich, lassen wir Christen uns von diesem „Brot des Lebens" wirklich zum Leben, zur Leidensfähigkeit ernähren oder glauben wir nur an das Mitleiden und verharren unter dem Deckmantel des nur geglaubten Mitleidens in der Apathie des herrscherlichen Lebens? Macht uns das Sakrament dieses Brotes die unsichtbaren Leiden der Brüder wirklich sichtbar, damit wir in der Teilnahme an ihrem Leiden hinüberschreiten aus dem Tod ins Leben? Gibt es uns jene Fähigkeit zurück, die wir unter der Herrschaft des Unterwerfungsprinzips verloren haben, jene Fähigkeit nämlich, uns mit den Augen unserer eigenen Opfer anzusehen und zu beurteilen? Welche Empfänglichkeit haben wir z. B. dafür, dass sich durch unser Christentum selbst tiefe leidschaffende soziale Gegensätze ziehen, Klassengegensätze zwischen den reichen und armen Kirchen, durch die die einen Christen, solange sie in ihrer Apathie verharren, den anderen Christen und Tischgenossen des eucharistischen Mahls buchstäblich jeden Tag den Tod brin-

8. Brot des Überlebens 165

gen? „Wir dürfen", so betont in diesem Zusammenhang der sogenannte „Hoffnungstext" der katholischen Synode unseres Landes,

> „im Dienste an der einen Kirche nicht zulassen, dass das kirchliche Leben in der westlichen Welt immer mehr den Anschein einer Religion des Wohlstandes und der Sattheit erweckt, und dass es in anderen Teilen der Welt wie eine Volksreligion der Unglücklichen wirkt, deren Brotlosigkeit sie buchstäblich von unserer eucharistischen Tischgemeinschaft ausschließt. Denn sonst entsteht vor den Augen der Welt das Ärgernis einer Kirche, die in sich Unglückliche und Zuschauer des Unglücks, viele Leidende und viele Pilatusse vereint und dieses ganze die eine Tischgemeinschaft der Gläubigen, das eine neue Volk Gottes nennt." (IV.3)

Sind wir dieses Ärgernis oder sind wir es nicht? Ist unsere Eucharistie ein Kult des Lebens oder der Apathie?

8.2.3 Das eucharistische „Brot des Lebens" ernährt uns zur Liebe. Es will die Liebe zurückbringen ins herrscherliche Leben, will uns den verinnerlichten Kapitalismus, das Reißen und Entreißen austreiben. *„Die ihr Leben besitzen, werden es verlieren, und die es geringachten, gewinnen."* Wir haben allen Grund, vor einem solch ungeheuerlichen Satz Angst zu haben – es sei denn, wir hätten uns ohnehin entschlossen, an die Liebe zwar zu glauben, aber unter dem Deckmantel der geglaubten Liebe die herrscherlichen Egoisten zu bleiben, die Unterwerfungs- und Machtmenschen, die längst auch alles, was sie „Liebe" nennen, diesem Herrschaftsprinzip unterworfen haben und die nun diese „Liebe" als Unterordnungs- und Betreuungsliebe in der Ehe, in der Familie, in der Gesellschaft praktizieren. Doch erneut: es ist nicht eigentlich die ihren eigenen Vorteil und Besitz vergessende Liebe, die uns uns selbst entfremdet und uns das Leben raubt, sondern eben die Verdrängung dieser Liebe, die Liebesflucht und das in unseren Gesellschaften heimlich herrschende Liebesverbot.

Wo Christen sich wahrhaft von der Speise dieser Liebe nähren, wird ihre eucharistische Gemeinschaft zum Symbol und zum Anstoß einer neuen unerhörten Praxis des Teilens und Verteilens. Vieles, wozu diese Liebe treibt, mag wie ein Verrat aussehen, ein Verrat an unserem bisherigen Wohlstand und Besitz, ein Verrat an unserer bürgerlichen Klasse und an den eingeschliffenen Idealen unseres herrscherlichen Lebens.

8.2.4 Das „Brot des Lebens" wird uns schließlich auch zur Speise der Trauer und der Angst. Das Leben, zu dem uns dieses Brot ernährt, will uns ja nicht unverletzlich machen und unangreifbar. Deshalb wollen uns die eucharistischen Gebete nicht zu einer imaginären Leiter werden, mit

166 III. Einleitungen, Exkurse, theologische Hintergrundprämissen

der wir rasch über unsere eigenen Ängste und unsere Trauer hinwegsteigen. Deshalb will uns das eucharistische Brot nicht stark machen, um Angst und Trauer schnell zu verdrängen oder zu verwinden, sondern um sie – zuzulassen. Und nochmals: Es ist nicht die Trauer und die Angst, die uns uns selbst entfremden und uns das Leben rauben, sondern die Verdrängung von Angst und Trauer, die Trauerflucht. Der berühmte Satz von der „Unfähigkeit zu trauern" ist nicht nur eine sozial-pathologische Aussage über den deutschen Geist der Nachkriegszeit, er ist eine Grundaussage über jedes Menschsein, das seine Identität an Unterwerfung und Herrschaft bildet. Dies unterwerfende Menschentum steht schlicht unter Trauer- und Melancholieverbot, ist begleitet von der Denunziation von Trauer als einer unziemlichen, hilflosen Sentimentalität. Die nirgends erlassenen, doch überall wirksamen Trauer- und Melancholieverbote in Ost und West sprechen da ihre eigene Sprache. Und dieses Menschentum steht unter Angstverbot; denn sein Herrschafts- und Machtprinzip definiert Freiheit gerade im Gegensatz zu Erfahrungen wie Trauer und Angst und ähnlichen Haltungen, die weder einen Herrschafts- noch einen Tauschwert besitzen. Die verdrängte Angst aber wirft die Menschen zurück auf das vermeintlich unangreifbare herrscherliehe Leben und beraubt sie am Ende aller Phantasie für das, was als Leben gesucht ist und diesen Namen verdient.

Wovon lebt der Mensch? Wessen Brot isst er? Von welcher Speise nährt er sein Leben? Warum ist ihm das Leben verlorengegangen, dass er sich ums schiere Überleben ängstigt? Ich möchte behaupten: das eucharistische „Brot des Lebens" stiftet die, die sich von ihm nähren, die es zur Speise ihres Lebens machen, zu einer Art „anthropologischer Revolution" an. Von ihr wird zu reden sein. Sie wäre gewissermaßen der christliche Beitrag zur heute grassierenden Überlebenskrise, die nicht primär ein kosmologisches, sondern ein anthropologisches und politisches Problem ist. Ich sehe nicht, wie ohne eine solche anthropologische Revolution eine nicht-katastrophische Lösung dieser Überlebenskrise überhaupt möglich ist. Wenn wir Christen in dieser Krise nicht nur zu Handlangern einer Überlebensstrategie der ohnehin reichen und mächtigen Völker werden wollen, einer Überlebensstrategie, die allemal zu Lasten der armen und längst ausgebeuteten Menschen gehen wird, müssen wir diese anthropologische Revolution wagen und den Aufstand anzetteln gegen die Katastrophe, *„die darin besteht, dass es so weitergeht"* (Walter Benjamin).[2]

---

[2] In: *Walter Benjamin*, Gesammelte Schriften, hrsg. von Rolf Tiedemann und Hermann Schweppenhäuser, Frankfurt am Main 1991, Bd. 1, 683.

8. Brot des Überlebens 167

8.3 Anthropologische Revolution

Was hier in aller Kürze als anthropologische Revolution erläutert werden soll, ist ohne Analogie in der neuzeitlichen Revolutionsgeschichte.[3] Vielleicht kann diese anthropologische Revolution als revolutionärer Bildungsprozess einer neuen Subjektivität gekennzeichnet werden. Aber das ist schon wieder missverständlich! In jedem Falle handelt es sich um einen Befreiungsprozess. Und die Theologie, die auf diesen Befreiungsprozess zielt, wäre jene „Theologie der Befreiung", die uns *hier* zugemutet und abgefordert ist, damit wir jene andere, in den Ländern auf der Schattenseite dieser Erde und ihrer Geschichte, nicht verraten und im Stiche lassen oder gar als rundweg unchristlich denunzieren.

Dieser *Befreiungsprozess* der anthropologischen Revolution ist sowohl in seinen Inhalten wie in seinem Richtungssinn verschieden von den uns geläufigen Vorstellungen sozialer Revolutionen. Es geht in dieser anthropologischen Revolution ja nicht um eine Befreiung von unserer Armut und von unserem Elend, sondern von unserem Reichtum und dem allemal überschießenden Wohlstand; es geht nicht um eine Befreiung von unseren Mängeln, sondern von unserem Konsum, in dem wir am Ende uns selbst konsumieren; es geht nicht um eine Befreiung von unserem Unterdrücktsein, sondern von der unveränderten Praxis unserer Wünsche; es geht nicht um eine Befreiung von unserer Ohnmacht, sondern von unserer Art der Übermacht; nicht um eine Befreiung von unserem Beherrschtsein, sondern von unserem Herrschen; es geht nicht um eine Befreiung von unseren Leiden, sondern von unserer Apathie; es geht nicht um eine Befreiung von unserer Schuld, sondern von unserer Unschuld oder besser, von jenem Unschuldswahn, den das herrscherliche Leben längst in unseren Seelen verbreitet hat. Diese anthropologische Revolution will gerade die nicht-herrscherlichen Tugenden an die Macht bringen und in diesem Zusammenhang übrigens auch unsere Gesellschaft von der reinen Männerkultur befreien.

Was Wunder, dass es für eine solche Art von Revolution keine Massenbasis gibt, dass alles höchst diffus bleibt, dass die Träger dieser Revolution schwer auszumachen sind und ihre politische Formulierung zunächst vage bleibt. Darauf will ich gleich noch eingehen. Zunächst bleibt noch zu erläutern, wieso auch der Richtungssinn dieser anthropologischen Re-

---

[3] Vgl. JBMGS 1, 182–193, 204, 214; JBMGS 6/1, 86, 205; JBMGS 7, 32; JBMGS 8, 109 f., 113 f.

168   III. Einleitungen, Exkurse, theologische Hintergrundprämissen

volution unseren geläufigen Vorstellungen widerspricht. Karl Marx hat einmal die Revolutionen als die Lokomotive der Weltgeschichte bezeichnet. Walter Benjamin hat das kritisch-nachdenklich kommentiert: *„Aber Vielleicht ist dem gänzlich anders. Vielleicht sind die Revolutionen der Griff des in diesem Zuge reisenden Menschengeschlechts nach der Notbremse."*[4] Revolution also nicht als dramatisch beschleunigter Fortschritt, nicht als kämpferisch angeschärfte Evolution; Revolution vielmehr als Aufstand dagegen, „dass es so weitergeht", Revolution als – *Unterbrechung*: eben das scheint mir der Richtungssinn der anthropologischen Revolution zu sein.

Wir Christen haben ein zentrales Wort dafür; es heißt: Umkehr, Umkehr der Herzen. Wo sie zum Ausdruck nicht nur eines geglaubten Glaubens, sondern eines gelebten Glaubens wird, geht sie wie ein Ruck durch die Menschen, greift tief ein in ihre Lebensorientierungen und in ihre etablierte Wunsch- und Bedürfniswelt. Sie verletzt und durchbricht die unmittelbar auf uns selbst gerichteten Interessen und zielt auf eine Revision vertrauter Lebenspraxis. Die Speise, von der sich diese revolutionäre Umkehr nährt, ist das „Brot des Lebens".

Diese anthropologische Revolution ist gewissermaßen unsere christliche Reaktion auf die sogenannte Überlebenskrise. Sie ist unser Versuch, zu uns selbst, zu unserer Mitwelt und Umwelt ein neues nichtherrscherliches und nichtausbeuterisches Verhältnis zu gewinnen. Sie ist unser eigentlicher Beitrag zur Ökologie, inspiriert aus der Mitte der eucharistischen Gemeinschaft. Aber diese anthropologische Revolution, dieser revolutionäre Kampf gegen uns selbst, gegen unsere herrscherlich-ausbeuterische Identität, ist gleichzeitig und untrennbar die grundlegende *Praxis unserer Solidarität mit den armen und ausgebeuteten Völkern dieser Erde.* Da es sich bei deren Armut und unserem Reichtum, bei deren Ohnmacht und unserer Übermacht um ein Abhängigkeitsverhältnis handelt, muss dem Befreiungswillen dieser Völker bei uns der Kampf gegen uns selbst entsprechen, der Kampf gegen die eingeschliffenen Ideale des Immer-noch-mehr-Habens und gegen die Überdeterminiertheit unserer gesamten Lebenswelt durch Herrschaft und Konkurrenz. Nur wo diese soziale Dialektik der ökologischen Frage im Auge bleibt, wird der in ihrem Namen heute bei uns geführte Kampf ums Überleben nicht zu einem letzten Versuch, uns zu Lasten der ohnehin Schwachen und Unterdrückten zu retten.

---

[4] *Walter Benjamin*, Gesammelte Schriften, hrsg. von Rolf Tiedemann und Hermann Schweppenhäuser, Frankfurt am Main 1974, I.3, 1232.

8. Brot des Überlebens 169

Mag sein, dass diese anthropologische Revolution von den einen als schwächlich abgetan und von den anderen als durchsichtiger Verrat gebrandmarkt wird. Doch man unterschätze die politische und soziale Bedeutung dieser anthropologischen Revolution nicht. Jede sozial-ökonomisch konzipierte Revolution, die zwar zielsicher und strategisch bewusst bei den unterdrückten und beschädigten Massen ansetzt, die aber in ihrem Vollzug diese anthropologische Revolution nicht wagt oder sie durch die erkämpfte oder verordnete soziale Revolution für gegeben oder gar abgegolten hält, wird am Ende nur zur Verlagerung und Neuverteilung von Unterwerfungs- und Entmündigungsverhältnissen führen; sie wird dann nicht zum Überwinder, sondern zum Vollstrecker des herrscherlichen Lebens; Nietzsche bleibt dann allemal der Stärkere in Marx!

Wie und wo aber kann diese anthropologische Revolution und die mit ihr angezielte politische Kultur konkret zur Geltung kommen? Wer können ihre Träger sein?

8.4 Basisgemeinden als Träger der anthropologischen Revolution

Die Ausmaße der sogenannten Überlebenskrise führen in unserer Gesellschaft immer mehr dazu, dass moralische und pädagogische Postulate in die Politik zurückkehren, dass also Politik und Moral sich aufs Neue miteinander verbinden: Leben und Lebensqualität, Änderung der Lebensprioritäten, Selbstbegrenzung des Lebens, Verzicht und Askese, Umkehr der Herzen als Überlebensmaxime ..., solche und ähnliche Forderungen tauchen immer mehr im politischen Vokabular auf. Bisher bleiben sie eher diffus, zuweilen drohend, kassandrahaft, dann wieder anrufend, mit moralisch-pädagogischem Unterton. Politische Ansprüche dringen ein in den Bereich der Individualmoral und der individuellen Lebensgestaltung. Dies ist ein Symptom von großer Tragweite. Es zeigt nämlich an, dass die klassische bürgerliche Unterscheidung von öffentlich und privat in neuer Weise zur Diskussion steht. Zwar nicht, um sie abzuschaffen, das wäre wohl nur um den Preis der politischen Negation des Einzelnen möglich, wohl aber, um sie neu zu gestalten. Diese Neugestaltung muss offensichtlich an der gesellschaftlichen Basis geschehen; sie ist ja der Ort, an dem das politische Leben mit seinen neuen Ansprüchen persönlich wird und die persönliche Betroffenheit politisch werden kann; sie ist der Ort, wo sich Politik und Moral in einer nichttotalitären Weise aufs Neue vermitteln lassen. Sie wäre damit auch der Ausgangsort für die anthropologische Revolution.

170   III. Einleitungen, Exkurse, theologische Hintergrundprämissen

Nun gibt es ja inzwischen auch bei uns an der gesellschaftlichen Basis eine wachsende Zahl von Gruppen, die angesichts der Herausforderung durch die Überlebensfrage alternative Lebensformen suchen oder auch schon praktizieren. Unter ihnen sind gewiss nicht wenige, die dabei eskapistisch ins unpolitische Leben flüchten und eine naive Gegenkultur politischer Unschuld suchen. Aber es gibt viele andere, die mit dem Ringen um eine neue Lebensform, um einen neuen Lebensstil durchaus auch politische Verantwortung verbinden und sozusagen „alltagspolitisch" an der Neugestaltung des Verhältnisses von öffentlichen und privaten Belangen arbeiten. Darunter wiederum gibt es Gruppen, die mit ausdrücklich christlicher Motivation „anders leben". Es schiene mir wichtig, in diesen Gruppen und Initiativen nicht nur die üblichen Außenseiter zu entdecken, die es in jeder Gesellschaft und in jeder Kirche immer wieder gibt, sondern auch die Vorreiter für eine noch höchst diffus empfundene neue politische Kultur. Bleiben sie allein, büßen sie bald auch ihre ohnehin geringe Politikfähigkeit ein, zerfallen sie und werden wieder von jenem gesellschaftlichen Lebenszusammenhang absorbiert, den es doch gerade zu verwandeln gälte. Alleingelassen können sie offensichtlich nicht die Träger jener anthropologischen Revolution sein, von der die Rede war.

Wie aber, wenn unsere Großkirchen selbst sich endlich mehr an ihrer Basis differenzieren würden? Wenn sie ihrerseits so etwas wie Basisgemeinden ausbildeten oder doch immer mehr zuließen und diese Basisgemeinden nicht nur für unübertragbare entwicklungsspezifische Gebilde der Kirchen der Dritten Welt hielten? Bei uns steht einer solchen Entwicklung vor allem das Ideal der „rein religiösen Gemeinde" entgegen. Die aber ist viel zu sehr der organisatorische Reflex der Kirche als bürgerlicher Religion; sie spiegelt selbst viel zu sehr die bürgerliche Unterscheidung zwischen öffentlich und privat wider, als dass sie zu deren Neugestaltung etwas beitragen könnte. Zudem ist das Ideal der rein religiösen Gemeinde längst mit pastoralen Gründen rationalisiert. Die Einbeziehung von Basiskonflikten würde nur, so betont man immer wieder, den Frieden der Gemeinden stören. Als ob die Abendmahlsgemeinschaft die gesellschaftlichen Leiden und die damit verbundenen Herausforderungen an die eucharistischen Tischgenossen unsichtbar machte und nicht allererst sichtbar! Inzwischen wird ja auch immer deutlicher, wie hoch der Preis für diese Art gesellschaftlicher Indifferenz und politischer Scheinneutralität in unseren Gemeinden ist. Allzu sehr zeigen sie jene Züge, die man durch gesellschaftliche Entdifferenzierung und Ausbügelung der Basis gerade vermeiden wollte, wie z. B. die immer häufiger beklagte Fremdheit

8. Brot des Überlebens 171

und Verhältnislosigkeit der Kirchgänger untereinander. Vielleicht liegt in dieser immer offensichtlicher werdenden Not unserer Kirchen eine Chance zum Umbruch ihres Gemeindeverständnisses. So wie in der lateinamerikanischen Kirche die Basisgemeinden Gebet und politischen Kampf, Eucharistie und Befreiungsarbeit miteinander verbinden, könnten und müssten sich bei uns Basisgemeinden als Träger und Ort jener anthropologischen Revolution bilden, die sich aus der Kraft der Eucharistie nährt.

Gewiss, auch eine Basiskirche könnte nie der alleinige Träger einer solchen anthropologischen Revolution sein; die Christen müssten hier einen Weg mit vielen Anderen gehen, auch mit vielen Ungläubigen, die diese Revolution aus ganz anderen als aus christlichen Motivationen suchen. Und sie alle müssten mit vielen Rückschlägen und Niederlagen rechnen. Doch wird es überhaupt genug Zeit geben für diesen Weg der anthropologischen Revolution? Zeit genug zum Zusammenspiel zwischen neuer Praxis und Bewusstseinsumwälzung, Zeit genug, um so einen nichtkatastrophischen Weg in dieser Überlebenskrise der Menschheit zu finden? Steht uns allen das Wasser nicht längst bis zum Halse? Ja, so scheint es. Und darum bin ich mir keinesfalls sicher, dass wir Zeit genug haben werden. Lassen Sie mich das immerhin noch mit einem Hinweis auf Martin Luther kommentieren – mit einem Hinweis auf jene berühmte Antwort, die er auf die Frage gegeben haben soll, was er denn täte, wenn er wüsste, dass am anderen Tage die Welt unterginge: „Ich würde in meinem Garten einen Baum pflanzen." Für mich ist das weder der Ausdruck schwächlicher Schicksalsergebenheit noch apokalyptisch gestimmter Schadenfreude; es ist wohl der Ausdruck der Kaltblütigkeit christlicher Hoffnung. Ohne sie werden wir freilich auch jene anthropologische Revolution nicht wagen, zu der uns Christen das Brot des Lebens kräftigen will.

9. Hoffnung auf Reformation. Oder: die Zukunft des Christentums in einer nachbürgerlichen Welt

9.1 Von der Ersten Reformation zur Zweiten Reformation

Von „Reformation" so sprechen, dass sie nicht nur Gegenstand der Erinnerung, sondern auch Gegenstand der Hoffnung und Anlass der Wandlung ist, und zwar für uns alle, auch für mich, den Katholiken, heißt: die reformatorische Frage und Erkenntnis in ein Verhältnis zu unserer gemeinsamen Gegenwart bringen. Dazu möchte ich Ihnen eine These über die Zukunft des Christentums in einer nachbürgerlichen Gesellschaft vortragen. Ich weiß, dass diese These höchst strittig ist und nicht unwidersprochen bleiben wird. Doch Strittiges zu wagen und auch als Theologe angreifbar zu bleiben, gehört in meinen Augen nicht zur geringsten moralischen Erbschaft der Reformation.

Die *These*: Die Reformation steht im Abschied von der mittelalterlichen Feudalwelt und im Aufgang der sogenannten bürgerlichen, zunächst einmal frühbürgerlichen Welt. Die Reformation leitet die einflussreichste Gestalt der historischen Selbstbehauptung des Christentums innerhalb dieser bürgerlichen Welt ein. Auch der Katholizismus wird – zumindest indirekt – von dieser Reformation betroffen. Schließlich ist die sogenannte Gegenreformation auch durch das geprägt, gegen das sie angeht; auch sie nimmt in sich, wenigstens partiell, jene Probleme und Widersprüche auf, die das Bürgertum ins Christentum bringt und die darin wurzeln, dass nach und nach der Bürger zum „eigentlichen" christlichen Subjekt wird. Nimmt man den Begriff „Bürger" und „bürgerlich" zunächst einmal historisch, dann stehen wir, wenn nicht alles trügt, am geschichtlichen Endpunkt und Wendepunkt dieser bürgerlichen Welt. Das Christentum steht im Abschied von dieser bürgerlichen Welt und im Aufgang einer nachbürgerlichen, nachkapitalistischen Welt. In ihr wird das Christentum seine geschichtliche Identität nur bewahren und durchsetzen können, wenn ihm im Ganzen eine zweite Reformation gelingt, wenn es ihm also gelingt, sozusagen ein zweites Mal vom Baum der reformatorischen Erkenntnis zu essen.

Der Abschied von einer bürgerlichen Welt, der Übergang in eine nachbürgerliche, in der z.B. das europäische Abendland und schon gar das christliche nicht mehr fraglos im Mittelpunkt steht und in der der spätabendländische Individualismus eher zu einem kulturellen Randphänomen zu werden beginnt, ist vielleicht erst in Signalen und Umrissen erkennbar; er bleibt noch voller Unbestimmtheiten, voller Gefahren. Die

9. Hoffnung auf Reformation 173

Immobilität der großen weltpolitischen Blöcke wirkt nicht stabilisierend, sondern schafft Ratlosigkeit und grassierendes Katastrophenbewusstsein. In dieser Situation des gefühlten oder prophezeiten Abschieds und Umbruchs schlägt in einer neuen Weise die alte reformatorische Frage wieder durch, *wie uns denn Gnade werden könne.* Luthers berühmte grundsätzliche Frage nach dem gnädigen Gott, so versichern heute viele Theologen, die über die Reformation schreiben, sei dem modernen Menschen kaum mehr verständlich zu machen, geschweige denn existentiell nahezubringen; sie komme aus einer anderen ungleichzeitigen Welt. Ich teile diese Auffassung nicht. Der Kern der reformatorischen Frage, wie uns denn Gnade werde, ist von bedrängender Aktualität. Der sogenannte „heutige Mensch", der Mensch also unserer spätbürgerlichen Welt, ausgespannt zwischen Verzweiflung und Engagement, zwischen Apathie und spärlicher Liebe, zwischen rücksichtsloser Selbstbehauptung und schwach entwickelter Solidarität, ratlos und seiner selbst ungewisser als noch vor wenigen Generationen, so sehr seiner selbst ungewiss, dass er kaum mehr sein eigener Nachfahre sein möchte – dieser Mensch soll den Schrei nach Gnade nicht mehr verstehen, nicht die bange Frage, ob und wie uns Gnade widerfahren könne? Eben das möchte ich entschieden bezweifeln. Nicht, *dass* das Christentum nach Gnade fragt und von Gnade spricht, macht es den Menschen so fremd, so entrückt und ungleichzeitig, sondern *wie* es nach dieser Gnade fragt und von ihr spricht. Wie aber wäre von ihr zu sprechen, nach ihr zu fragen? Was heißt, ein zweites Mal vom Baum der reformatorischen Erkenntnis essen? Was wäre dies: eine Zweite Reformation – im Umbruch einer nachbürgerlichen Welt?

Diese Zweite Reformation geht alle Christen an, kommt auf alle zu, auf die beiden großen Kirchen des Christentums; sie wäre also in diesem präzisen Sinne ökumenisch. Wir werden uns um des Evangeliums und der Welt willen nicht mehr lange unsere halbseitig gelähmten Christentümer leisten können. Doch ehe ich etwas über die Träger dieser Zweiten Reformation sage, muss von ihren Inhalten und Zielen die Rede sein. Ich möchte sie im Folgenden kurz kennzeichnen durch ein dreifaches Ringen um Gnade:

– Anrufung der Gnade in den Sinnen – oder Zweite Reformation, protestantisch
– Anrufung der Gnade in der Freiheit – oder Zweite Reformation, katholisch
– Anrufung der Gnade in der Politik – oder Zweite Reformation, weltpolitisch.

174   III. Einleitungen, Exkurse, theologische Hintergrundprämissen

Nehmen wir Reformation im wörtlichen Sinne, also als „Wiederherstellung" ursprünglicher Verhältnisse und Zusammenhänge, dann lässt sich bei dieser Zweiten Reformation von einer Heimkehr der Gnade in die Sinne, von einer Heimkehr der Gnade in die Freiheit und schließlich von einer Heimkehr der Gnade in die Politik sprechen.

9.2 Die Zweite Reformation

Natürlich kann ich im Folgenden die drei Spielarten dieser Zweiten Reformation nur idealtypisch vorstellen. Schon hier möchte ich Sie um Verständnis bitten, wenn Ihnen das Kurze allzu verkürzt, das Vereinfachte allzu simpel, das Pointierte allzu einseitig vorkommt. Lieblos und unbrüderlich ist nichts gemeint. Ganz im Gegenteil. Ich rede hier nicht mit der kalkulierten Höflichkeit des Fremden, sondern, wenn ich es so sagen darf, mit der Sorge und heftigen Anteilnahme des Bruders.

9.2.1 Anrufung der Gnade in den Sinnen – die protestantische Spielart der Zweiten Reformation

Ich beginne – sehr subjektiv, sehr ungeschützt – mit einem persönlichen Eindruck: Der Protestantismus ist mir, aufs Ganze gesehen, zu unsinnlich. Man tut der Gnade keine Ehre an, wenn man sie ins Unsichtbare und Unsinnliche erhebt; man verkleinert sie, wenn man sie den Sinnen entreißt und damit dem sozialen Leid der Menschheit. Nach und nach wurde aus der Sündenangst der Reformation eine andere Angst. Ich nenne sie hier Berührungsangst – Berührungsangst gegenüber dem Irdischen, gegenüber den Sinnen, gegenüber dem leibhaftig-sozialen Leben, in dem die Gnade des fleischgewordenen und Tote erweckenden Gottes uns doch gnädig sein will. Ich mache diese Feststellung gewiss nicht in der Pose des routinierten katholischen Besserwissers. Wenn sich der Katholizismus auch mehr Sinnenhaftigkeit bewahrt haben mag, mehr Empfänglichkeit und Fühlsamkeit für das Anschauliche und Erdhafte an den christlichen Geheimnissen und an der Gnade, so doch kaum auf jenem Niveau der Freiheit, auf das die sinnenhafte Welt durch das Evangelium und auch durch die Reformation gehoben ist.

Woher diese protestantische Berührungsangst? Die Reformation ist geprägt vom Pathos der „reinen Lehre". Sie stellt diese „reine Lehre" aus nur allzu verständlichen Gründen der heidnisch anmutenden Sinnenhaftigkeit des damaligen Renaissance-Katholizismus entgegen. Sie verweigerte sich deshalb allen „Vermittlungen", allen Bündnissen mit den irdi-

9. Hoffnung auf Reformation 175

schen Belangen, mit der sinnenhaften und materiellen Welt. Sie witterte darin den schlechten, Gott und seine Gnade verratenden Kompromiss, die blasphemische Machtergreifung des Menschen über die Gnade. Doch, so dürfen wir heute (etwa mit Kierkegaard) fragen: Hat da die Reformation nicht zu sehr zugeschlagen? Ist „rein" überhaupt eine biblische, eine authentisch christliche Kategorie? Ist sie es auch dann noch, wenn sie nicht nur als Korrektiv im Christentum, sondern als Prinzip des Christentums vertreten wird? Zeigt sich dann nicht, dass „rein" eigentlich eine idealistische Kategorie ist, die Kategorie eines nervösen, abstrakt unsinnlichen Kopfchristentums, das uns glauben machen möchte, die Gnade würde sich allein über das Wort mitteilen, sodass es bei ihr nichts zu schauen, nichts anzurühren und schon gar nichts zu handeln gäbe? War es nicht ohnehin eine Fehleinschätzung der Reformation, dass sie meinte, die Anrufung der Gnade und die Reform der Kirche allein über das Wort und über die „reine Lehre" erwecken zu können und nicht über die Subjekte und deren sinnenhafte leidvolle Praxis, die durch die Reformation nur allzu rasch wieder in ihre Schranken verwiesen wurde? Gerade darauf aber und nicht etwa auf den dogmatischen Vergleich subjektloser und praxisloser Bekenntnissätze zielt die reformatorische Absicht dessen, was ich hier Zweite Reformation nenne.

Lassen Sie mich zunächst einige der Berührungs- und Vermischungsängste symptomatisch kurz nennen. Es gibt da in meinen Augen Ängste gegenüber allem Natürlichen, gegenüber dem „Heidnischen" – als ob die festliche Sinnenfreude unbegnadet wäre und begnadet allein die angestrengte, nicht selten simulierte Freude des Geistes. Es gibt Ängste gegenüber den unreinen, widersprüchlichen sozialen Konflikten – als ob die Gnade, auf die alles ankommt, außerhalb der Sinne und der Gesellschaft, jenseits der leiblich-sozialen Existenz des Menschen erfahren würde (womit ich nicht sagen will, dass die Art, wie wir Katholiken uns üblicherweise deftig in alles einmischen, die richtige wäre!). Es gibt Ängste gegenüber den sogenannten materiellen Bedürfnissen, den biologischen Besonderheiten des Lebens und seinen Leiden – als ob die Geheimnisse des Christentums nicht auf immer mit dieser Erde verbunden wären, anders und radikaler, freilich auch bedrohter als in allen anderen Religionen. Es gibt schließlich Ängste gegenüber dem, was man üblicherweise „Religion" nennt. Welche kraftvolle Religion wäre ein Protestantismus, der sich nur eine zu sein getraute! Tatsächlich ist er wohl die einzige Religion in der Welt, die durch den Mund ihrer Theologen verkünden lässt, dass sie eigentlich gar keine sein will – „nur Glau-

176   III. Einleitungen, Exkurse, theologische Hintergrundprämissen

be", „nur Gnade", als ob anschauliche Religion, festliche Religion, Religion mit Berührungsliturgien, mit Symbol- und Mythenfreudigkeit, nicht auch ein wesentliches, wenn auch immer bedrohtes Lob der Gnade in den Sinnen wäre.

Diese Ängste haben inzwischen ihre Herrschaft über das moderne Christentum angetreten und befestigt auf dem Weg über eine aufgeklärte, bürgerlich-idealistische Theologie. Diese Theologie ist für mich nichts anderes als der theoretische Ausdruck dieser geradezu konstitutionellen Berührungsängste. Mit Berufung auf ihre Wissenschaftlichkeit, der alles Sinnenhafte und vor allem alles Praktische äußerlich zu bleiben habe, verbirgt sich diese bürgerlich-idealistische Theologie ihren irrationalen Kern.

Man sage nun nicht, es handle sich bei dieser Berührungsangst um eine höchst beiläufige, eher rein psychologische Kennzeichnung des Protestantismus. Getrieben von dieser Angst entwickelte sich ein über die Jahrhunderte geschichtsmächtiges bürgerliches Christentum, das vom Dualismus zwischen Gnadenwelt und Sinnenwelt geprägt ist: ein gnadenloses Menschentum, strikt besitzorientiert, konkurrenzorientiert, erfolgsorientiert – überwölbt von der Gnade. Dies scheint mir jedenfalls, wenn auch in idealtypischer Übertreibung, die Grundfigur des Christentums als bürgerlicher Religion zu sein, wie sie sich in den letzten Jahrhunderten herausgebildet hat – übrigens nach und nach, wenngleich in entsprechender zeitlicher Verzögerung, auch im mitteleuropäischen Katholizismus. In dieser bürgerlichen Religion können alle zentralen Sätze des Neuen Testaments, jene vor allem der Bergpredigt und die berühmten Umkehrsätze nur noch „rein geistig" aufgefasst werden, als reine Gesinnungssätze: *„Letzte werden Erste sein, Erste aber Letzte" – „Wer sein Leben besitzen will, wird es verlieren, wer es dahingibt, wird es gewinnen ..."*

In den biblischen Erzählungen und Ereignissen begegnet Gnade als sinnenhafte, geschichtlich-soziale Erfahrung: in Geschichten des Aufbruchs und Auszugs, der Umwendung und Befreiung, der Nachfolge und des erhobenen Hauptes. Solche Geschichten sind nicht nachträgliche Ausschmückungen eines unsichtbaren Gnadengeschehens, nein, in ihnen kommt Gnade selbst zum Vorschein im geschichtlich-sozialen Leben etwa eines vertriebenen Volkes, in den Nachfolgeerfahrungen einer jungen Gemeinde, in deren Widerstandserlebnissen gegenüber den Vertretern der politischen Religion Roms z. B., in ihren Solidaritätserfahrungen mit den Geringsten der Brüder. In all dem ist Gnade zu „sehen", sie ist sichtbar-sinnenhafte Gnade. „Wer seinen Bruder sieht, sieht seinen Gott",

9. Hoffnung auf Reformation 177

sagt ein außerkanonisch überliefertes Jesuswort. Es klingt verlässlich, weil es einem anderen, uns allen vertrauten Wort nahe ist, jenem Gerichtswort, demzufolge Jesus selbst im Geringsten der Brüder gesehen sein will, auch wenn wir das offensichtlich ständig übersehen: „Wann aber, Herr, hätten wir dich hungrig gesehen und dir zu essen gegeben, oder durstig, und dir zu trinken gegeben? Wann haben wir dich obdachlos gesehen und dich aufgenommen ..." (Mt 25,37–40) Und da soll es also nichts zu sehen geben, nichts anzufassen, anzurühren? Die Gnade soll nichts mit den Augen zu tun haben, nichts mit den Händen? Sind nur die Ohren begnadet, fürs Wort? Ist alles andere „profan", nur eine Frage der Anwendung des Christentums, nicht aber ein Ort der Erfahrung seiner Gnade?

Jesus setzt offensichtlich auf Sichtbarkeit und auf entschiedenes Sichtbarmachen, auf Fasslichmachen, Anschaulichmachen dessen, wie und woran Menschen leiden. Wir freilich, wir setzen auf Unsichtbarkeit. Unsichtbar ist die Gnade. Ist sie das wirklich? Etwas, wovon man überhaupt nichts sehen kann, das kann auch nicht unsichtbar sein – unsichtbar in dem Sinn, dass es den leibhaftigen Schmerz unserer Hoffnung weckt. Etwas, das man überhaupt nicht anfassen kann, das kann schließlich auch nicht unfasslich sein – unfasslich in dem Sinn, dass es die Leidenschaft unserer Sehnsucht auf sich zieht. Allzu sehr ist unser bürgerliches Christentum auf Unsichtbarkeit gegründet, auf Nichteinmischung, Nichtberührung, auf Dualismus. Und längst sind wir Meister geworden im Unsichtbarmachen. Die privilegierten Erfahrungen der Sichtbarkeit Christi – in den Begegnungen nämlich mit den Armen, mit den Unglücklichen, mit den Ausgestoßenen und Erniedrigten –: stehen sie wirklich im Mittelpunkt unserer sogenannten „religiösen Erfahrungen"? Sind wir nicht alle, Protestanten wie Katholiken, eifrig dabei, gerade diese leidvollen Gegensätze zwischen arm und reich, zwischen glücklich und unglücklich, zwischen erfolgreich und unterlegen, zwischen – zwischen – zwischen – unsichtbar zu machen? Unsichtbar gerade dort, wo wir uns im Namen Christi versammeln? Von welcher Gnade sind wir dabei geleitet? Nennen wir die Gnade am Ende unsichtbar, damit vor allem unsere Sünde unsichtbar bleibe?

Macht uns aber eine solche Unsichtbarkeit Gottes und seiner Gnade nicht tatsächlich kaputt, wie Dietrich Bonhoeffer schon 1932 vermutete?[1] Unser bürgerliches Christentum krankt an einem süßen Gift, am süßen

---

[1] *Dietrich Bonhoeffer*, Nachfolge, hrsg. von Martin Kuske und Ilse Tödt, 2. durchgesehene und korrigierte Auflage, München 1994 (DBW 4), 151 A.

178 III. Einleitungen, Exkurse, theologische Hintergrundprämissen

Gift des nur geglaubten Glaubens, einer nur geglaubten Praxis der Nachfolge, einer nur geglaubten Liebe und Umkehr. Alle Gnade bleibt dabei im Unsichtbaren, im Unfasslichen – und wir bleiben die immer Gleichen, wir definieren uns nach den vertrauten Standards unserer bürgerlichen Identität. Gnade, das ist hier nicht die Gnade, die Gott mit uns hat oder vorhat, sondern die, die wir mit uns selber haben: die trostlose Gnade der bürgerlichen Religion, billige Gnade, wie Bonhoeffer sie genannt hat. Eine Gnade, die nicht eingreift und angreift, die unser irdisch-soziales Leben überwölbt, gänzlich unsinnenhaft, unsichtbar und unfasslich und die gerade so zur Besiegelung unserer Hoffnungslosigkeit und nicht etwa zum Angeld unserer Tröstungen wird. Christentum als bürgerliche Religion tröstet nicht.

Die Zweite Reformation wäre also immer noch mit der bangen Frage beschäftigt, wie uns denn Gnade und Trost werde. Sie zielt dabei auf den sinnlich-praktischen Kern der Gnade, auf die Entdeckung der teuren Gnade, um nochmals Bonhoeffer zu zitieren, bei der es nicht in unserer Macht steht, sie von dem sinnenhaften gesellschaftlichen und politischen Geschehen abzutrennen.[2] Dass wir jede sinnliche Praxis der Gnade, ohne die es keine Mystik der Gnade gibt, sofort als schlechte Politisierung, als banalen Aktionismus verdächtigen, mag zeigen, wie weit wir von einer Heimkehr der Sinne in die Gnade entfernt sind. So treiben wir uns herum in einem banalen Materialismus, dem wir auch dann nicht entrinnen, wenn wir ihm, im Stil bürgerlicher Religion, die Geheimnisse und die Gnade wie einen unsichtbaren Wert überstülpen.

Darum bedeutet die Anrufung der Gnade in den Sinnen und in der sinnlichen Praxis unseres Lebens im Kern eigentlich den Abschied von unserem bürgerlichen Christentum, insofern dies aufgebaut ist auf dem Dualismus zwischen unsichtbarer Gnade und einem gnadenlosen Menschentum der Werke. Zu lange haben wir übrigens diesen Dualismus von Gnadenwelt und Sinnenwelt nur auf den Einzelnen bezogen. Tatsächlich hat er aber auch eine soziale Geschichte. Dieser Dualismus nämlich befestigt die Unterdrückung und lässt die Gnade nur allzu leicht als Überbau für eine unbefreite, von unerlösten Herrschaften geprägte sinnlich-soziale Welt erscheinen. Die Zweite Reformation protestiert deshalb gegen die Herrschaft der unsichtbaren Gnade. Ohne sinnlichen Kampf gibt es für sie keine Mystik der Gnade. Sie zielt daher auf ein Christentum jenseits

---

[2] A.a.O., 29–43.

9. Hoffnung auf Reformation 179

bürgerlicher Religion – auf dem Wege über die Anrufung und Entdeckung der Gnade im sinnenhaft-sozialen Leben.

9.2.2 Anrufung der Gnade in der Freiheit – die katholische Spielart der Zweiten Reformation

Augenscheinlich hat sich der Katholizismus ein besonderes Gespür dafür bewahrt, dass der sogenannte aufgeklärte Mensch, dieser extrem unsinnliche Mensch mit seinem geheimnislosen Kult eines rein herrscherlichen Umgangs mit der Welt, mit seiner abstrakten Machtergreifung über die Natur, im Namen der Gnade nicht noch unsinnlicher gemacht werden darf. Zäh hält der Katholizismus an der Einsicht fest, dass man die Sinne nicht aus der Gnade entlassen könne, ohne die Gegenwart der Gnade selbst zu verdunkeln oder gar zu zerstören. Wohl kennt der Katholizismus so etwas wie einen manichäischen Sinnenhass, nicht aber eine Ignorierung der Sinne wie im Puritanismus. Doch die Sinnenhaftigkeit im Katholizismus scheint tatsächlich zu wenig durchprägt vom Sauerteig der Freiheit, der Freiheit der Kinder Gottes. So wie es im Protestantismus eine Art konstitutionelles Misstrauen gibt gegenüber der Sinnenhaftigkeit, gegenüber der Sichtbarkeit und Anschaulichkeit der Gnade, kurzum gegenüber dem sogenannten inkarnatorischen Prinzip, gibt es im Katholizismus eine Art konstitutionelles Misstrauen gegenüber der Gnade als Freiheit. Darum auch wirkt das Sinnenhafte im Katholizismus oft so verdinglicht, so sakramentalistisch und ritualistisch verzerrt, so monolithisch, so verordnet – als komme der Mensch in seiner Spontaneität und Freiheit darin überhaupt nicht vor.

Offensichtlich hat der Katholizismus auch ein sehr gebrochenes Verhältnis zur bürgerlichen Freiheitsgeschichte der Neuzeit. Die sogenannten „katholischen Zeiten" innerhalb dieses Geschichtsprozesses waren – zumindest in unserem mitteleuropäischen Kulturbereich – immer die Zeiten des „Gegen", die Zeiten des „Anti" zu dieser Freiheitsgeschichte. Erst das jüngste Vatikanische Konzil schien sich keimhaft aufzuschließen für diese Freiheitstraditionen und sie wenigstens ansatzhaft als kirchliche, im Evangelium selbst verwurzelte Elemente der Freiheit der Kinder Gottes anzuerkennen: etwa in den Aussagen über die Gewissensfreiheit und die Religionsfreiheit.

Wie ist nun dieser ganze geschichtliche Prozess des Katholizismus zu beurteilen? Sind wir Katholiken eben doch nichts anderes als notorische Spätentwickler in Sachen bürgerlicher Freiheit im Christentum und in der Kirche? Ist der katholische Widerstand, ist die katholische Ungleichzeitig-

180   III. Einleitungen, Exkurse, theologische Hintergrundprämissen

keit gegenüber dieser Freiheitsgeschichte nur bare Rückständigkeit? Bleibt uns hier am Ende etwas anderes, als eben geduldig und tapfer die Erste Reformation mit ihren Freiheitsevidenzen nachzuholen, wie es uns unsere eigene fortschrittliche Theologie lehrt? Oder könnte es vielleicht so etwas wie eine eigene reformatorische Situation des Katholizismus geben, eine Situation, in der er seinen Satz, seinen Sprung in die Freiheit der Kinder Gottes tut? Ich meine, ja – und ich möchte Ihnen diese Meinung etwas verdeutlichen, weil sie auf die katholische Spielart der Zweiten Reformation zielt.

Der protestantische Typ der Anrufung und Entdeckung der Gnade der Freiheit ist uns allen vertraut, er ist ausgebreitet vor uns in der Geschichte der Reformation bis in unsere Tage. Es handelt sich dabei um die Freiheit des Einzelnen, der im Angesichte seines gnädigen Gottes niemandes Knecht und Untertan ist. Diese „Freiheit eines Christenmenschen" führte bekanntlich in höchst verschlungener Kausalität auch zur politischen Freiheit der Bürger. Daneben scheint mir ein anderer Typ der christlichen Freiheitsgewinnung, der Entdeckung der Gnade als Freiheit möglich. Vielleicht wird er einmal in einem künftigen ökumenischen Christentum der katholische genannt werden. Was meine ich? Es geht hier um die christliche Erfahrung der Freiheit als *Befreiung*: um jenen Prozess, in dem der Einzelne sich nicht isoliert, sondern sich in solidarischer Gemeinschaft frei vor seinem Gott erfährt; um jenen Prozess, in dem „ein Volk" frei wird, sich herausgerufen erfährt und befreit zum Subjekt seiner eigenen Geschichte im Angesichte seines Gottes. Im Vordergrund steht hier nicht die isolierte Freiheitsgeschichte des Einzelnen, sondern eine solidarische Befreiungsgeschichte: das Subjektwerden eines „Volkes", und darin natürlich und unbedingt auch der Einzelnen.

Auch das Evangelium kennt nicht nur jenen paulinischen Typ der christlichen Freiheitsgewinnung, auf den die Reformation sich vor allem bezieht. Es kennt auch einen synoptischen Typ christlicher Freiheitsgewinnung. Ich denke an Jesus, der „das Volk" zu einem „neuen Volk" befreit, indem er sich nicht volkstümlich-populistisch auf es beruft, sondern es anruft und herausruft aus seinen archaischen Ängsten und Zwängen. Grob verkürzt könnte man deshalb vielleicht sagen, im Evangelium selbst seien schon zwei Stränge der Freiheitsgewinnung erkennbar, die freilich allemal miteinander verschlungen bleiben müssen: einer, der mehr individualistisch-liberalistische Züge trägt, und ein anderer, den man vielleicht eher sozialistisch nennen könnte.

Wenn man die reformatorische Anrufung der Gnade in der Freiheit als Anrufung der Gnade in der Befreiung versteht, hat dann nicht heute die

9. Hoffnung auf Reformation 181

reformatorische Stunde der Freiheit für den Katholizismus geschlagen? Schließlich zeigen sich gerade innerhalb der katholischen Weltkirche Ansätze zu einer solchen Anrufung der Gnade in der Befreiung armer und unterdrückter Menschen und Völker. Ich spreche von den Basiskirchen der Befreiung und auch von der Befreiungstheologie in den armen Ländern dieser Welt, vor allem auch – im Blick auf den Katholizismus – von der lateinamerikanischen Kirche; von ihren energischen Versuchen, den Erlösungsgedanken mit dem Befreiungsgedanken zu verbinden und die darin sich abzeichnende Gestalt der Freiheit als kostbare Erbschaft des Evangeliums zu leben und zu künden. Freilich, alles wird davon abhängen, ob der Katholizismus in unseren Ländern, in den reichen Ländern dieser Erde bereit ist, die providentielle reformatorische Sendung der armen Kirchen für die Gesamtkirche und für das ganze Christentum anzuerkennen und den Vorstoß dieses Freiheitsverständnisses ins Herz der Kirche zuzulassen und ihn nicht abzublocken mit dem Einwand, hier handle es sich allenfalls um eine entwicklungsspezifische Erscheinungsform der Kirchen in den sogenannten „unterentwickelten" Ländern, wenn nicht gar um einen Verrat am christlichen Gnadengut.

Gewiss, diese Reformation käme weder aus Wittenberg noch aus Rom. Sie käme überhaupt nicht aus dem christlich-abendländischen Europa über uns, sondern aus dem Befreiungschristentum der armen Kirchen dieser Welt.

Doch was bedeuten diese armen Kirchen, in denen sich zäh und nicht ohne große Schwierigkeiten eine neue christliche Freiheitserfahrung durchsetzt, für uns wirklich? Sind sie für uns wirklich mehr als der Gegenstand unseres zeitweiligen, zumeist adventlich-weihnachtlich gestimmten Erbarmens? Sind sie für uns wirklich ein providentieller Ort, an dem uns allen Gnade wird? Sind sie für uns die Kirche einer katholischen Reformation? Nichts gegen die Gelder, die wir diesen armen Kirchen spenden, wenn wir dabei nur nicht vergessen, dass diese Gelder auch die Leiden und Kämpfe dieser armen Kirchen, in denen *die* Gnade erfahren, für uns unsichtbar machen. Nichts gegen unsere Hilfe, wenn wir nur wissen, dass sie nicht alles und keinesfalls das Wichtigste ist, was uns mit diesen Kirchen verbindet. Das Wichtigste wäre die Einsicht, dass aus diesen Kirchen ein reformatorischer Impuls über uns alle kommen will.

Freilich, die kirchliche Großwetterlage scheint für eine solche Prognose nicht günstig. Die Basiskirchen der Befreiung werden rundum mit Skepsis, wenn nicht gar mit Argwohn und Ablehnung betrachtet. Wer hier insistiert, wer hier die Verbindung von Gnade und Befreiung auf die Ta-

III. Einleitungen, Exkurse, theologische Hintergrundprämissen

gesordnung der Gesamtkirche pressen möchte, der sieht sich innerkirchlich rasch isoliert und verdächtigt. Wenn ich recht sehe und nicht zu vorschnell urteile, dann sucht meine katholische Kirche unter ihrem gegenwärtigen Papst ihre abendländisch-europäische Grundorientierung energisch zurückzugewinnen und neu zu befestigen. In den letzten Jahren, unter den Pontifikaten Johannes XXIII. und Pauls VI. schien es so, als entwickelte die römische Kirche in zunehmendem Maße eine Sensibilität für die gesamtkirchliche, ja gesamtchristliche Bedeutung der armen Kirchen. Die theologischen und pastoralen Prioritäten in Rom schienen sich behutsam, aber doch erkennbar zu wandeln. Heute sehe ich eine klar rückläufige Tendenz. Sie drückt sich nicht zuletzt in dem aus, was in der pastoralen und magistralen Sorge unseres gegenwärtigen Papstes im Vordergrund steht. Das mag von vielen hierzulande und anderswo begrüßt werden und von vornherein so gewünscht worden sein. Ich sehe darin die Gefahr – und das auszusprechen, mag mir in dieser Stunde gestattet sein –, dass unsere katholische Kirche ihre reformatorische Chance versäumen könnte, in der sie in der Erfahrung der Gnade als Befreiung *ihre* Freiheitserfahrung macht. Durch diese Freiheitserfahrung würde sie dann wohl auch endlich mehr Zugang zu jener im Protestantismus erkämpften Freiheit der Christen finden. Sie würde dann in dem Ruf nach Freiheitsrechten in der katholischen Kirche und nach Bußfertigkeit der kirchlichen Autoritäten und Institutionen nicht einfach liberalistische Auflösungstendenzen sehen, sondern aus ihm jenen Protest heraushören, den das Evangelium selbst gegen unser tatsächliches kirchliches Leben erhebt.

9.2.3 Anrufung der Gnade in der Politik – die politische Spielart der Zweiten Reformation

Das Beharren auf der Gnade in den Sinnen, auf der Gnade in der Befreiung – das ist Beharren auf der Gnade im politischen Leben. Doch Gnade in der Politik – gibt es das überhaupt? Darf es das geben? Lebt unsere moderne Politik nicht gerade von ihrer immanenten Gnadenlosigkeit, die heute allenthalben Sachgesetzlichkeit heißt? Politik unter der Gnade anstatt unter den Sachzwängen: Ist das nicht bestenfalls ein harmloses, ahnungsloses Ansinnen? Beschwört es nicht schlimmerenfalls längst überwunden geglaubte Konfusionen zwischen Religion und Politik?

Doch sehen wir genauer zu! Um welche „Sachen" bzw. „Mittel", für die Politik sich üblicherweise zuständig erklärt, geht es denn im heutigen politischen Leben? Genau gesehen, geht es heute das erste Mal nicht mehr

9. Hoffnung auf Reformation 183

nur um diese oder jene Sache, nicht mehr nur um dieses oder jenes Mittel, sondern auch um den Zweck selbst, d. h. also um den Menschen selbst, um ein neues Verhältnis des Menschen zu sich und zu allen Anderen, zu seiner Mit- und Umwelt. Der Mensch selbst ist dran in der Politik, und eben das macht unsere geläufige Politik, die wenig von Gnade und viel von der Sache hält, so ratlos und viele so müde am politischen Leben selbst. Doch was heißt: der Mensch selbst ist dran in der Politik? Alle großen sozialen, ökonomischen und ökologischen Fragen können heute eigentlich nur noch durch Veränderungen bei und in uns selbst, in einer Art anthropologischer Revolution gelöst werden. Es geht heute, auch und gerade politisch, darum, dass wir „anders leben" lernen, damit Andere überhaupt leben können. Anders zu leben: das war eigentlich immer ein Charakteristikum der Christen. Und wenn Christen tatsächlich an die Gnade glauben, an deren freiheitlich-befreiende und sinnenhafte Gegenwart, dann heißt das doch auch, dass sie auch gesellschaftlich nicht einfach unter anonymen Sachzwängen leben, sondern unter dem „Zwang" der Gnade. Gnade aber bedeutet hier die Fähigkeit zu unterbrechen, aufzuhören, nicht einfach so weiterleben zu müssen wie bisher. Gnade – das ist die Fähigkeit, uns endlich einmal auch politisch nicht mit unseren eigenen Augen zu sehen und einzuschätzen, sondern mit den Augen unserer Opfer, aus denen uns schließlich – er hat es uns selbst deutlich genug eingeschärft – der Herr selber anblickt.

Und genau dieser Blickwechsel, diese Art von Unterbrechung, diese Verhinderung, dass es so weitergeht, kurzum dieser Akt des Widerstands gegen uns selbst und unser bisheriges Leben: sie stehen heute auf dem Spiele der Politik. Mit dem eingeschliffenen Zweckhumanismus in unserer Politik, mit der gnadenlosen Zweckmoral unseres bürgerlichen Lebens werden wir in dieser Situation nicht weiterkommen. Hier taucht, mitten in unserem politischen Leben, die Frage auf, ob uns – noch einmal Gnade werde. Jene Gnade, die uns nicht nachsichtig verschont, sondern uns den vermeintlich unvermeidlichen Zwängen entreißt. Jene Gnade, die uns schließlich ein neues solidarisches Leben möglich macht, das sich nicht mehr der Unterdrückung anderer verdankt. Jene Gnade, die einer durch Vermassung oder Hass systematisch verzerrten Solidarität leidenschaftlich widersteht, ohne jene neue Solidarität in den Wind zu schlagen, die uns unbedingt gebietet, unsere eigene soziale Identität nicht gegen andere, schwächere, gesellschaftlich und ökonomisch entmächtigte und abhängige Gruppen und Klassen in der Welt durchzusetzen, sondern mit ihnen.

184   III. Einleitungen, Exkurse, theologische Hintergrundprämissen

Wenn die Christen in dieser politischen Situation die teure Gnade in ihrer Sinnenhaftigkeit und Befreiungskraft anrufen, dann schalten sie sich eben dadurch ein in den längst entbrannten geschichtlichen Kampf um eine durch weltweite soziale Gegensätze und ökologische Katastrophen bedrohte Welt, in den Kampf um eine nachbürgerliche, nachkapitalistische Welt und ein gewissermaßen nachbürgerliches Menschentum. Vielleicht hängt es gerade auch an den Christen, ob der Bürger tatsächlich einen geschichtlichen Nachfolger findet, einen Erben seiner mühsam erkämpften politischen Freiheiten, ohne die auch jede politische Kultur eines neuen solidarischen Lebens, die diesen Namen wirklich verdient, undenkbar ist. Freilich werden die Christen die Heimkehr der Gnade in die Politik nur dann glaubwürdig vertreten können, wenn sie in sich selbst jene Gestalt des Christentums überwinden, die ich einleitend als rein bürgerliche Religion bezeichnet habe. Beide Spielarten der Zweiten Reformation, sowohl die protestantische auf dem Wege über die Versinnlichung der Gnade wie die mögliche katholische auf dem Wege über eine langsame Entdeckung des Befreiungscharakters der Gnade, zielen schließlich auf ein solches Christentum jenseits bürgerlicher Religion.

9.3 Träger der Zweiten Reformation

Wer sind die Träger dieser Zweiten Reformation? So sehr aus dem bisher Gesagten hervorgeht, dass es für sie kaum eine Massenbasis in den beiden Großkirchen gibt, muss doch auch sofort betont werden, dass diese Zweite Reformation nicht primär Sache einzelner großer Reformatoren ist. Ihre Hauptvertreter sind nicht einzelne religiöse oder gar politische Führer, nicht herausragende Theologen oder Kirchenmänner, nicht einzelne Propheten oder Heilige. Diese Zweite Reformation ist, wenn ich recht sehe, die eigentliche „Reformation von unten", sozusagen die Basisreformation. Sie wird nicht über uns kommen wie ein dramatisches Einzelereignis; sie ist weit eher ein unauffälliger, langwieriger Prozess – zäh, mit vielen Rückschlägen und vielleicht auch tiefen Irritationen.

Ich glaube auch nicht, dass die traditionellen Kirchengemeinden Hauptträger dieses reformatorischen Prozesses sein können – zumindest nicht in unserem Lande, wo das Ideal der „rein religiösen Pfarrgemeinde" vorherrscht, das zu sehr der organisatorische Reflex jener bürgerlichen Religion ist, die es in diesem reformatorischen Prozess gerade langsam, aber entschieden zu überwinden gilt.

Ich möchte hier, speziell für meine Kirche – aber nicht nur für sie – noch einmal an die armen Kirchen der Dritten Welt erinnern. Dort näm-

9. Hoffnung auf Reformation 185

lich sind, wenn auch unter besonderen und nicht einfach gleichsinnig übertragbaren Bedingungen, die Träger dieses reformatorischen Prozesses erkennbar. In ihnen haben sich die sogenannten Basisgemeinden entwickelt, die – in ihren wichtigsten Gestalten – von unten her, von der Basis der Kirche und der Gesellschaft her, Mystik und Politik, religiöse und gesellschaftliche Praxis miteinander zu verbinden und die fundamentalen gesellschaftlichen Konflikte und Leiden in ihre eucharistische Tischgemeinschaft aufzunehmen suchen. So werden Christen von gesellschaftlichen und kirchlichen Betreuungsobjekten zu Subjekten ihrer eigenen religiös-politischen Geschichte.

Das ist, wenn ich recht sehe, die Voraussetzung für den genuin reformatorischen (und nicht nur reformistischen) Prozess in der heutigen Christenheit. Denn ein reformatorischer Akt heute geschieht nicht, wie zu Luthers Zeiten, auf dem Boden einer einheitlichen christlichen Welt, geschieht nicht mehr im Rahmen einer Gesellschaft mit unbefragt religiöser Zielsetzung, sondern in einer ideologisch höchst mehrschichtigen, ja antagonistischen Gesellschaft. Deshalb muss ein reformatorischer Prozess heute ausdrücklich seinen gesellschaftlichen Ort mit einbeziehen und die gesellschaftliche Situation seiner Subjekte ständig mit im Auge haben. Nur dann wird er nicht sektiererisch oder gar totalitär.

Freilich, hierzulande hält man bislang offensichtlich nicht viel von diesen Basisgemeinden. Man bejaht eventuell ihre entwicklungsspezifische Geltung für die Kirchen der Dritten Welt, betont entsprechend ihre Unübertragbarkeit und forciert bei uns das Ideal der „rein religiösen Gemeinde", deren Frieden durch die Einbeziehung von gesellschaftlichen Basiskonflikten nur gestört werde – als ob die Gnade die gesellschaftlichen Leiden und die von ihnen Betroffenen unsichtbar machte und nicht allererst sichtbar, und als ob diese Gnade in einer schwächlichen Weise allgemein vereinnahmend wäre und unparteilich! Der Preis, den die Gemeinden hierzulande für diese Art verordneter gesellschaftlicher Indifferenz zahlen, ist hoch. Allzu augenscheinlich nämlich zeigen sie gerade jene Züge, die man durch ihre gesellschaftliche und politische Scheinneutralität vermeiden wollte, nämlich eine besondere Art von Beziehungslosigkeit, von Konflikt- und Begegnungslosigkeit, von Kälte, Entfremdung, von geringer Anziehungs- und Identifikationskraft nicht zuletzt für junge Menschen.

Hinzu kommt, dass unsere Großkirchen ihr gesellschaftliches Verhältnis eigentlich rein institutionell zu regeln versuchen, nämlich im Verhältnis von Staat und Kirche, sodass man nicht selten den Eindruck hat, unsere Kirchen funktionierten als hochdifferenzierte Behörden, als wohl-

186 III. Einleitungen, Exkurse, theologische Hintergrundprämissen

ausgestattete Apparate auch dann noch, wenn die gesellschaftliche Basis schon längst verschwunden ist.

Natürlich soll hier nicht nahegelegt werden, die Basisgemeinden, wie sie sich vor allem in den armen Kirchen der Dritten Welt entfalten, bei uns einfach zu kopieren. Doch zu dem Prozess einer Zweiten Reformation wird es auch bei uns nur dann kommen, wenn unsere Großkirchen sich selbst endlich mehr an ihrer eigenen Basis ausdifferenzieren, wenn sie also ihrerseits so etwas wie Basisgemeinden ausbilden, Gemeinden, die um das Herrenmahl konzentriert sind, ohne etwa vom territorialen Prinzip geleitet zu sein und ohne eine gesellschaftliche und politische Scheinneutralität. Sie, diese Basisgemeinden, wären auch die Keimzellen für eine neue Ökumene. Die energische Entfaltung solcher Basisgemeinden hindern hierzulande nicht nur die geltenden Kirchenverträge, die weit weniger geleitet sind vom Ideal einer Basiskirche als von einer Art aufgeklärten Staatskirchentums mit Privilegierung der großkirchlichen Einrichtungen. Wenn man entschieden am eucharistischen Kern dieser Basisgemeinden festhalten will, dann stehen ihrer Entwicklung vor allem die in der katholischen Kirche geltenden, aber keineswegs unveränderlichen Kirchenordnungen für die Gesamtkirche entgegen: so etwa das in diesen Ordnungen fixierte Gemeindebild, die dort festgelegten Kriterien für die Zulassung zu den kirchlichen Ämtern, vor allem auch das Bild des Gemeindeleiters und Vorstehers der Eucharistie, kurzum das geltende Priesterbild. Eigentlich müsste der Leiter einer solchen Basisgemeinde, der Vorsteher ihrer Herrenmahlfeier auch aus dieser Gemeinde selbst hervorgehen können. Einem solchen Priestertyp steht jedoch in meiner Kirche der für alle Priester geltende Pflichtzölibat entgegen, der es in der Regel nicht zulässt, dass der Priester aus der Basis selbst herauswächst. Sicher dürften auch die Leiter und Vorsteher einer solchen Basiskirche nicht einfach Religion zu ihrem gesellschaftlichen Beruf haben; sie müssten neben ihrer kirchlichen Amtstätigkeit einen weltlichen Beruf ausüben, was bei uns praktisch überhaupt nicht der Fall ist und auch kaum erwünscht erscheint. Und anderes mehr.

Kann es deshalb überhaupt in breiter Front zur Ausbildung einer solchen Basiskirche kommen? Werden die reformatorischen Impulse, die auch hier aus den armen Kirchen ins Herz der Gesamtkirche vorstoßen wollen, zugelassen? Auf absehbare Zeit scheint mir das kaum wahrscheinlich. Gewiss ist ja auch der Preis für den reformatorischen Übergang zu einer solchen Basiskirche nicht zu gering zu veranschlagen. Er müsste übrigens von allen, aus allen Taschen bezahlt werden, von den Kirchenführern ebenso wie vom Kirchenvolk.

9. Hoffnung auf Reformation

Freilich möchte ich nochmals daran erinnern, dass es sich bei dieser Zweiten Reformation mehr als je um eine „Reformation von unten" handelt. Als solche hat sie bereits begonnen, und zwar in beiden Kirchen. Ihr Beginn ist nicht zu datieren. Zu ihren Trägern oder Befürwortern könnten wir eigentlich alle werden. Zu hoffen bleibt da jedenfalls genug. „Spiritus Sanctus", so habe ich gelesen, „nec scepticus est nec opportunus". Sehr frei heißt das: Der Geist Gottes ist weder mit den Skeptikern noch mit den überaus Zufriedenen. Immer noch weht er, wo er will, wann er will – allerdings auch, wie lang er will.

10. Exkurs: Nachfolge-Christologie als Weg-Christologie

Jetzt geht es um den Christus der Nachfolge. In dieser Nachfolge-Christologie sind eigentlich sowohl die paulinische Christusbotschaft, die synoptische Nachfolgebotschaft wie auch die johanneische Ich-bin-Christologie miteinander versammelt. Hier sind wir am Ursprung christologischer Welt.

Johannes: „Ich bin der Weg, die Wahrheit und das Leben." (Joh 14,6) Auch bei Johannes, und das ist das Eindrucksvolle an diesem Evangelium, gibt es einen stark antignostischen Zug, einfach ganz schlicht darin, dass wir ihm eigentlich die Konzentration des ganzen Evangeliums auf die Passionsgeschichte verdanken, auf die Auseinandersetzung zwischen Jesus und Pilatus. Es ist eine politische Leidensgeschichte. Deswegen ist sie nicht gnostisch. Christus selber ist also nicht nur anbetungswürdige Höhe, sondern immer auch Weg. Jeder Versuch, ihn zu wissen, ihn zu verstehen, ist allemal ein Gehen, ein Nachfolgen, wenn wir das nicht gnostisch interpretieren wollen. Nur ihm nachfolgend wissen wir, auf wen wir uns eingelassen haben. Nachfolge ist daher nicht nur eine nachträgliche Anwendung der kirchlichen Christologie auf das Leben, sondern die Praxis der Nachfolge. Und das, was darin erfahren und erkannt wird, ist ein zentrales Stück des *Logos* der Christologie. Wenn anders wir eben den Logos dieser Christologie und überhaupt den Logos des Christentums nicht einfach mit dem doch zunächst einmal stark betrachtenden Logos der Griechen identifizieren wollen. Das hat der Hellenisierungsprozess so ziemlich verschüttet.[1] Die Christologie doziert nicht einfach über die Nachfolge, sie nährt sich um ihrer eigenen Wahrheit willen aus dieser Nachfolge. Sie drückt also ein praktisches Wissen aus. In diesem Sinn steht jede Christologie unter dem Primat von Praxis.

Wohin führt nun diese Praxis? Auf welche Wege? Haben wir nicht doch den Eindruck, Nachfolgewege sind eigentlich Wege aus der Welt heraus? Was heißt denn bei Paulus „Passt euch nicht dieser Welt an" (Röm 12,2)? Es ging um die politische Welt Roms, in der die römische Caesarenherrschaft sich selbst vergötzt hat. Und es war höchst gefährlich, sich ihr nicht zu unterwerfen, hier nicht konform zu sein. Und wir wissen, das sind die Situationen, in denen es Christen schlimm ergangen ist – ungefähr so, wie Jesus das auch gesagt hat.

---

[1] Vgl. JBMGS 3/2, 215; JMBGS 4, 25, 215 f. JBMGS 5, 77.

10. Exkurs: Nachfolge-Christologie als Weg-Christologie 189

Ich nenne noch ein paar andere, bei denen die Nachfolge-Christologie eine große Rolle gespielt hat: Franziskus hat im Mittelalter leidenschaftlich davon gesprochen, die Welt im Sinne der Nachfolge zu fliehen, sich ihr ja nicht anzupassen. Aber auch diese Welt war nicht ein Abstraktum, es war die verweltlichte Kirche. Und es war auch hier, wir wissen es von Franziskus selber, leidvoll genug, sich dieser Welt nicht anzupassen. Ich nenne zwei neuere Beispiele: Sören Kierkegaard ist ein großer Klassiker für diese Frage. Auch bei ihm gibt es viele Aussagen, die, wenn man sie bloß abstrakt für sich nimmt, wie „Nachfolge als Weltverneinung" klingen. Aber diese Weltverneinung galt dem *bürgerlichen* Christentum seiner Zeit. Die Christenheit hatte, so meinte er, in sich selber das Christentum schon längst abgeschafft. – Dietrich Bonhoeffer hat 1933 ein kleines Buch über die Nachfolge publiziert. Wenn man es im Lichte seines Schicksals liest, dann erfährt man, dass er nicht eigentlich für Teilnahmslosigkeit gegenüber der konkreten geschichtlichen Welt im Rahmen der Nachfolge plädiert hat, sondern dass er den rechtzeitigen Widerstand gegen die heraufziehende Welt des Nationalsozialismus und der drohenden Vernichtung des jüdischen Volkes gepredigt hat, also so Nachfolge als Weltverneinung verstanden hat.

Deshalb möchte ich hier noch einmal die eine *ungeteilte* Nachfolge oder die mystisch-politische Grundverfassung der Nachfolge betonen. Die Wege der Nachfolge führen nicht in gesellschaftliche und politische Schicksallosigkeit. Heute, wo wir alles mit Psychologie zu beantworten versuchen, könnte dieser Eindruck entstehen, dass wir nur noch eine nach innen gewendete Identität des Christentums suchen. Das ist uns nicht vergönnt. Der Nonkonformismus der messianischen Nachfolge zielt nicht auf eine quasi elitäre Gelassenheit und Entspanntheit gegenüber aller Welt. Die Christen sind doch keine Stoiker – und eben auch keine Gnostiker. Nachfolge hat eine situationsbezogene, eine gesellschaftlich-politische Komponente, sie ist *mystisch* und *politisch* zugleich. Sie bleibt es auch in einer Zeit, in der uns das Wort politisch eigentlich nicht sehr viel sagt. Und diese Doppelstruktur hat die Nachfolge nicht etwa deswegen, weil eine Politische Theologie das will, sondern Nachfolge ist deshalb beides, weil sie gerade nicht ein besonderes sittliches Verhältnis des Einzelnen zu Gott und zu Christus formuliert, sondern weil sie sich am Weg Jesu orientiert, weil sie als Nachfolge nicht einen Weg zu gehen sucht, sondern *seinen* Weg. So gut es geht und immer wieder.

Ich betone das zum Abschluss dieser Rede vom Christus der Nachfolge deswegen, weil hier eine Differenz deutlich wird, die wir bei allem großen

190 III. Einleitungen, Exkurse, theologische Hintergrundprämissen

Respekt vor asiatischen Hochreligionen festhalten müssen. Eine Differenz zwischen der biblischen Gottesmystik und christologischen Mystik einerseits und der fernöstlichen Mystik, speziell im Buddhismus, andererseits. Und ich sage das deswegen, weil heute eben diese asiatische Mystik großes Gewicht auch im Christentum zu gewinnen scheint. Man müsste indes Buddhisten selber fragen, wie sie sich beraubt fühlen durch die Art, wie wir mit ihrer Religion hier im Westen ahnungslos umgehen.[2] Ich verweise jetzt einmal auf *Gustav Mensching*.[3] In seinem Buch ist eine der Gründungslegenden enthalten, die von den vier Ausfahrten des Buddha handelt – Buddha, der Königssohn.

Er verlässt in seinem Wagen die luxuriöse Umwelt seines Königspalastes, die ihn bisher gegen widrige Einflüsse abgeschirmt hat. Bei der ersten Ausfahrt begegnet ihm ein alter Mann, den man im Wald zurückgelassen hat – wie man, so heißt es in der Legende, ein wertloses Stück Holz fortschleudert. Buddha, der Sensible, der Hochsensible, lässt sofort den Wagen wenden, um sich aber zunächst einmal in seinem Palast bei Spiel und Sex abzulenken.

Bei der zweiten Ausfahrt begegnet er einem Kranken, der – und ich zitiere wieder – mit blassen Gliedern, zerrütteten Organen, mühsam atmend, mit vertrockneten Gliedmaßen und aufgetriebenem Leib, von Beschwerden gepeinigt in seinen Exkrementen liegt. Buddha lässt wieder wenden, aber die Lust zu Spiel und Sex ist ihm jetzt vergangen.

Bei der dritten Ausfahrt schließlich gerät er an einen Totenzug. Die Trauernden geben ihrem Leid weinend und schreiend und klagend Ausdruck. Sie schlagen sich an die Brust, sie streuen Staub auf ihr Haupt. Wieder lässt Buddha wenden, diesmal um über die Befreiung von solchem Übel in seinem Palast nachzudenken.

Als ihm auf der letzten Ausfahrt ein Bettelmönch begegnet, reift in ihm der Entschluss, wie solch ein Mönch die Sinneslust aufzugeben, ein selbstbeherrschtes Leben zu führen und in der Heimatlosigkeit die Ruhe des Inneren – das ist wieder ein Zitat – zu finden, frei von Leidenschaft und Hass. So wurde Buddha in der Begegnung mit menschlichem Leid verwandelt und beginnt nun auf seine Art nach Erlösung zu suchen.

Dies ist ein hochsublimer Umgang mit der Erfahrung menschlichen Leids – ohne Frage. Bei Buddha ist es so, dass er in seinen Königspalast zunächst flieht, der ihn vor allem Leid abschirmen soll. Und am Ende

---

[2] Vgl. JBMGS 7, 11–25.
[3] *Gustav Mensching*, Leben und Legende der Religionsstifter, München 1962.

10. Exkurs: Nachfolge-Christologie als Weg-Christologie

sucht er nach einer besseren Zuflucht, sozusagen nach einem Königspalast in seinem Inneren, in den dann dieses Leid am Ende nicht mehr gelangen sollte. Er sucht eine Stelle, in der er gegen Leid immun wird.

11. Warum überhaupt Kirche?

Theologisch geht es zumeist um eine angestrengte Begründungs- und Legitimationsproblematik hinsichtlich der Frage: Wie kann sichtbar und zugänglich gemacht werden, dass schon in den neutestamentlichen Traditionen Kirche angelegt ist, selbst wenn der Stiftungswille Christi nicht so deutlich historisch greifbar ist? Und in dieser Fragestellung versammeln sich dann die üblichen Unterscheidungen von vorösterlich und nachösterlich, von vorpfingstlich und nachpfingstlich, wobei dann jeweils der nachösterlichen bzw. nachpfingstlichen Christlichkeit auch die Kirche zugeordnet wird. Die stillschweigende Prämisse dabei ist immer die, dass Kirchlichkeit jedenfalls einer Sonderlegitimation im Christentum bedürfe. Manche Theologen sagen rundweg: Jesus habe im Grunde genommen keine Kirche gewollt. Aber nicht nur Theologen verneinen die Frage nach der Kirche, in unserem Lebensgefühl haben wir alle, wenn wir mit dem Christentum überhaupt etwas zu tun bekommen, vermutlich den Eindruck: Ginge es nicht ohne Kirche viel besser?

11.1 Konstitutionelle und institutionelle Kirchlichkeit

Hier könnte die Unterscheidung zwischen *konstitutioneller* und *institutioneller* Kirchlichkeit weiterhelfen. Was heißt das? Jesus hat Menschen mit einer Hoffnung infiziert, ihnen eine Hoffnung zugemutet, die keiner für sich alleine hoffen kann. Das Referenzsubjekt des von ihm verkündeten Reiches Gottes ist deshalb nicht etwa der Einzelne, sondern die Hoffnungsgemeinschaft oder biblisch ausgedrückt: die *Nachfolge-Gemeinschaft*. Das ist konstitutionelle Kirchlichkeit. Sie ist nicht aus einem Stiftungswillen, sondern aus der eschatologischen Botschaft als solcher abgeleitet. Alles bei Jesus ist so ausgerichtet. Seine Bilder und Visionen vom Reiche Gottes, vom großen Frieden der Menschen und der Natur im Angesichte Gottes, von der Heimat und vom Vater, vom Reich der Freiheit, der Gerechtigkeit und der Versöhnung, von den abgewischten Tränen und vom Lachen der Kinder Gottes, – das kann keiner nur im Blick auf sich selbst und für sich alleine hoffen, keiner sich allein zutrauen, gewissermaßen in unbegleiteter Transzendenz nach innen. Indem er sie Anderen zutraut und zuträgt, sie für Andere hofft, gehören sie auch ihm. Nur so. Das gilt für die Radikalität der eschatologischen Hoffnung, auch für die Umkehr, die in ihrer Tiefe nur gelingen kann, wo sie einem von Anderen zugetraut zugemutet wird. Darin wurzelt der Urentwurf für

11. Warum überhaupt Kirche?

„Kirche" und dies nicht etwa aus Gründen der Observanz, der Subordination unter eine Amtsautorität, sondern aus Gründen der *zugemuteten und vergönnten Hoffnung, die keiner für sich alleine hoffen kann.* Darin gründet der Urentwurf für die Vita communis, ohne die die eschatologische Hoffnung der Christen nicht ist. Nicht isolierte eigene Lebenszeit ist die Matrix dieser Hoffnung, sondern immer auch und unumgänglich die Zeit der Anderen, nicht nur der eigene Untergang im Tod, sondern der Untergang der Anderen, der Tod der Anderen hält die eschatologische Unruhe im eigenen Leben wach.

Die biblische Verkündigung ist also im Ansatz auf ein *Gemeinschaftssubjekt* bezogen. Der Übergang vom Judentum zum Christentum ist nicht einfach – wie man das häufig hören konnte und auch heute noch hören kann – der Übergang aus dem Kollektiv zur Individualisierung der biblischen Verheißung, indem man sagt: Israel war eine Kollektivgröße als Subjekt der künftigen Verheißungen, während im Prozess des Christentums dann eine radikale Individualisierung durchschlägt. Es gibt ein nachgelassenes Buch des bekannten jüdischen rabbinischen Religionsphilosophen *Jacob Taubes:* „Die Politische Theologie des Paulus".[1] Darin erläutert er, dass Paulus genau wie die israelitischen Traditionen das Volk als Referenzsubjekt der Verheißung kennt. Er sucht zu zeigen, dass das Kirchenprinzip dem synagogalen jüdischen Prinzip immer nahe geblieben ist und dass das, was dann die Christen Individualisierung der Heilsgeschichte und der Heilsvorstellungen durch das Christentum genannt haben, mit ganz anderen kulturellen Einflüssen zu tun hat. Wie auch immer. Mir geht es darum zu sagen, es gibt eine konstitutionelle Kirchlichkeit. Die soll nun in zweifacher Hinsicht erläutert werden.

Erstens: Es gibt im gegenwärtigen – vor allem amerikanischen – Ethik-Diskurs die Diskussion zwischen den Kommunitaristen und den Liberalisten, die kommunitaristische und die liberalistische Ethik-Begründung. Um den Zusammenhang zu erläutern: Es ist nicht von ungefähr, dass die jüdisch-stämmigen Vertreter dieser Ethik-Diskussion mehr oder minder alle Kommunitaristen sind und die aus dem angelsächsischen Protestantismus kommenden Vertreter der Ethik-Begründung mehr oder minder alle Liberalisten sind. Kommunitarismus versus Liberalismus ist sicher keine Diskussion für oder gegen Kirche. Das ist eine reine Ethik-Diskussion, aber das, was ich mit konstitutioneller Kirchlichkeit meine, bedeutet

---

[1] *Jacob Taubes*, die Politische Theologie des Paulus, Heidelberg 1993.

194   III. Einleitungen, Exkurse, theologische Hintergrundprämissen

eigentlich einen kommunitaristischen Ansatz gegenüber einem strikt liberalistischen Ansatz.

Zweitens: Die Überlegungen betreffen auch eine anthropologische (und erkenntnistheoretische) Prämisse, die sich gerade auf die historisch-exegetische Forschung bezieht. Zum einen geht man davon aus, dass das Ich der primäre Träger des Glaubens sei in einer Form dessen, was man den spätabendländischen Individualismus bzw. Existentialismus nennt. Das, was mich unbedingt angeht, geht mich in jedem Falle nur ganz alleine an, die Radikalität des Anspruchs des Evangeliums fordert das letztlich einsame Ich in seiner Freiheit heraus. Karl Rahner hat die „anthropologische Wende" für alle theologischen Aussagen – vor allem aufgrund der neuzeitlichen Philosophie – postuliert. Alle Aussagen über Gott sind immer auch und unvermeidlich Aussagen über den Menschen, der Mensch ist nicht nur ein Subjekt neben anderen in der Welt, sondern das welt- und wirklichkeitserschließende Subjekt überhaupt („quodammodo omnia"). Die „anthropologische" Wende der Theologie ist die Wende zum Subjekt, zum Ich-sagen in der Theologie. Sie beendet ein „voranthropologisches" Stadium, in dem der Mensch nur als ein in der Welt Seiendes neben anderen gefasst wird. Diese „Bewusstseinsanthropologie" unterstellt freilich ein idealistisches Ich, ein zeitloses, schicksalloses, in allen Subjekten gleiches Ich („Subjektivität"). Sie hat eine Korrektur gefunden in der „Begegnungsanthropologie", die das interpersonale Ich im Sinne der Ich-Du-Relation fasst.

Die hier vertretene „anamnetische Anthropologie" verfolgt freilich einen anderen Ansatz für die Ich-werdung. Ihr Grundsatz könnte so formuliert werden: *Je mehr es um mich selber geht, desto weniger geht es um mich allein, d. h. nie bloß um „mein" Leben, nie bloß um „meine" Zeit, nie bloß um „meinen" Tod.* Da sind immer andere Menschen mit im Spiel, Ferne und Nahe, Lebende und auch Tote. Nochmals: das „politische Ich", das an den Anderen auch zu sich selbst kommt, alleine an ihnen sich weiß, ist nicht einfach mit dem Ich, das sich am Ich-Du-Verhältnis bildet, gleichzusetzen. Der Nächste bei Jesus ist nicht einfach Vater und Mutter, nicht das eigene Kind, nicht der Freund, nicht der Nächste, nicht die Nächsten also, nicht die Gleichgesinnten, nicht der Clan, nicht die sittlich und kulturell bereits Vertrauten und Anerkannten, sondern: die Anderen, die in fremden, in unbekannten Geschichten und Kulturen zuhause sind. „Der Nächste" wird in dieser *anamnetisch fundierten Anthropologie* aus dem Zusammenhang „der Anderen" begriffen. Die „politische Liebe" wird hier nicht aus der Nächstenliebe extrapoliert, sondern, wenn schon, eher

11. Warum überhaupt Kirche?

umgekehrt. Und deshalb gewinnt in diesem theologischen Ansatz auch die Gerechtigkeitsfrage einen besonderen Rang.

Die anamnetische Anthropologie muss heute gegen die „therapeutische Anthropologie" abgegrenzt werden. Letztere folgt der Maxime: Nur der kann die Anderen in ihrem Anderssein anerkennen, der bereits sich selbst angenommen hat. Der bereits mit sich selbst versöhnte Mensch kann sich auch mit Anderen versöhnen. Rat und Beistand der Psychologie können hier durchaus hilfreich sein für eine gelungene Zusammenführung von Lebens- und Glaubensentwurf. Der Glaube verlangt offensichtlich „starke Subjekte", bei denen Lebensgeschichte und Glaubensgeschichte authentisch ineinandergreifen und nicht überichhaft und allemal neurotisierend aufeinander gepfropft sind. Der kritisch-therapeutische Einspruch dieser therapeutischen Anthropologie ist unbedingt zu hören, solange sie sich nicht ihrerseits als Religions- und Theologieersatz geriert bzw. solange sie um ihre eigenen Einseitigkeiten und Blindheiten weiß. Weiß sie das aber?

Für den politischen Theologen wirkt die tiefenpsychologische Theologie zu unpolitisch, genauer: zu ichverliebt. Sie erweist sich am Ende als jener Narzissmus, für dessen Therapie sie sich ausgibt. Sie suggeriert dort religiöse Tiefe im Ich, traumverschlüsselte Abgründe, wo in Wahrheit solange Flachheit und schiere Untiefe herrschen, als dieses Ich sich nicht an den Anderen, mit den Anderen, für Andere erfährt und bewährt. Solches Ichwerden an den Anderen ist vielleicht nicht so wichtig für die kleinen Hoffnungen, aber es ist unerlässlich für die großen, die lebensprägenden Hoffnungen.[2] Sie sind es, die das an und mit Anderen entzündete Ich erfordern. Das jedenfalls lehrt die biblische Urgeschichte der Subjektwerdung. Dieses „Subjektverständnis" – und das korrespondierende Ichsagen in der Theologie – ist in einer anamnetischen Anthropologie fundiert, in der das Subjekt an den Anderen, mit den Anderen zu sich kommt und auch nur so sich selbst – in seiner „Ichtiefe" – weiß. Das alles ist nicht simple, ichvergessene oder Über-ich-erzeugende Institutionenapologetik, ist nicht verschlüsselte Gehorsamsrhetorik. Es stellt im Gegenteil die authentischen Kriterien zur Kritik aller institutionellen Erscheinungsformen bereit, die in die Ich-Isolation, in die Ich-Flucht und damit in fragwürdige Beherrschbarkeit führen. Das starke Ich, das starke Subjekt der Hoffnung und der Gotteszeugenschaft ist ein plurale tantum. Also: „Bedürftig" ist

---

[2] Vgl. „Ich-werden im Mitsein. Zur Anthropologie der ‚anthropologischen Wende'", in: JBMGS 7, 39–42.

196 III. Einleitungen, Exkurse, theologische Hintergrundprämissen

solche Hoffnung, weil sie nur lebbar ist zusammen mit Anderen, im Angesicht der Anderen, die auch noch anders zu hoffen gelernt haben bzw. lernen mussten. Doch diese Abhängigkeit und Bedürftigkeit garantiert erst die lebendige und attraktive Vielfalt in der Glaubenswelt und überwindet die übliche auskunftsarme Stereotypie bei den meisten Glaubensaussagen. Gerade das *konstitutionelle* Mit-anderen-sein ermöglicht das authentische Ich-sagen auch in der Theologie.

Es ist wieder nicht von ungefähr, dass das, was man in der gegenwärtigen Anthropologie „Alterität" nennt, aus jüdischen Traditionen kommt: Individualität ist nur in und aus Alterität verständlich. *Emmanuel Levinas* hat darauf aufmerksam gemacht, dass das Ich grundsätzlich und immer durch den Anderen konstituiert wird. Erst derjenige, der mir gegenübertritt von Angesicht zu Angesicht, der mich anspricht, der mich heimsucht, er ermöglicht mich in meinem Sein. Der Andere, das ist der andere Mensch, aber bei Levinas schwingt immer mit, dass in ihm der Andere, also Gott selbst erscheint. Er verweist dabei gelegentlich und sehr vorsichtig auf Jes 53, im Neuen Testament könnte man sich auf Mt 25 berufen. Der Andere konstituiert mein Ich, aber er bleibt der Andere. Eine Verschmelzung findet nicht statt. Für Levinas hat das mit Lebensfreude und Lebenszugewandtheit zu tun, nicht mit dem Wunsch, den Lebensmangel auszufüllen. Daher muss von Levinas her gesagt werden, dass „der Andere" nicht einfach der Verwandte, der Clangenosse ist, sondern der wirklich Andere, der Fremde, dessen Antlitz mich heimsucht. Der Andere, der mir bekannt ist, dient vielmehr nur meiner Bestätigung. Der mir Fremde aber reißt mich aus dem Gewohnten heraus, ermöglicht das neue Denken, das neue Tun, er öffnet den Horizont für das Unerwartete – gerade auch das Unerwartete von Gott her. Ist nicht dies das besondere Kennzeichen des Gottesverständnisses Israels, dass Gott das Untypische, das Nichterwartete, das Neue tut? Zum Fremden gehört auch das Sperrige, das Anstößige, Unterdrückte und Verworfene.

Wenn sich *in* der so verstandenen Nächstenliebe Gottesliebe ereignet, dann ist das Christentum eine Schule der Wahrnehmung. Politische Unschuld ist deshalb solcher Gotteszeugenschaft nicht gegönnt. Sie ist schließlich sehenden Auges in jene Geschichte verstrickt, in der gekreuzigt und gepeinigt, gehasst und nur spärlich geliebt wird, und kein geschichtsferner Mythos, keine weltblinde Gnosis kann ihr jene Unschuld zurückschenken, die sie in einer solchen geschichtlichen Prüfung verliert. Der uns in Jesus nahegekommene Gott ist offensichtlich nicht so sehr daran interessiert, wie und was wir zunächst einmal über ihn denken, sondern

11. Warum überhaupt Kirche?

wie wir uns zu den Anderen verhalten; und erst dies, wie wir mit Anderen umgehen, lässt erkennen, wie wir über ihn denken und was wir von ihm halten. Das meint der Gedanke der konstitutionellen Kirchlichkeit.

Keiner von uns braucht so zu tun, als wäre er mit seinem Glauben nicht auf den Glauben der Anderen bleibend angewiesen, andernfalls wäre, was wir Kirche nennen, eigentlich eine überflüssige Zutat, eine nachträgliche Instanz, die keinen Ernst und keinen Anhalt in der Radikalität des Evangeliums der biblischen Traditionen hätte. Das Bedürftige, das Angewiesensein auf den Glauben der Anderen, kann man gerade in der Gestalt des Glaubens als *eschatologische* Hoffnung erkennen. Was hätte diese Glaubensgestalt der Gemeinschaft der Glaubenden zu geben? Sie will dem Glauben seine Rückfragen geben. Sie will dem Glauben seine *eschatologische Unversöhntheit* zurückgeben, mit der er sich weigert, gewissermaßen hinter dem Rücken der menschlichen Leidensgeschichte mit Gott zu paktieren, weil die lebendige Hoffnung, die in diesem Glauben steckt, auch nur vor und angesichts dieser Leidensgeschichte bewährt werden kann. Es gibt auch einen Glauben, der gewissermaßen hoffnungslos mit Gott und seiner Schöpfung versöhnt ist, der eigentlich keine Hoffnung mehr braucht, jedenfalls keine zeitlich gespannte Erwartung. Gern halten wir diese Glaubensgestalt für den einzig wahren und festen Glauben. Könnte sie aber nicht der Ausdruck für etwas anderes sein: Ausdruck einer Sicherheitsideologie, einer Immunisierungsstrategie, die auf Absicherung zielt? Das Ideal dieses Glaubens wäre Krisenfestigkeit. Ich will nicht etwa in neoexistentialistischer Manier die Krise feiern. Aber ich will darauf aufmerksam machen, dass es die Anderen sind, die unsere vorgefassten Interessen immer auch irritieren und über die Enge des Ich hinausführen.

Das heißt freilich nicht, dass damit jeder Existentialismus verurteilt ist. Man denke an den großen Sören Kierkegaard, der ja seinen einsamen Einzelnen besonders stark herausgearbeitet hat. Aber er hat es nicht gegenüber einer kommunitaristisch verstandenen Christlichkeit getan, sondern gegenüber einer schon längst im bürgerlichen Egoismus versunkenen Christlichkeit, wie er sie beschrieben hat. Dergegenüber ist natürlich der Existentialismus des Einzelnen als kritisches Korrektiv unerlässlich.

Wenn man in die Geschichte der Kirche blickt, dann wird man sehen, dass diejenigen Einsprüche, Veränderungen, reformatorischen Aufbrüche, die es in dieser Geschichte gab, immer auch kommunitaristische Verfassungen hatten. Denken wir an die großen Orden. Diese Orden waren nicht im Zentrum der Kirche als das angesiedelt, was eine Art Überaffirmation

III. Einleitungen, Exkurse, theologische Hintergrundprämissen

für die kirchliche Institution bedeutet, sie waren eine Schocktherapie des Heiligen Geistes gegenüber der Institution selber. Sie waren immer am Rand angesiedelt. Sie sind vom Rand her ins kirchliche Leben eingebrochen. Sie waren zum Großteil ohnehin knapp an der Häresie vorbeigestrauchelte Einrichtungen.[3]

Was ich sagen will: Wenn man konstitutionelle Kirchlichkeit ernst nimmt, dann hat man einerseits einen verständnisvollen Rückblick aus dem Christentum auf die Geschichte des Judentums und andererseits einen Ansatz zur Kritik an der Institution Kirche.

Wenn die biblische Form der Selbsterfassung nur mit und durch die Anderen geschieht, ist es nur konsequent, dass das Ich, welches das Credo spricht, ein gemeinschaftliches Ich, sozusagen ein ekklesiales Ich ist: Keiner glaubt und hofft für sich allein. Man vergleiche doch einmal das kleine geschichtliche Credo des Deuteronomiums mit dem Nizäno-Konstantinopolitanischen Glaubensbekenntnis, wie wir es heute beten. Darin zeigt sich ein Zurücktreten, ein Verblassen der narrativ-memorialen Kategorialität zugunsten von Kategorien in einer kosmologischen Metaphysik aus dem Sprachbereich des hellenistischen Denkens.[4] Geschichtliche Namen (Maria, Pontius Pilatus usw.) erinnern an die Geschichte, in der gelitten, gekreuzigt, auferweckt usw. wurde. Diese Erzähl- und Erinnerungsgestalt gehört zur Tiefenstruktur der christlichen Bekenntnisinhalte; sie ist ihnen nicht nachträglich angesonnen, sie dient auch nicht nur ihrer nachträglichen Ausschmückung und Verdeutlichung „für das Volk", sie ist eine unverzichtbare Ausdrucks- und Mitteilungsform des christlichen Glaubens. Im Zuge der „Hellenisierung", in der das jüdische Erbe im Christentum immer stärker absorbiert wurde vom griechisch-hellenistischen Erbe, wurden die Kategorien der Erzählung und der Erinnerung immer ausschließlicher auf den kultisch-sakramentalen Bereich eingeschränkt. In der Bestimmung des Logos der Theologie spielten sie immer eine geringere Rolle – zum Schaden für beide, für die Theologie und für die Liturgie.

Die vom kategorialen Einfluss der klassischen griechischen Metaphysik geprägten „Dogmen" erwecken häufig den Eindruck subjektloser und situationsloser Allgemeinheit. Sie sind daher immer neu kenntlich zu machen als Formeln eines gefährlichen und befreienden Gedächtnisses, als begrifflich verschlüsselte Erzählgestalten des Glaubens in der Nachfolge.

---

[3] Zeit der Orden? Zur Mystik und Politik der Nachfolge, in: JBMGS 7, 150–207.
[4] Vgl. die einschlägigen Ausführungen in Band I dieser Ausgabe.

11. Warum überhaupt Kirche? 199

Die Theologie muss diese Lehr- und Bekenntnissätze dechiffrieren als formelhaft abgekürzte, gewissermaßen stenographierte Geschichten, sie muss die Glaubens- und Bekenntnisformeln immer wieder zurückerzählen in die biblischen Geschichten des Aufbruchs und der Umkehr, des Widerstands und des Leidens und so immer wieder in die Nachfolgegeschichten. Also: Konstitutionelle Kirchlichkeit gegenüber dem, was wir als institutionelle Kirche, als Kirche qua Institution kennen. Nicht in dem Sinne, dass wir sagen, schaffen wir die Kirche als Institution ab, sondern in dem Sinne, dass wir von dieser Spannung ausgehen. Und diese konstitutionelle Kirchlichkeit soll nun auch nicht eine simple Apologie für alles sein, was in der institutionellen Kirche passiert. Die Ordenskirche ist in einer gewissen Weise Ausdruck für diese konstitutionelle Kirchlichkeit im Sinne radikaler Nachfolgegemeinschaft, und man weiß aus der Geschichte der Kirche, dass es immer und gerade in den großen, den fruchtbaren und blühenden Zeiten Spannungen zwischen der Großinstitution Kirche und dieser Ordenskirche gegeben hat. Es gibt ja immer wieder in der Institution Kirche Tendenzen zur Überlegitimation der Kirche. Es gibt die Gefahr eines überschießenden Selbsterhaltungsinteresses. Was hat die Kirche wohl gesündigt, als sie mit dem Rücken zur Judenverfolgung nur daran gedacht hat, sich selber zu retten? Ob sie das nicht in einer Weise gemacht hat, die ihr ganz schlecht bekommen ist? Die Gefahr, dass sie sozusagen das kirchliche Leben reproduziert nach Mustern, die eigentlich als organisations-soziologische Muster durchschaubar sind, aber bei uns in der Kirche dann „heiliger Geist" genannt werden. Extreme Kontrollinteressen – auch gegenüber den Glaubensinhalten.

11.2 Das katholische Prinzip der „Repräsentation"

Es ist die Frage, ob es so etwas wie Kirche als repräsentative Instanz zwischen Gott und Mensch, zwischen Christus und den Nachfolgenden geben soll und muss. Das ist in einer gewissen Weise noch einmal die Frage nach dem katholischen Prinzip im Christentum. Natürlich gibt es auch in anderen Christentümern Gemeinden, aber die Frage, ob und inwiefern die Kirche selber ein repräsentatives Moment gegenüber den Einzelnen hat, bleibt dort entweder ungeklärt oder negativ beantwortet. Was das Prinzip der Repräsentation bedeutet und inwiefern die Kirche die ganze Botschaft repräsentieren muss, damit sie eben von den Einzelnen nicht nur selektiv wahrgenommen wird und welche Gefahren in einer repräsentierenden Kirche stecken, die zwar repräsentiert, aber vielleicht nicht bezeugt, ist evident.

200   III. Einleitungen, Exkurse, theologische Hintergrundprämissen

Worum geht es? Weil die Glaubensgemeinschaft „Kirche" nicht ihren Weg, sondern nachfolgend „seinen" Weg, den Weg Jesu selbst in seinen Konflikten mit den gesellschaftlichen Mächten, mit den öffentlichen Gewalten, ausgetragen in der Auseinandersetzung mit Pontius Pilatus, zu gehen hat, – deshalb „Repräsentation". Von Anfang an gab es eine „Urversuchung", die etwas grandios Verführerisches an sich hat und die Kirche bis heute begleitet. Sie wirkt wie „eingebaut" von Anbeginn an, sie kommt immer wieder: das *gnostische Rezidiv*. Diese Urversuchung ist ernst zu nehmen, weil sie eine typisch intellektualistische Versuchung des Christentums ist. Dabei handelt es sich um die metaphysische, ja um die religiöse oder doch religionsförmige Versuchung des Geistes der christlichen Gottesrede selber. Sie zeigt immer wieder offen oder versteckt antijudaistische, antisemitische Züge.

Zunächst: Die Rede ist hier von Markion. Seine Zugehörigkeit zur Gnosis ist für die Forschung nicht eindeutig. Indes, die beiden Elemente seines Denkens, die uns hier vor allem interessieren, sind offensichtlich gnostisch geprägt. Markion – aus Kleinasien (vermutlich zwischen 85 und 160) stammend – tritt am Ende des Urchristentums mit einer Lehre auf, die man verstehen kann als argumentatives Angebot zur Verarbeitung bzw. zur Absorption zweier Grundverlegenheiten des Christentums: Naherwartung (Warum kommt er nicht?) und Theodizee (Warum das Leid in Gottes guter Schöpfung?).[5]

Das Heilsverständnis in den jüdisch-christlichen Traditionen unterscheidet sich von den Heilsvisionen aller anderen Religionen dadurch, dass es einen geschichtlichen Kern hat. Es ist mit seiner Botschaft von der „befristeten" Zeit eine *Zeitbotschaft* und keine Ewigkeitslehre. Dagegen setzt nun Markion – immer wieder unter Berufung auf Paulus – das typisch gnostische Axiom von der Geschichtslosigkeit des Heils und der Heillosigkeit der Geschichte. Darauf hat in einzelnen Formulierungen z. B. Ernst Bloch in seinem Buch „Atheismus im Christentum"[6] hingewiesen, wenngleich Bloch dieses markionitische Axiom anders als wir bewertet. Bei Jacob Taubes findet sich in „Gnosis und Politik"[7] dieses markioniti-

---

[5] Vgl. „In den Leidens- und Katastrophengeschichten dieser Zeit", in: JBMGS 4, 19–45; „Plädoyer für mehr Theodizee-Empfindlichkeit in der Theologie", in: JBMGS 6/2, 121–159.

[6] *Ernst Bloch*, Atheismus im Christentum. Zur Religion des Exodus und des Reichs (Gesamtausgabe Band 14), Frankfurt am Main 1968.

[7] *Jacob Taubes*, Gnosis und Politik, München/Paderborn 1989 (zweiter Band der dreibändigen Reihe: Religionstheorie und Politische Theologie).

11. Warum überhaupt Kirche?

sche Axiom mit der Formulierung: „Die Geschichte hat kein Heil und das Heil hat keine Geschichte". Mit diesem *Dualismus* von Geschichte und Heil sucht Markion die urchristliche Eschatologie endgültig zu entspannen und sie gänzlich ihres zeitlich-geschichtlichen Charakters zu entkleiden. Und die zweite Schwierigkeit: Auch auf die crux der sogenannten Theodizeefrage antwortet Markion mit einem dualistischen Ansatz, der in der Gnosis verwurzelt ist. Er sucht die Provokation der Leidensgeschichte, die ebenso unbeantwortbare wie unvergessliche Theodizeefrage dadurch zu schließen, dass er einen *Dualismus* zwischen Schöpfer- und Erlösergott einführt. Der Schöpfergott ist für ihn der alttestamentlich-jüdische Gott, den er in seinen sogenannten Antithesen strikt ablehnt und den er im unversöhnlichen Gegensatz sieht zu dem verborgenen, transmundanen Erlöser, der in Christus eine vorübergehende Erscheinung angenommen hat. Das „Wissen" (Gnosis) um ihn besänftigt die Theodizeefrage in ihrer offenen Flanke. Die Theodizeefrage ist also bei Markion keineswegs unterschätzt, sie steht im Zentrum seiner Überlegungen wie im Zentrum der Gnosis. Aber sie wird nun durch den Schöpfer-Erlöser-Dualismus endgültig beantwortet und stillgestellt. Die Konsequenz ist eine endgültige Absprengung des Christentums vom Judentum, des Neuen Testaments vom Alten Testament, da keine Gemeinsamkeit mehr zwischen dem Gott der Christen und der Juden ist.

„Die katholische Kirche ist gegen Markion gebaut" (Adolf v. Harnack). Kirche ist als „Widerstand" gegen dieses gnostische Angebot definiert. Die frühe Kirche hat nämlich die Gnosis als Angebot nicht angenommen. Sie hat sich nicht einmal auf gewisse Vermittlungsangebote eingelassen, etwa vonseiten des Clemens von Alexandrien und vor allem des genialen Origenes. Nicht ihm ist sie gefolgt, sondern Irenäus, dem Bischof von Lyon, der 202 starb und der in seinem Buch „Adversus haereses" zum großen antimarkionitischen Polemiker wurde, und sie ist seinem Schüler Hippolyt von Rom gefolgt und last not least dem scharfsinnigen Tertullian, insofern auch er sich gegen Markion und die Valentinische Gnosis wandte.

Mit dem Einbruch der Gnosis verbindet sich die erste, im Urchristentum selbst schon ansetzende Identitätskrise des Christentums, die nicht gleichgesetzt werden darf mit dem Prozess der sogenannten Hellenisierung des Christentums und den daraus entstandenen dogmatischen Festlegungen des Christentums in den frühen Konzilien seit Nikaia (325). Noch vor den großen christologischen und trinitätstheologischen Grundlagen-Diskussionen ab dem 4. Jahrhundert gibt es also eine Krise der biblischen Gottesrede, die sich mit dem Einbruch der Gnosis verbindet und die bis heute

202 III. Einleitungen, Exkurse, theologische Hintergrundprämissen

schwelt. In diesem Urstreit um das biblische Gottesverständnis, der bis heute nicht zur Ruhe gekommen ist, bedeutet Kirche die Instanz gegen Markion und die Gnosis überhaupt. Sie erklärt zwei Elemente des Christentums, die selber immer miteinander zusammenhängen: einmal das Festhalten am alttestamentlichen Schöpfergott und an der „universellen Eschatologie" gegen die individuelle Erlösungspsychologie der Gnosis. Gott ist ein universales Heilsversprechen, das man in seiner Universalität nur im Blick auf die zeitliche Welt verstehen kann. Es gibt also keine christliche Gottesrede ohne Eschatologie, ohne eschatologische Rückfrage an Gott angesichts der Leidensgeschichte der Welt, also keine Theologie ohne Theodizeefrage. Kirche ist gegen Markion gebaut, d. h. sie widersteht dem Heraustreten aus der Spannung zwischen Heil und Geschichte, zwischen Gott und Zeit.

Gibt es *heute* eine Präsenz gnostischer Motive? Sie begegnen in Existentialismen, im Neomarxismus, etwa bei Ernst Bloch, der von einem Rebellionsmythos ohnegleichen gegen den Schöpfergott spricht, aber auch in der postmodernen Religionsfreudigkeit, in der Religion ohne Gott, in der weltanschauungsorientierten Tiefenpsychologie usw. Das Christentum selber sucht sich den geschichtlichen Konflikten oft durch Psychologisierung zu entziehen, als ob es eine Art Selbstfindungsgarantie des Menschen wäre. Als solche ist es längst überflüssig geworden. Als solche hat es längst versagt. Das kaum Lebbare der Nachfolge darf nicht ausgebügelt werden. Jesus hat doch nicht einfach Selbstversöhnung und angstfreies Leben verkündet: dazu brauchen wir ihn nicht, dafür haben wir andere und bessere Gurus. Unter dem Namen „Gott" muss noch anderes gehört werden. Das Christentum der Nachfolge wirkt in seinem Kern tatsächlich wie eine große Übertreibung, denn die Maßstäbe der Aufmerksamkeit, der Zuwendung, der Verantwortung für Andere, die Jesus entworfen hat, sind unerträglich groß. Ja, ein Hauch von Anarchie liegt über seiner Botschaft. Wer kann sie konsequent leben? Und so bemühen wir uns seit zweitausend Jahren, diese Maßstäbe zu verkleinern, sie zurückzuschrauben, um mit ihnen auszukommen, ohne zu viel Umkehr riskieren zu müssen und ohne zu viel Versagen eingestehen zu müssen. Doch immer wieder bricht die Beunruhigung, die Rebellion im Christentum dagegen auf, dass diese Maßstäbe entweder willkürlich verkleinert oder mit einem bloß ästhetischen Radikalismus verwechselt oder mythisch beruhigt werden. Die Spannung zwischen Nachfolge und Welt, zwischen Mystik und Politik bleibt im Zentrum des Christentums verwurzelt. Sie kennzeichnet die Größe und die konstitutionelle Gefährdetheit des Christentums zugleich, sozu-

11. Warum überhaupt Kirche? 203

sagen seine apokalyptische Beunruhigung. – Und schließlich gibt es auch so etwas wie eine „Stunde der Gnosis" in der christlichen Theologie? Dafür seien *drei* Symptome genannt.

Erstens: Abschied vom theologischen Schöpfungsdenken. Können wir überhaupt den Schöpfungsgedanken und die Weltzeit noch in einen Zusammenhang bringen? Huldigen wir da nicht selbst einem heimlichen Dualismus, in dem wir die Weltzeit selbst einer Eigenzeit überlassen und nur die individuelle Lebenszeit noch in ein Verhältnis zu Gott zu bringen suchen? Haben wir also nicht so gut gnostisch, gut markionitisch den Schöpfergott längst preisgegeben und huldigen wir nicht einem in den tiefen Regungen unserer Seele vermuteten Erlösergott? Haben wir, da uns die Welt selbst so gottlos vorkommt, unser Gottdenken nicht weltlos gemacht? Und wurde so ihre Eschatologie nicht immer mehr zu einer reinen Psychologie?

Zweitens: Tendenzen zur Entgeschichtlichung des Heils. Gibt es sie nicht in unserer weltlosen, zeitlich entspannten Trinitätstheologie? Gnosis in der Rede vom leidenden Gott, vom Leiden in Gott, vom Leiden zwischen Gott und Gott?

Drittens: Stunde der Gnosis gerade in der Situation des Übergangs zu einem kulturell-polyzentrischen Weltchristentum? Wie können die kulturellen Unterschiede verkraftet werden, ohne dass es zu einem gedankenlosen oder monotonen Pluralismus kommt? Die Gefahr einer gnostischen Versuchung zu einem „reinen" Christentum, einem zeit- und geschichtslosen Christentum, einem welt- und kulturenthobenen Christentum, das sich dann im Nachhinein in die einzelnen kulturellen Welten entäußert – diese Gefahr gibt es.

11.3 Institutionalisierung eines gefährlichen Gedächtnisses

In der posttraditionalen Gesellschaft wird die Frage nach Tradition besonders prekär. Lassen sich Traditionen, wenn sie nicht mehr unmittelbar normierend wirken, einfach reproduzieren? *Theodor W. Adorno* sagte: „*Tradition steht heute in einem unauflöslichen Widerspruch: keine ist gegenwärtig und keine zu beschwören. Ist aber jegliche ausgelöscht, so beginnt der Einmarsch in die Unmenschlichkeit*".[8] Unsere Frage zielt nun

---

[8] Jetzt in: *Theodor W. Adorno,* Kulturkritik und Gesellschaft I, Prismen. Ohne Leitbild, Gesammelte Schriften (hrsg. v. Rolf Tiedemann u. a.), Bd. 10.1, Frankfurt am Main 2003, 315.

204 III. Einleitungen, Exkurse, theologische Hintergrundprämissen

darauf: Gibt es Ressourcen eines Erinnerungsvorrats, der uns in den zunehmend enttraditionalisierten Gesellschaften zur Tradierung des Glaubens unerlässlich wird? Wie kann ein solcher Erinnerungsvorrat zugänglich gemacht, d. h. repräsentiert werden? Wäre Kirche die öffentliche Repräsentantin eines Gedächtnisses, das von praktischer Bedeutung ist?

Ich möchte jetzt nicht auf die politische Frage in einer posttraditionellen Gesellschaft eingehen, auf die Bedeutung von Traditionen für unser Demokratieverständnis und auch nicht auf die Bedeutung von traditionsgeleiteten Begründungsfiguren in künftigen Großkonflikten.

Etwas, was sozusagen den Alltag mehr unter uns betrifft, ist die Frage nach den traditionsgeleiteten Lebenswelten bei uns. Was versteht man unter einem traditionsgeleiteten Menschen? – Dass man lebensprägend in etwas eingeübt ist, ehe man darüber reflektiert hat. Oder anders: dass man biographisch in überkommene Lebensformen eingefädelt ist, die man reflexiv gar nicht erfinden kann. Die Motive unseres Handelns sind nicht erst dadurch Motive, dass sie einer kritischen Reflexion oder einem Diskurs unterworfen werden. Wir stehen schon in Lebens- und Erfahrungszusammenhängen, die ein kritisches Nachdenken darüber zwar nicht ersetzen, aber innerlich gegen einen puren Kritizismus bestimmen, der jeglichen Inhalt aus sich verlieren müsste. Es gibt doch viele unverzichtbare Haltungen, in die man eingeübt sein muss, ehe man über sie nachdenkt. Dann aber stellt sich eigentlich die Frage: Wie lernt man ganz einfache Dinge – oder auch schwierige – wie etwa Dankbarkeit? Oder das Verstehen? Auch die Bereitschaft zur Verständigung? Oder auch zum Dissens? Wie die Sensibilität für fremdes Leid? Wie lernt man das? Spielt hier nicht eine „anamnetische Kultur" eine viel größere Rolle, als man sich dies gewöhnlich eingesteht?

Unsere Frage geht nun dahin: Gibt es solche Ressourcen eines „kollektiven Erfahrungswissens" und wie könnte ein solcher Erinnerungsvorrat im Interesse der praktischen Vernunft zugänglich gemacht oder „repräsentiert" werden? Gibt es noch solche Institutionen, die sozusagen intakt sind? Und gehören zu diesem Ensemble von Institutionen nicht auch – und vielleicht gar nicht zuletzt – religiöse Institutionen? Also ganz praktisch gesagt: Gehören die Kirchen vielleicht noch dazu, trotz aller Trennung von Staat und Kirche? Die Synagogen, die Moscheen, der buddhistische Tempel? Es sind hier nicht die Gotteshäuser gemeint, sondern die Institutionen, für die diese stehen. Sind sie noch öffentliche Repräsentanten eines Gedächtnisses, das von praktischer Bedeutung ist?

Für Christen gibt es eine fundamentale Frage, die heißt: Wie behält man die nicht leicht lebbare, eher schwierige, oft so übertreibende Bot-

11. Warum überhaupt Kirche? 205

schaft Jesu im Gedächtnis, ohne dass man jetzt wieder in selektiver Wahrnehmung nur dasjenige herausnimmt, was einem gerade passt, ohne dass man – wie man heute sagt – das Menschenfreundliche herausfiltert, das es sicher – und Gott sei Dank – in dieser Botschaft gibt? Die, die das machen, haben wieder ein Problem ganz anderer Art. Denn wenn ich diese Botschaft so formuliere, dass sie für einen Menschen des 20. Jahrhunderts am Ende leicht und widerspruchslos zu leben ist, dann ist sie eigentlich überflüssig. Denn auf diese Art von Leichtlebbarkeit sind wir auch ohne diese Botschaft längst gekommen. Das kann es nicht sein. Wie hält man denn so eine Botschaft, die immer wieder geteilt worden ist, die man als ganz öffentlich nicht aushalten will und kann – wie behält man denn die im Gedächtnis? Anders gefragt: Wie macht man diese Nachfolge in ihrer Orientierung am Gehorsam Jesu selber geschichtlich zugänglich?

Ein Versuch ist die „Radikalisierung" der Botschaft, d. h. die *reine Praxis der Nachfolge*. Zweitausend Jahre Geschichte der Christenheit haben gezeigt, dass es nur wenigen vergönnt ist, diese Radikalität zu leben. Wir nennen sie die „Heiligen". Die anderen sind eher die Schwärmer, die so tun, als ob sie reine Nachfolge machten.

Die andere Figur ist eben die der *Gnosis*. Das ist der Versuch, über die Erkenntnis allein einzuholen, was diese Botschaft zumutet. In ihr droht das schwer lebbare Christentum in die esoterische Innerlichkeit eines geglaubten Glaubens aufzugehen.

Oder aber – und das ist die dritte Variante – es gibt eine *Institutionalisierung des Gedächtnisses*. Das ist die *katholische* Version des Christentums. Es ist die quasi kommunitaristische Vision des Katholizismus, für die das Prinzip der Repräsentation fundamental ist. Die Gefahr liegt freilich auf der Hand. Wenn das schwer Lebbare nur repräsentiert wird, dann ist die Gefahr der doppelten Moral, die Gefahr der Heuchelei, die Gefahr des Zynismus ganz groß. Aber in dieser Institutionalisierung des Gedächtnisses einer schwer lebbaren Botschaft wird die Botschaft selber nicht einfach verweichlicht. Sören Kierkegaard spricht mit Recht von einer „Inkommensurabilität". Und deshalb wird auch der Riss zwischen dem Ideal und dem Leben aufrechterhalten.

Was das bedeutet, lässt sich durch zwei Grenzziehungen verdeutlichen. Es ist das Große an *Martin Luther* und an seiner Reformation gewesen, dass sie die Gefahr der Heuchelei und der doppelten Moral zu bannen suchten. Sein radikal individualisiertes Glaubensprinzip bedarf eigentlich nicht der Institutionalisierung und der Repräsentation. Daher ist auch der Schwachpunkt an Luthers Lehre die Ekklesiologie. Denn die ist eigentlich

206   III. Einleitungen, Exkurse, theologische Hintergrundprämissen

nur notwendig, weil es die sich weigernde katholische Kirche gibt, die sich nicht darauf einlassen will, was Luther mit seiner „Freiheit eines Christenmenschen" gesehen hat. Jeder ist in gleicher Weise und im gleichen Auftrag ein Nachfolger. Die Nachfolge ist also nicht etwas, was man in der radikalen Form etwa den Orden vorbehält, die es damals massenhaft noch gab, sondern alle sind nun Nachfolgende – und zwar unbedingt. Diesem Glauben allerdings droht das Schicksal eines bloß geglaubten Glaubens. Der Glaube in dieser Unmittelbarkeit zu Gott wird schnell „konformistisch". Er verträgt sich als „Privatissimum" dann auch mit allen Verhältnissen, er bewegt und verändert nichts, er versöhnt sich unpolitisch mit den Verhältnissen. Und dieser Glaube lässt auch kaum noch Rückfragen an Gott selber zu, weil er diese Gottunmittelbarkeit viel zu wenig eintaucht in die schreckliche Profanität des Lebens, d. h. der Geschichte. So sind aus den Nachfolgenden auch die „Bürger" geworden. Will sagen, die bürgerliche Moral hat die messianische Botschaft überwältigt und es fehlt mehr oder weniger die Gegenrepräsentanz, das gefährliche Gedächtnis gegen die bürgerliche Moral.

Da ist auf der anderen Seite die Geschichte vom Großinquisitor von *Fjodor M. Dostojewski*.[9] Es ist eine wunderbare und in der Größe fast den Parabeln der Bibel nahekommende Erzählung über einen spanischen Großinquisitor, der die Gesetze der Kirche vertritt und der nun von Jesus heimgesucht wird. Der Großinquisitor lässt Jesus ergreifen und in das Gefängnis seines Palastes werfen. Dann kommt es zu einer Gegenüberstellung, in der Jesus kein einziges Wort spricht. Und der Großinquisitor erklärt nur, er könne ihn nicht brauchen. Denn er überfordere die Menschen. Und die Kirche hat gelernt, die Botschaft so zu interpretieren, dass sie lebbar wird. Am Schluss geht Jesus wieder, weil er gar nicht gebraucht wird und auch als der wiederkommende, der apokalyptische Jesus nicht vorgesehen ist. Also es bleibt die Frage: Wie erträgt man seine Botschaft, wie lebt man sie? Unmittelbar, ohne jede dämpfende Vermittlung durch die Kirche?

Sören Kierkegaard hat das Wort „ver-rückt" mit Bindestrich geschrieben, damit man nicht mehr vergisst, dass Jesus etwas Übertreibendes und eigentlich auch jeden Einzelnen für sich selber mehr oder minder Überforderndes gewollt hat. Um das nicht zu vergessen, dürfen wir die

---

[9] *Fjodor M. Dostojewski*, Der Großinquisitor findet sich im 5. Kapitel des 5. Buches des Romans „Die Brüder Karamasow". Als Separatdruck erschienen bei Reclam, Stuttgart 1970 (übersetzt von Hermann Röhl, mit einem Nachwort von Arthur Luther), 5–62.

11. Warum überhaupt Kirche? 207

Botschaft Jesu nie bloß leben wollen, denn wenn wir sie leben wollten, müssten wir sie verdrängen. Also muss man sie *repräsentieren*. Das ist das katholische Prinzip der Repräsentation. Es hat viele Gefahren in sich, aber ich möchte es nicht lächerlich machen.

Gibt es das Problem der Repräsentation nur für die Botschaft Jesu? Enthält nicht auch die Demokratie eine hochfahrende moralische Voraussetzung, die sie sich nicht gerne eingesteht? Das ist die ganz simple Voraussetzung, dass alle Menschen gleich sind. Das ist ein demokratischer Basissatz. Und dessen moralische Wendung heißt: Es darf im Grunde genommen nichts Inhumanes in der Welt geben, das einen Demokraten nichts angeht. Wer lebt denn das eigentlich? Wer kann das leben? Man wird keine moderne Demokratie finden, die bereit ist zu leugnen, dass alle Menschen gleich seien. Aber man wird viele Demokratien finden, die die moralische Wendung dieses Satzes verdrängen, weil sie nicht lebbar erscheint. Vor allem heute nicht. Keiner kann sich zu allen verhalten. Auch die moderne Demokratie, die um ihre Voraussetzungen weiß, kennt eine der Demokratie und den Demokratisierungsprozessen *vorgeordnete* und ihnen *entzogene* Autorität. Aber dieser Universalismus, der eigentlich der Demokratie eignet, weil sie vom Gleichheitssatz ausgeht, wird heute der Gefahr der Unglaubwürdigkeit, der doppelten Moral und der Heuchelei geziehen. Ein anderes Beispiel: die UNO ist die politische Instanz dieses immer wieder scheiternden Universalismus. Aber sollte man sie abschaffen, nur weil sie nicht hinreichend einlösen kann, was sie repräsentiert?

Es gibt also für die moderne rechtsstaatliche Demokratie eine Autorität, die der demokratischen Konsensbildung, die den Prozessen des demokratischen Diskurses entzogen bzw. ihm vorausgesetzt ist und die auch das Rechtsverständnis des demokratischen Staates berührt, wenn dieses nicht rein rechtspositivistisch gefasst wird. Der emphatische Begriff der Gleichheit aller Menschen ist nicht einfach identisch mit dem üblichen Verständnis von „Chancengleichheit" in der liberalen Demokratie. Deshalb kennt auch die rechtsstaatliche Demokratie nicht nur die politische Autorität einer legitim gewählten Volksvertretung, sie hat es immer auch mit einer moralischen Autorität zu tun, die ihrem Diskurs- und Konsensfindungsprozess vorausliegt und die hier, extrem abgekürzt, die Autorität der Anderen, insbesondere der *leidenden* Anderen genannt wird. Und auch hier: der dabei unterstellte Begriff der Gleichheit aller Menschen bleibt emphatisch, weil er im konkreten demokratischen Zusammenleben nicht eingelöst, nicht bewahrheitet wird. Eben deshalb muss der von ihm ausgehende Anspruch „repräsentiert" werden. Insofern gibt es eben auch

208 III. Einleitungen, Exkurse, theologische Hintergrundprämissen

einen fundamentalen Repräsentationsbedarf in jeder modernen rechtsstaatlichen Demokratie, die sich die Frage nach dem moralischen Fundament des demokratischen Zusammenlebens nicht ausreden lässt und die ihr Rechtsverständnis nicht einfach positivistisch begründet.

Einen fundamentalen Repräsentationsbedarf gibt es in den enttraditionalisierten Gesellschaften – wie es scheint – für das Christentum, um seiner Wahrheit willen, immer mehr.

12. Konsequenzen für die Zukunft der Kirche: Beharrliche Entfaltung zweier Konzilsimpulse

Im Blick auf die Zukunft der Kirche will dieser theologische Ansatz zwei Dinge beharrlich entfalten, die sich dem II. Vatikanum verdanken. Sie sollen zeigen, dass einerseits die katholische Kirche in den Horizont dessen, was wir die europäische *Moderne* nennen, gestellt ist und andererseits, dass die katholische Kirche nicht zuletzt vor allem wegen ihrer demographischen und geographischen Verfassung inzwischen auch schon an die *Grenzen* der Moderne gerät.

Das Konzil rückt – so heißt die erste These – die Kirche in den Horizont der Moderne. Warum? Weil sie eigentlich eine Kirche der aufrechten Gangart sucht, verheißt, andeutet, was inzwischen allerdings durch eine defensive Konzilsinterpretation auch wieder zurückgenommen und irritiert wird.

12.1 Das Experiment der aufrechten Gangart – oder: Kirche im Horizont der Moderne

Die hier von mir gebrauchte Metapher heißt ganz schlicht: Nur wer aufrecht geht, kann auch freiwillig knien und mit Frohsinn danken. Gewiss, eine metaphorische Redeweise, aber das Kriterium für legitime Metaphorologie ist ganz einfach die Unersetzbarkeit einer Metapher. Berechtigte Metaphern sind solche, die man durch keine bessere Formulierung ersetzen kann. Sie sind nicht Ausschmückungen von Argumentationen, sondern Abkürzungen derselben. Ich bin der Meinung, dass z. B. das nicht von mir gewählte Bild vom aufrechten Gang, um freiwillig knien zu können, eine ganze Argumentationslinie abkürzt. Genauso wie die schon früher von mir gebrauchte Rede von der „Mystik der offenen Augen" auch eine metaphorische Redeweise ist, die einen ganzen Argumentationsstrang im Unterschied zu der üblicherweise vorgestellten Mystik der geschlossenen und nach innen gewendeten Augen aufzeigt.

Das Zweite Vatikanische Konzil war, wie das Karl Rahner einmal betont hat, eigentlich ein Konzil der Kirche über die Kirche. Alle Konzilsaussagen über Gott und Welt, über den Glauben und die Vernunft, über Offenbarung und Geschichte, werden von vornherein in einer *ekklesiologischen Verschlüsselung* oder Kodierung vorgetragen. Ich frage mich oft, warum denn dieses doch sehr eindrucksvolle Konzil heute auch schon wieder so schnell vergangen erscheint und so wenig auch in seiner Spra-

210 III. Einleitungen, Exkurse, theologische Hintergrundprämissen

che, in dem, was es wirklich gesagt hat, zur Geltung kommt. Über viele Dinge wird nichts gesagt in diesem Konzil. Es sagt nichts über die Gottesfrage, soweit sie nicht nur eine Frage der Kirche und der Theologie ist. Sie sagt nichts zur Theodizeefrage, zur Rede von Gottes guter Schöpfung angesichts dieser schrecklichen Leidensgeschichte der Welt. Solche Rückfragen wollen wir hier allerdings nicht wiederholen. Ich möchte gerne das an diesem Konzil der Katholischen Kirche herausheben, was diese Kirche in den Horizont der Moderne zu rücken versucht.

Während das Erste Vatikanische Konzil (1869–1870) ein Kirchenbild hatte, das noch ausgesprochen vom Bild der Untertanenkirche geprägt war, vom Verhältnis zwischen Souverän und Untertan, steht im Zweiten Vatikanischen Konzil (1962–1965) ein Kirchenverständnis im Vordergrund, das an das biblische Bild vom wandernden Gottesvolk erinnert. Seit diesem Konzil probt nun dieses Gottesvolk mit – wie ich meine – guten biblischen Gründen eben den hier gerade angesprochenen aufrechten Gang. Er ist sicher schwer zu lernen, er ist auch kaum ohne Stürze, ohne Abstürze ins Weglose, ins Abwegige zu haben. Aber so wie man einem Kind nicht zureden darf, das Laufen erst gar nicht zu lernen, weil man dabei ja auch stürzen kann, darf die Kirche nicht mehr auf den aufrechten Gang der Glaubenden verzichten wollen nur um des Wagnisses willen, das darin liegt.

Mit der Metapher vom aufrechten Gang ist eine Fragestellung angezeigt, die das kirchliche Leben hierzulande, in Europa, überhaupt schon seit langem irritiert und die man mit einer Problemkonstellation beschreiben kann, die längst schon unter dem Stichwort „Autorität und Mündigkeit" vertraut ist. Wenn ich hier sichtbar machen will, inwiefern das Konzil die Kirche in den Horizont einer Moderne rückt, die durch die Aufklärung hindurchgegangen ist und die Mündigkeit als Grundpostulat kennt, dann muss man fragen, ob und inwieweit es im kirchlichen Leben selber so etwas wie eine unhintergehbare *Autorität der Glaubenden* gibt, also gewissermaßen eine Autorität ihrer Mündigkeit. In dieser Hinsicht möchte ich die Frage verfolgen.

Vielleicht darf ich an ein Konzilsdokument erinnern, das eigentlich nur ein Dekret geworden ist, das aber der katholischen Kirche bis heute in ihrer Entwicklung die meisten Fragen eingebracht hat: das Dekret über die Religionsfreiheit.[1] Es ist übrigens das einzige Dekret, das aus dem

---

[1] Erklärung über die Religionsfreiheit „Dignitatis humanae".

12. Konsequenzen für die Zukunft der Kirche 211

Bereich der nordamerikanischen Theologie in dieses Konzil hineingestimmt worden ist. Das ist nicht von ungefähr. Die angelsächsich-nordamerikanischen Traditionen sind im Katholizismus nur schwach oder überhaupt nicht beheimatet. Skandinavien, England, auch die USA zu einem großen Teil, sind eigentlich nicht die Länder, in denen und aus deren Kultur sich der Katholizismus nährt. Deswegen sind die Freiheitstraditionen dieser Kulturen dem Katholizismus sehr lange fremd gegenübergestanden. In Rom hat man z.B. vor der Befreiungstheologie nie Angst gehabt. Diese Theologie ist im Grunde genommen ein verlängertes Spanien, ein verlängertes Portugal, das gehört ja sowieso zu uns. Wovor man in Rom Angst hat, weil man es nicht kennt, ist das angelsächsische Freiheitsverständnis. Das heißt: Es gibt eine merkwürdige Unsicherheit und Unvertrautheit der katholischen Kirche und ihrer Institutionen gerade gegenüber diesen angelsächsischen Traditionen und deshalb hat man sich auch schrecklich bemüht, gerade mit diesem kleinen Dekret über die Religionsfreiheit einigermaßen fertigzuwerden. Immerhin steht in ihm Folgendes: „Die Wahrheit muss auf eine Weise gesucht werden, die der Würde der menschlichen Person und ihrer sozialen Natur eigen ist".[2] Was will dieser Satz sagen? Es geht nun nicht mehr um die Unterordnung der Glaubenden unter einen abstrakten und subjektlosen Begriff von Wahrheit. Das Recht der Wahrheit, auf das die Kirche sich immer beruft, ist zunächst das Recht der Person und ihrer Wahrheit. Das gab es vorher überhaupt nicht. Diese urchristliche Einsicht ist nicht primär durch die Kirche – eher schon ohne sie, ja in gewisser Weise gegen sie gerettet worden. Vielleicht ist das auch wieder einmal ein Beispiel dafür, dass das Evangelium nicht selten über die fremde Prophetie der sog. profanen Welt in die Kirche zurückkehrt. Was das Vatikanum II neu gegenüber den bisherigen Traditionen sagt und tut, ist dies: Die Glaubenden sind nun nicht mehr Objekte, sondern Subjekte, nicht nur Adressaten, sondern vor allem auch Träger des Glaubens und des Gottesgedächtnisses, d. h. die Autorität der Glaubenden gewinnt nun Gewicht. Mindestens in Ansätzen hat man die aktive Rolle der Glaubenden bei der Artikulation und Entfaltung des kirchlichen Glaubens betont und ausdrücklich gesagt, dass die Lehrautorität des kirchlichen Amtes auf dem Glaubenszeugnis der gesamten Kirche fußt, sodass nun die gesamte Kirche eine lehrende *und* eine lernende ist.[3]

---

[2] Dignitatis humanae, Art. 3.
[3] Vgl. die beiden Kirchenbände JBMGS 6/1 und 6/2.

212   III. Einleitungen, Exkurse, theologische Hintergrundprämissen

Freilich, diese Frage wurde nicht durchgefragt – wie so viele Fragen nicht. Wie z.B. auch die Frage, die nach dem Konzil große Probleme verursachte: Wie verhält sich das Bischofskollegium nun wirklich zum Papst, nachdem man versucht hat, das Bischofskollegium aufzuwerten gegenüber den Einseitigkeiten im I. Vatikanum? Oder: Wie verhalten sich denn die Teilkirchen nun wirklich zur Gesamtkirche, nachdem man versucht hat, die regionalen Teilkirchen in diesem Konzil aufzuwerten – aber ohne weitere Konsequenz?

Diese Autorität der Glaubenden in der Kirche ist freilich schwer zu verstehen. Vielleicht ist es ohnehin schon sehr spät, sodass die meisten sich um diese Autorität gar nicht mehr viel kümmern. Das mag sein. Aber die Kirche sagt natürlich nicht, dass es so etwas wie eine Lehrautorität der Glaubenden gibt, sondern sie spricht, wenn sie von der Lehre spricht, zu sehr immer vom Lehramt der Kirche. Doch gibt es genügend Ansätze in diesem Zweiten Vatikanischen Konzil, die in die Richtung einer solchen Autorität weisen. Was ich sagen möchte: Es gibt nicht nur das Lehramt, das sog. Magisterium der Kirche, sondern es gibt eigentlich auch die unhintergehbare *Lehrautorität* der Glaubenden selber, wenn man dieses Konzil ernst nimmt.

In den biblischen Traditionen gibt es zwei Traditionen. Außerhalb der sog. Pastoralbriefe scheint es ziemlich deutlich zu sein, dass der Träger dieser Lehre und der lehrenden Autorität die Gesamtheit der damaligen Gemeinschaft und Gemeinde, genannt Kirche, ist. In den Pastoralbriefen des Neuen Testaments wird die Lehrautorität dann schon individualisiert bzw. Einzelnen zugeschrieben, sodass die Duplizität in den kanonischen Texten selber im Ansatz begegnet. Kirchen- und theologiegeschichtlich blieb dieser biblische Grundimpetus, dass das Kirchenvolk im Ganzen Träger der Lehrvollmacht ist, lange zurückgedrängt.

Was man die Lehrautorität der Glaubenden nennen darf und nennen soll, bezieht sich nicht nur auf die weltlichen Aufgaben der Kirche, wie das üblicherweise gesagt wird, sondern – und dies steht ganz deutlich in den Dokumenten – auch im Blick auf die Glaubenswelt selber. Hier rückt das Subjekt in der Kirche in seiner unhintergehbaren individuellen Autorität wirklich in die moderne Welt – auch in ihre Widersprüche – ein. Wahrer Glaube drückt sich nun nicht mehr einfach in der Unterweisungssprache der Hirten aus, auch nicht nur in der Argumentationssprache der theologischen Experten, sondern dieser wahre Glaube, die Orthodoxie, kommt nun verbindlich und unverzichtbar gerade auch in der *Erinnerungs- und Erzählsprache* der einfachen Glaubenden zu Wort. Denn die

12. Konsequenzen für die Zukunft der Kirche 213

kirchliche Orthodoxie ist weder eine reine Elite-Orthodoxie noch eine reine Experten-Orthodoxie.

Ich glaube, dass dieses Einrücken in die Moderne deshalb sehr wichtig ist, weil in einer Zeit des Verfalls von lebensbestimmenden Traditionen, in einer Zeit, in der die Geschichte zwar wieder auf Interesse stößt, aber nicht eigentlich, weil sie verpflichtet, sondern weil sie – als Literatur verstanden – mehr entspannt, in einer solchen Zeit wird die sog. Tradierungskrise des christlichen Glaubens nahezu heillos. In ihr stehen wir heute. Und sie kann, wenn überhaupt, nur dadurch überwunden werden, dass hier das, was ich die Autorität der Glaubenden selbst nenne, ganz ernst genommen wird.

An diesem Punkt fing bei mir der Kampf um das an, was ich die *Alphabetisierung* des europäischen Christentums genannt habe. Wir brauchen die Versprachlichung des Glaubens. Es ist ungeheuer wichtig, auf Spurensuche zu gehen, um festzustellen, dass die Gebetssprache der Menschen viel breiter, universeller, interessanter, dramatischer und oft natürlich auch wieder abstürzender ist, als es unser Schema von Gebet und Gebetssprache und gar von Identifikation von Gebetssprache und Glaubenssprache zulässt. Ich persönlich muss gestehen, dass dies für mich eine der wichtigsten Aufgaben ist: die Zusammenführung von Glaubenswelt und Lebenswelt, die heute von niemandem mehr vorgemacht werden kann, weil man sie selbst vollziehen muss.[4] Das ist die Bürde der Autorität der Glaubenden. Angesichts dieser wuchernden Tradierungskrise des Glaubens wissen wir, dass das Nicht-Tradieren des Glaubens zum Teil einfach auch an der Sprachlosigkeit derer liegt, die noch glauben.

Eine der eindrucksvollsten Erfahrungen, die ich des Öfteren bei meinen Begegnungen in Lateinamerika machen konnte, sind die basisgemeindlichen Erfahrungen in der Dritten Welt. Dass dort einfache Glaubende in der Gemeinschaft mit ihren Bischöfen und mit ihren Priestern versucht haben, den Glauben zu formulieren, ohne dabei ihre Erfahrungen auszulassen. Da entstanden dann sog. Glaubensbekenntnisse. Es wurde der Versuch gemacht, in Konfrontation mit den schrecklichen Erfahrungen dieser Menschen, ihrer Vereinsamung, Isolation und ihres Elends, eine Sprache zu finden, die dann auch mit der Glaubenssprache der Kirche verbunden wurde, wie sie die Bischöfe und ein Teil dieser Theologen mitgesprochen haben. Es gibt viele Dokumente und Beispiele dafür. Das

---

[4] Vgl. JBMGS 4, 108–120.

214   III. Einleitungen, Exkurse, theologische Hintergrundprämissen

sind Versuche und Ansätze aus einer ganz anderen Welt. Der Preis für das Einrücken in die Moderne durch diesen einen Konzilsimpuls, den ich den Impuls des aufrechten Gangs nenne, ist noch lange nicht gezahlt.

12.2 Das Experiment einer kulturell polyzentrischen Weltkirche

Bei den folgenden Überlegungen geht es um eine Art theologischer Tendenzkunde: um den Versuch, die sich gegenwärtig abzeichnenden Bewegungen im großkirchlichen Leben in theologischen Konturen zu fassen. Zwangsläufig trägt ein solches Unternehmen betont hypothetische Züge.

12.2.1 Der kirchengeschichtliche Ort und Rang des Aufbruchs

Kirchenempirisch gesprochen hat die katholische Kirche nicht mehr einfach eine Dritte-Welt-Kirche, sondern sie „ist" inzwischen selbst eine Dritte-Welt-Kirche mit einer abendländisch-europäischen Ursprungsgeschichte.[5]

Ist dies „nur" ein empirischer Befund, der keinerlei kirchentheologische Bedeutung hat – oder kündigt sich darin eine neue Epoche der Kirchen- und Theologiegeschichte an? Ich möchte das Letztere behaupten und in Umrissen zu verdeutlichen suchen. Die katholische Kirche steht vor einer Zäsur ihrer Geschichte, der vielleicht tiefgreifendsten seit urkirchlicher Zeit. Sie ist auf dem Weg von einer kulturell mehr oder weniger einheitlichen, also kulturell monozentrischen Kirche Europas und Nordamerikas zu einer kulturell vielfach verwurzelten und in diesem Sinn kulturell polyzentrischen Weltkirche.

Um den kirchlichen und theologischen Rang dieses Übergangs zu erfassen, sollten wir die übliche, ohnehin vielfach problematisierte Einteilung der europäischen Geschichte in „Altertum – Mittelalter – Neuzeit" einmal zurückstellen – vor allem im Blick auf die Einteilung von Kirchen- und Theologiegeschichte. Ich möchte demgegenüber – übrigens in Nähe zu Karl Rahner – den Vorschlag machen, die Geschichte der Kirche in die folgenden drei Epochen einzuteilen:

– einmal in die zeitlich relativ kurze, aber für theologisch-historische Identität der Kirche fundamentale Epoche des *Juden-Christentums*;
– dann in die sehr lange Epoche innerhalb einer mehr oder minder einheitlichen Kultur, nämlich in die Epoche des auf dem Boden des Helle-

---

[5] JBMGS 6/1, 98–113.

12. Konsequenzen für die Zukunft der Kirche 215

nismus sich entfaltenden *Heiden-Christentums* und der damit zusammenhängenden europäischen Kultur und Zivilisation bis in unsere Tage;

– und schließlich in die Epoche einer weltweit verwurzelten, *kulturell polyzentrischen Kirche.*

Wenn ich mich nicht täusche, dann steht die Kirche (und auch die Theologie) im Übergang von einem abendländisch-europäischen Kirchentum, in dem Weltkirche eigentlich nur simuliert werden konnte, zu einem *Weltkirchentum* mit kulturell polyzentrischem Charakter. In ihm beginnt sich erst geschichtlich zu verdeutlichen, was mit jener apostolischen Sendung beabsichtigt ist, die uns die erste Kirchengeschichte des Christentums, nämlich die Apostelgeschichte, überliefert: „Ihr werdet meine Zeugen sein bis an die Grenzen der Erde." (Apg 1,8) So über die Kirche zu denken, d. h. sie für so jung zu halten, dass sie in einem gewissen Sinn erst am Anfang ihrer biblisch angelegten Geschichte steht: das ist der Versuch, die konkrete Kirchengeschichte als *Hoffnungsgeschichte* zu begreifen.

12.2.2 Im Blick auf das Spannungsfeld „Erste Welt – Dritte Welt"

Behandeln wir zunächst die Frage nach dem kulturellen Polyzentrismus mit Blick auf das Spannungsfeld „Erste Welt – Dritte Welt", das sich, wie immer es im Einzelnen beschrieben werden mag, mitten durch die reale Weltkirche zieht. Wir beschränken uns dabei vorläufig auf die lateinamerikanische Kirche. Dagegen mag man vielleicht einwenden, dass gerade diese zur Erläuterung des kulturellen Polyzentrismus kein besonders geeignetes Beispiel sei. Sind nämlich nicht gerade die lateinamerikanischen Kulturen von Europa überprojizierte Kulturen?[6]

Doch offensichtlich blickt uns aus Lateinamerika und seinen religiösen und politischen Kulturen nicht nur ein projiziertes Europa an, auch nicht einfach ein zweites Südeuropa. Man braucht dazu nur einmal die lateinamerikanische Literatur, etwa die neueren Romane, näher zur Kenntnis zu nehmen. Unter dieser Voraussetzung ist der Blick auf die lateinamerikanischen Länder und ihre Kirchen sogar in besonderer Weise wichtig und für den in Gang kommenden Austausch verheißungsvoll. Denn zu einer gegenseitigen Inspiration und schöpferischen Assimilation kommt es zwischen den einzelnen unterschiedlichen Kulturräumen nur dann, wenn sie einander nicht zu fremd und zu beziehungslos gegenüberstehen. An den

---

[6] Vgl. JBMGS 6/2, 323–340.

216   III. Einleitungen, Exkurse, theologische Hintergrundprämissen

lateinamerikanischen Kirchen wird deutlich, wie sehr das Verhältnis „Erste Welt – Dritte Welt" ins Zentrum des kirchlichen Lebens reicht. Die Kirche muss hier, jenseits des Ost-West-Konflikts, aus dem Geist des Evangeliums eine neue Möglichkeit, ein neues Verhältnis zwischen den westlichen Traditionen und der Dritten Welt durcharbeiten, das auch politisch-ökonomische, soziale Bedeutung haben kann. Hier ist ein entscheidender Ort der von der Kirche selbst beanspruchten Friedensaufgabe. Schließlich darf nicht vergessen werden, dass es sich im Blick auf Lateinamerika um die Beleuchtung eines ersten Schritts hinsichtlich des kulturellen Polyzentrismus der Kirche handelt. Andere, vielleicht viel schwierigere Schritte müssen folgen: im Blick etwa auf Afrika und auf die asiatischen Kulturen. Auch dafür gibt es schon keimhafte Ansätze, die nicht einfach Kopien des lateinamerikanischen Prozesses sind.

Nun gibt es gerade in Lateinamerika heute ein leidenschaftliches Ringen um den Weg der Kirche, das bis tief in die Bischofskonferenzen hineinreicht und sich in ihnen spiegelt. Ich möchte diese Konflikte in das Licht der eben skizzierten gesamtkirchlichen Prozesse rücken, das heißt also in das Licht des genannten epochalen Übergangs. So beleuchtet, handelt es sich bei diesen innerkirchlichen Auseinandersetzungen im Prinzip nicht um den Gegensatz zwischen einer orthodoxen, den Traditionen der Kirche eifrig und unabdingbar verpflichteten Position einerseits und einer mehr oder weniger der Irrlehre verdächtigen, vermeintlich von fremden politischen Ideologien beeinflussten Befreiungskirche andererseits. Es handelt sich vielmehr um die Spiegelung jenes schmerzlichen Übergangs von einer eurozentrischen Kirche zu einer kulturell polyzentrischen Weltkirche. Und dabei stehen meines Erachtens gerade jene, die sich in ihrer Immobilität für besonders orthodox und kirchentreu halten, in der Gefahr, nicht die messianische Kirche des Ursprungs zu verbreiten, sondern die kulturell monozentrische Kirche des Abendlands zu versteinern und damit jenen Auftrag zu vernachlässigen, der im Gesamtgedächtnis der Kirche verwahrt ist.

12.2.3 Identitätsstiftende Zusammenhänge

Die These vom weltkirchlichen Polyzentrismus besagt nicht, dass die Kirche und ihre Theologien nun in einen wohlfeilen Pluralismus zerfallen, in ein beziehungsloses Nebeneinander von sogenannten kulturellen Kontexten. *Identitätsstiftende Zusammenhänge* zwischen dem europäisch-abendländischen Kirchentum und dem der Dritten Welt bleiben, und dies vor allem in dreifacher Hinsicht.

12. Konsequenzen für die Zukunft der Kirche   217

Einmal ist die kulturell monozentrische europäische Kirchengeschichte ein wesentliches und bleibendes Stück *Ursprungsgeschichte* einer kulturell polyzentrischen Weltkirche. Die nahezu zweitausendjährige Periode der europäischen Kirchengeschichte hat ihre unabdingbare Wahrheit, die freilich im Blick auf die polyzentrische Weltkirchensituation immer neu herausgebracht werden muss. Wir huldigen hier keinem modischen Antieuropäismus und auch keiner wohlfeilen Kritik am sog. Eurozentrismus. Solange die Kirche sich als Künderin und Repräsentantin des in das Fleisch der Geschichte eingestifteten Heils versteht, kann sie die „Kontingenz" ihres geschichtlichen Lebens niemals abstreifen. Sie ist um ihrer Wahrheit willen auf Erinnerung festgelegt; sie kann ihre abendländische Ursprungsgeschichte, die schließlich schon in der Urkirche beginnt, nicht einfach hinter sich lassen. Im Gegenteil: deren unverzichtbare Wahrheit muss gerade in einer kulturell polyzentrischen Weltkirche deutlich herausgearbeitet und vertreten werden.

Zum *anderen* ist die europäische Kirche mit dieser heraufziehenden polyzentrischen Weltkirche durch eine lange während *Schuldgeschichte* verbunden. Ohne in neurotische Selbstbezichtigung zu verfallen: diese Schuldgeschichte darf keineswegs verdrängt werden. Häufig halten wir sie uns mit allerlei subtilen Abwehrreflexen vom Leibe. Etwa mit Hilfe eines taktischen Provinzialismus, mit dem wir unser eigenes kirchliches und politisches Leben aus den globalen Abhängigkeiten herauszuhalten suchen. Oder auch mit einem allzu routinierten Gebrauch der Kategorie „Entwicklung". Wenn wir zum Beispiel umstandslos von „unterentwickelten Völkern und Kulturen" dieser Dritten Welt sprechen, obwohl sie, genauer besehen, nicht selten vom europäischen Expansionismus unterdrückte oder zerstörte Kulturen sind; oder wenn wir von den Ländern dieser Dritten Welt zwar gern als von unseren schwach entwickelten Partnern, kaum aber als von unseren Opfern sprechen. Die Wahrnehmung der neuen kulturell polyzentrischen Weltkirche wird uns lehren, uns selbst, auch unsere eigene Geschichte, mit den Augen unserer Opfer zu beurteilen. Ich brauche hier nicht im Einzelnen die dunkle Rückseite der europäischen Geschichte zu beschreiben, also den kulturellen, den wirtschaftlichen und auch den religiösen Kolonialismus. Diese kolonialistische Rückseite der europäischen Geschichte ist nicht wegzudisputieren, auch wenn die Rede über sie inzwischen schon zum Klischee erstarrt ist. Wo nämlich diese Schuldgeschichte, kirchlich und politisch, geflissentlich übersehen, geleugnet oder taktisch verschwiegen wird, erscheint die ge-

218   III. Einleitungen, Exkurse, theologische Hintergrundprämissen

genwärtige Entwicklungsarbeit von europäischer Seite allzu leicht als Fortsetzung des europäischen Kolonialismus mit friedlicheren Mitteln.

Schließlich ist das europäisch-abendländische Kirchentum mit den Kirchen der Dritten Welt – in meinen Augen – durch eine kirchliche *Aufbruchsgeschichte* verbunden. In ihrem Zentrum steht jedoch nicht das europäische Kirchentum, sondern das der Dritten Welt. Gewiss, dieser Aufbruch in der Kirche ist nicht eigentlich die Stunde einzelner großer Propheten und Reformatoren. Es ist schon eher die Stunde der kleinen Propheten, des messianischen Aufbruchs von der Basis.[7] Diese allerdings bedarf, im Blick auf die Einheit und die Verfassung unserer Kirche, der Loyalität und des Beistandes der Träger des kirchlichen Amts. In ihrem Charisma verbindet sich dieser Aufbruch mit dem Gesamtschicksal der Kirche und gliedert sich ein in die apostolische Sukzession. Gerade hierfür liefert die lateinamerikanische Kirche herausragende Beispiele. Es wächst die Zahl der Bischöfe, die den Aufbruch einer Basiskirche nicht als Attentat auf ihre Autorität und ihr Amt empfinden, sondern als eine Chance zur wurzelhaften Erneuerung des kirchlichen Lebens im Angesichte großer Gefahren.

12.2.4 Reformatorischer Aufbruch?

Ich möchte diesen Aufbruch reformatorisch nennen, weil er sich auf die Gesamtkirche und schließlich auf das Gesamtchristentum beziehen lässt und weil er speziell das Krisenerbe des abendländisch-europäischen Kirchentums in ein neues Licht rücken kann.

So erscheint zum Beispiel in der Perspektive der kulturell polyzentrischen Weltkirche die neuzeitliche Kirchenspaltung primär als ein innereuropäisches Schicksal des Christentums. Sie verliert dadurch nicht an Gewicht, wird aber doch vielleicht entkrampft, gerät unter neue Prioritäten der Ökumene. Die Überwindung eines euro-zentrischen Kirchenbildes kann indirekt auch die europäischen Kirchengeschichten wieder näher zusammenführen und zu einer neuen Einheit bringen.

Vergessen wir Katholiken vor allem dies nicht: Es gibt so etwas wie ein europäisches Dilemma des Katholizismus. Die katholische Kirche hat die europäische Geschichte der Neuzeit mehr oder minder defensiv begleitet. Sie hat sich an der sogenannten neuzeitlichen Freiheitsgeschich-

---

[7] JBMGS 6/1, 223.

12. Konsequenzen für die Zukunft der Kirche 219

te, speziell an den Prozessen der bürgerlichen Aufklärung, nicht eigentlich produktiv beteiligt, sondern sich zumeist gegen sie gesperrt. Waren die sogenannten katholischen Zeiten innerhalb der neueren europäischen Geschichte nicht immer Zeiten des „Gegen": die Zeiten der Gegenreformation, die Zeiten der Gegenaufklärung und der Gegenrevolution, die Zeiten der politischen Restauration und der Romantik? Gewiss, man mag und kann darin auch viel Sensibilität für die inneren Widersprüche und Verhängnisse dieser europäischen Freiheitsgeschichte sehen, ein latentes Gespür für deren innere Dialektik, etwa für die sogenannte Dialektik der Aufklärung, um die wir hierzulande zumindest seit Auschwitz wissen müssten. Wer aber möchte darin nicht auch historische Versäumnisse erkennen, die gerade uns Katholiken die Verbindung von Gnade und Freiheit so schwer machten? Die Überwindung dieses katholischen Dilemmas in der späteuropäischen Situation weist für mich über den monokulturellen Raum des europäischen Kirchentums hinaus und hinein in eine Weltkirche, die die Gnade Gottes als ganzheitliche Befreiung anzurufen und darzustellen lernt und die bereit ist, den Preis für diese geschichtliche Konjugation von Freiheit und Gnade zu bezahlen. Die Kirchen der Dritten Welt senden dazu erneuernde Impulse zu uns, die wir freilich nicht empfangen und aufnehmen können, wenn wir sie allzu rasch den uns vertrauten und nicht selten verbrauchten Vorstellungen einfach unterordnen.

Da ist einmal eine neue *Konzentration auf die eine und ungeteilte Nachfolge Jesu* und eine aus dieser Nachfolge des armen, heimatlosen und gotthörigen Jesus sich nährende politische Kultur mit ihrer vorzugsweisen Option für die Armen. Im spezifischen Unterschied zu anderen großen Weltreligionen kann man ja für das Christentum auch zu fromm, zu mystisch sein. Die eine und ungeteilte Nachfolge Jesu enthält immer ein mystisches und ein – zumindest im weiteren Sinn – politisches Element, ein Element des leidensbereiten Widerstands gegen die Götzen und Dämonen einer menschenverachtenden Welt. Die Spannung zwischen Nachfolge und Welt, zwischen Mystik und Politik kennzeichnet die Größe und die Verletzlichkeit des Christentums. Jesus war nicht Buddha. Jesus lehrt, bedenkt man die Pointe der Parabel vom „Barmherzigen Samariter" recht, eine „Mystik der offenen Augen".

Den Christen ist deshalb der Rückzug aus der Leidensgeschichte der Menschen in die Psychologie nicht vergönnt. Sie können und dürfen den „gefährlichen Jesus" der Nachfolgegeschichten nicht umdeuten in jenen „sanften Jesus" der menschlichen Selbstverwirklichung, der sich schließ-

220   III. Einleitungen, Exkurse, theologische Hintergrundprämissen

lich geräuschlos verabschiedet, wenn der Mensch „sich selbst", wenn er seine „Identität" gefunden hat. Deshalb formuliert z. B. das Hoffnungsdokument der deutschen Synode:

> „Jesus war weder ein Narr noch ein Rebell; aber offensichtlich beiden zum Verwechseln ähnlich. Schließlich wurde er von Herodes als Narr verspottet, von seinen Landsleuten als Rebell ans Kreuz ausgeliefert. Wer ihm nachfolgt, wer die Armut des Gehorsams nicht scheut, wer den Kelch des Gehorsams nicht von sich weist, muss damit rechnen, dieser Verwechslung zum Opfer zu fallen und zwischen alle Fronten zu geraten – immer neu, immer mehr."[8]

Eine Kirche, die mit einer solchen Rede nicht einem folgenlosen ästhetischen Radikalismus huldigen will, kann Traditionen für diesen gefährlichen Jesus in der Geschichte der Orden anrufen, und sie kann sich auf die neuen, allemal mystisch-politischen Leidenserfahrungen in dem aufbrechenden basisgemeindlichen Leben der armen Kirchen berufen und davon lernen.

Und dies ist schon der andere wichtige Impuls aus diesen nichteuropäischen Kirchen: *die Ausfaltung eines neuen Lebensmodells der Kirche* in den sogenannten basiskirchlichen Gemeinschaften, in Verbindung mit den Bischöfen und so eingegliedert in die apostolische Sukzession. Eingegliedert aber auch in die Geschichte der Glaubenszeugnisse, denn dieser kirchliche Aufbruch ist inzwischen beglaubigt durch das Blutzeugnis vieler Männer und Frauen, und das Martyrologium, das man über diese Kirche schon schreiben kann, ist buchstäblich wie der rote Faden, der sich aus der Gegenwart der Kirche zurückverfolgen lässt in die Passionsgeschichte Jesu.[9] Ein alter Satz unserer christlichen Tradition lautet: Das Blut der Märtyrer ist der Same der Kirche. Dieser Satz mag als Kriterium dafür gelten, wo heute die Kirche und das Christentum in besonders verheißungsvoller Weise lebendig sind.

Es geht bei diesen Impulsen um eine neue *Einheit von Erlösungs- und Befreiungserfahrung*; die Befreiungstheologie, die diesen zentralen Impuls artikuliert und die ihm zugrunde liegenden kirchlichen Prozesse reflektiert, ringt um die lebendige Einheit von Erlösungs- und Befreiungsgeschehen und sucht sie ins kirchliche Bewusstsein zu heben. Diese Befreiungstheologie – wie die Neue Politische Theologie überhaupt – ist ja nicht dadurch politisch, dass sie die Religion einer fremden politischen

---

[8] Synodendokument „Unsere Hoffnung" III.I.
[9] JBMGS 6/1, 266–270.

12. Konsequenzen für die Zukunft der Kirche 221

Ideologie ausliefert, sondern dadurch, dass sie in unserer Religion den messianischen Gott als „gefährliche Erinnerung" zu formulieren sucht. Der Glaube an den messianischen Gott, an den Gott der Auferweckung der Toten und des Gerichts, an den Gott, vor dem die vergangenen Leiden nicht subjektlos verschwinden im Abgrund einer anonymen, unendlich gleichgültigen Evolution: dieser Glaube ist nicht Opium in den Befreiungsgeschichten der Menschheit, er verbürgt vielmehr die unverrückbaren Maßstäbe im unablässigen Kampf um die subjekthafte Würde aller Menschen, um eine universale Befreiung. Die Kirchenerfahrung der armen Kirchen liefert m. E. heute ein eindrückliches Beispiel dafür, dass der Glaube an eine universale Gerechtigkeit Gottes, die auch die vergangenen Leiden rettend einschließt, gerade nicht wie eine Vertröstung wirkt. Schließlich ist es eben dieser Glaube, der die Christen der Einschüchterung durch die Mächtigen widerstehen lässt, der sie ihr Leben gering achten lässt, um den Geringsten der Schwestern und Brüder zu dienen. Eine derart politisch gewordene Liebe ist ein lebendiges Zeugnis dafür, dass die befreiende Gerechtigkeit Gottes auch in dieser leidvoll zerrissenen Welt am Werk ist.

12.2.5 Herausforderungen an die europäische Kirche

Solche Impulse, wird man sagen, seien nicht auf unsere eigene spätabendländische Situation zu übertragen; die Lebensverhältnisse seien zu komplex, die Geister zu aufgeklärt und zu entmythologisiert. Nun, von einer simplen „Übertragung" spricht auch niemand. Schon eher von so etwas wie einer *schöpferischen* Assimilation – in dem einen großen Lernraum der Weltkirche. Dazu bedarf es freilich zunächst einer neuen Wahrnehmung, d. h. einer Sensibilität dafür, dass unsere mitteleuropäische Kirchturmspitze nicht wie selbstverständlich die Spitze der Entwicklung der Kirche und des Christentums darstellt. Gewiss, wir können und dürfen dem abendländisch-europäischen Schicksal unserer Kirche nicht geschichtslos entfliehen wollen – auch und gerade nicht um der weltkirchlichen Aufbrüche willen. Wie aber, wenn sich auch für uns gerade in der Aufmerksamkeit für die Erfahrungen, für die Kämpfe und Leiden der armen Kirchen zeigte, dass es auch heute eine Stunde der Erneuerung unseres kirchlichen und christlichen Lebens gibt? Und wie, wenn sich eben darin der konkrete Sinn dessen enthüllte, was wir mit „katholisch" meinen? Ich möchte wenigstens auf drei Herausforderungen aus den nichteuropäischen Kirchen hinweisen, die m. E. auch als Orientierungspunkte

222   III. Einleitungen, Exkurse, theologische Hintergrundprämissen

für eine längerfristige kirchliche und theologische Entwicklung bei uns gelten könnten.

1. Zum ersten möchte ich auf einen *neuen theologischen Umgang mit Bibel und Tradition* hinweisen. Das Evangelium wird in diesen Kirchen in einer verblüffenden Weise wieder „beim Wort genommen" und in einer für uns zumeist befremdlichen Art direkt auf die Lebensverhältnisse bezogen. Ist diese „Anwendung" des Evangeliums in unseren Augen nicht allemal zu unmittelbar, sozusagen zu naiv, zu vereinfachend, zu „reduktionistisch" in Anbetracht unserer eigenen, bis in die extreme Unanschaulichkeit gesteigerten überkomplexen Situation und im Blick auf all die Verstehensprobleme gegenüber Schrift und Tradition, die sich bei uns seit der Aufklärung unter dem Stichwort „Hermeneutik" angehäuft haben? Doch was ich in diesem neuen Umgang mit der Bibel am Werk sehe, ist nicht schlechte Unmittelbarkeit, ist auch nicht etwa voraufklärerische Naivität, sondern eine andere, uns hierzulande kaum vertraute, Form der Verstehenslehre, also der theologischen Hermeneutik.[10] Ich nenne sie hier einmal im Anschluss an Ottmar John[11] „Hermeneutik der Gefahr", die übrigens auch ein verlässliches biblisches Fundament hat: Der Blitz der Gefahr durchleuchtet die ganze biblische Landschaft, speziell die neutestamentliche Szene. Gefahr und Gefährdung durchziehen alle neutestamentlichen Aussagen. Was verstehen wir vom Neuen Testament, wenn in unserer Deutung die Gegenwart der Gefahr systematisch ausgeblendet ist?

Die Hermeneutik der Gefahr, die ich in diesen Aufbrüchen beobachte, ist in der Tat „vereinfachend": Praxis kehrt heim in die reine Theorie, Widerstand und Leiden gehen ein in die Erfahrung der Gnade und des Geistes. Diese Hermeneutik zieht und drängt das Christentum zusammen, wirft es auf das Wesentliche zurück. Wer möchte eine solche „Reduktion" theologisch unterschätzen? Für mich gehört sie zum Anzeichen eines Aufbruchs, in dem das Christentum sich „an der Wurzel fasst". Wie aber ist es bei uns? Spielt in unserem Bibelverständnis die Wahrnehmung von Gefahr und Gefährdung, die auf das Wesentliche zusammendrängt, überhaupt noch eine Rolle? Wir suchen z. B. zu „Vereinfachungen" zu kommen durch sog. „Kurzformeln des Glaubens". Aber man kann das Christentum nicht einfach auf eine reine Lehre zusammendrängen. Seine „Mitte" liegt

---

[10] JBMGS 4,137–149.
[11] *Ottmar John*, „... und dieser Feind hat zu siegen nicht aufgehört". Walter Benjamins Bedeutung für eine Theologie nach Auschwitz, Münster 1982.

12. Konsequenzen für die Zukunft der Kirche 223

in dem, was wir „Nachfolge" nennen. Und wer die „nur Praxis" nennt, hat von ihr nichts verstanden. Und der hat m. E. auch nicht die vielbesprochene Identitätskrise unseres Christentums erfasst. Sie nämlich ist nicht primär eine Krise der christlichen Doktrin, sondern eine Krise der christlichen Subjekte und Institutionen, die sich dem unweigerlich praktischen Sinn der Doktrin, also der Nachfolge, zu sehr entziehen und so die „gefährliche Erinnerung", die das Christentum für die Menschheit darstellt, verblassen lassen.

2. *Gerade die Konzentration auf christliche Identitätsbildung aus* dem *Wagnis* der *ungeteilten Nachfolge*, die immer geistlich und weltlich, mystisch und politisch zugleich ist, wäre eben die zweite Herausforderung, die an uns aus dem Aufbruch der armen Kirchen herantritt. Sie verdeutlicht für die Gesamtkirche, dass der paulinische Nachfolgeimperativ „Passt euch nicht an dieser Welt" (Röm 12,2) nicht etwa in gesellschaftliche und politische Schicksallosigkeit führt, dass er nicht auf eine quasi stoische Entspanntheit gegenüber „dieser Welt" zielt, sondern dass er in die Konfrontation mit den in ihr herrschenden Mythen – archaischer oder moderner Provenienz – zwingt.

Diese Konzentration auf Nachfolge ist übrigens auch den Selbstaussagen der Kirche hierzulande nicht fremd. *„Nachfolge genügt"*, sagt z. B. das Hoffnungsdokument der deutschen Synode ziemlich kühn, wenn es christliche Identität zu kennzeichnen sucht (Teil III: Einleitung). Damit ist die Definition des Christentums nicht etwa verharmlost oder verkürzt. Denn diese Praxis der Nachfolge berührt den Wahrheitskern des Christentums selbst. Schon der Gottesgedanke der Bibel ist in sich ein praktischer Gedanke, d. h. er kann gar nicht gedacht werden, ohne dass er die vorgefassten Interessen derer, die ihn zu denken suchen, verletzt und verändert. Deshalb sind die Geschichten der Umkehr, die Geschichten der Befreiung und des Aufbruchs, die Geschichten des Widerstands und des Leidens keine nachträglichen Ausschmückungen irgendeines „reinen" Gottesbegriffs. Der Gottesbegriff, den Christen tradieren, ist nur das Kürzel, sozusagen das Stenogramm für Geschichten, die wir häufig in diesen Begriffen kaum mehr wiedererkennen können, weder als Leidensgeschichten noch als Hoffnungsgeschichten. So besteht die Aufgabe der christlichen Gottesrede gerade darin, solche Begriffe immer wieder auf ihre Ursprungsgeschichten hin durchsichtig zu machen.

Indes, können wir hierzulande von dieser Herausforderung anders als in hochfahrender Weise reden? Nun, das Besondere, das Herausfordernde,

224 III. Einleitungen, Exkurse, theologische Hintergrundprämissen

das, wofür wir eigentlich keine Vorbilder haben und was uns deshalb immer wieder in Unsicherheit und in Angst stürzt, ist heute die Tatsache, dass das Wagnis dieser ungeteilten Nachfolge keine elitäre Angelegenheit mehr sein kann, sondern gewissermaßen eine „populäre" Angelegenheit aller werden muss. Die Mystik des Widerstands und der Unterbrechung, der Umkehr und des Leidens darf nicht mehr als elitäre Mystik im Sinne der klassischen Arbeitsteilung zwischen Ordenskirche und Volkskirche aufgefasst werden. Sie muss heute zu einer Mystik aller werden.[12] Freilich, war dies nicht auch schon das Ziel der Reformation des 16. Jahrhunderts? Und ist dieser reformatorische Aufbruch nicht eben daran gescheitert, weil im Laufe der Zeit nicht etwa die Nachfolge, sondern das bürgerliche Temperament unser christliches Leben bestimmte? Und ist deshalb das, was hier als Herausforderung der Nachfolge angesprochen ist, nicht doch nur ein ohnmächtiges und abstraktes Ansinnen? Kann man überhaupt nochmals vom Baum dieser reformatorischen Erkenntnis essen? Ja, die Christen von heute können es, müssen es versuchen. Allerdings nicht dadurch, dass die radikale Zumutung dieser messianischen Nachfolge von oben ins Volk hineinorganisiert wird, sondern dadurch, dass „die Spuren des Messianischen" sozusagen an der Basis selbst gesucht und verstärkt werden, und zum anderen auch nicht gegen die Orden, sondern mit ihnen, denn schließlich gibt es in der Weltkirche schon genug Beispiele dafür, dass gerade die Orden zu Geburtshelfern einer kirchlichen Erneuerung an der Basis werden, dass die Mystik der ungeteilten Nachfolge schließlich zu einer Mystik aller Christen wird. Wie sagte doch Karl Rahner: Der Fromme von morgen wird ein Mystiker sein.

3. Mit dieser Konzentration auf die Nachfolge hängt nun unmittelbar eine dritte Herausforderung zusammen, die aus den Kirchen der Dritten Welt an die europäischen Kirchen herantritt. Sie zielt auf eine Differenzierung in den Formen unseres kirchlichen Lebens, näherhin auf *die Herausbildung eines neuen Kirchenmodells*. Neben dem vertrauten volkskirchlichen und dem – meist kaum eingestandenen, aber tatsächlich am nachhaltigsten wirksamen – bürgerkirchlichen Modell geht es um ein sogenanntes *basiskirchliches* Modell. Weil ich mich zu dieser Frage schon des Öfteren zu Wort gemeldet habe, möchte ich mich hier auf diesen Hinweis beschränken: Das basiskirchliche Modell steht hier für den Versuch der Verlebendi-

---

[12] JBMGS 7, 26–34.

12. Konsequenzen für die Zukunft der Kirche 225

gung der Kirche als Nachfolgegemeinschaft. In dieser Lebensform der Kirche können nicht zuletzt die in unseren traditionellen Gemeinden häufig herrschende Beziehungslosigkeit, die gegenseitige Verhältnislosigkeit, die emotionale Vereinsamung, die Kommunikations- und Handlungssperre überwunden werden. Das aber ist für die Kirche als Nachfolgegemeinschaft, die in den Orden ihre großen Vorbilder und auch gegenwärtig ihre wichtigsten „Entwicklungshelfer" für ein basisgemeindliches Leben hat, von entscheidender Bedeutung. Keiner folgt ja für sich allein nach – im Sinn der ungeteilten mystisch-politischen Nachfolge; keiner kehrt allein um im Sinne der messianischen Umkehr; keiner ist für sich allein radikal im Sinn der Radikalität messianischer Hoffnung. Ungeteilte Nachfolge ist nicht eigentlich ein isolierter individueller, sondern ein *solidarischer* Akt. Das Miteinander und Füreinander ist nicht primär dazu da, um vom radikalen Anspruch der Umkehr und der Nachfolge zu entlasten, sondern um ihm – im gegenseitigen *Zutrauen* und *Zumuten* – überhaupt entsprechen zu können. Darum auch ist Kirche kein sekundärer, sondern ein authentischer Ausdruck christlichen Lebens. Und mit „Basisgemeinde" lässt sich m. E. dieses Anliegen in ein gutes Wort fassen. Es war längst getauft, ehe es in den letzten Jahren auch hierzulande kirchlich und gesellschaftlich zu einer gewissen Konjunktur kam: getauft und legitimiert in den leidvoll-kämpferischen Kircherfahrungen der armen Kirchen.

13. Der theologische Grundansatz im Spiegel der Kirchenbilder: Leib Christi, Communio, Volk Gottes

Gibt es unterschiedliche Ansätze im theologischen Kirchenverständnis? Worin liegen sie? Lassen sich Leitbilder, Typen und Paradigmen der Ekklesiologie herausarbeiten? So wie es unterschiedliche Weisen des Glaubens bereits innerhalb der neutestamentlichen Traditionen gibt, so auch biblisch verankerte Kirchenbilder bzw. Kirchenparadigmen, die in der christlichen Tradition zur Entfaltung kamen. Sie müssen einander nicht ausschließen, sondern verlangen sich gegenseitig, um sich auch zu kritisieren und zu korrigieren.

Bis in die gegenwärtige Theologie und auch in die Verlautbarungen der Kirche hinein sind es vor allem drei Ansätze im Selbstverständnis der Kirche, die man durch drei Motive verdeutlichen kann: *Leib Christi, Communio (Koinonia, Gemeinschaft)* und *Volk Gottes.* Nur nebenbei: Die Rede von der Kirche als „Heilssakrament" fällt aus diesen Zuordnungsmöglichkeiten nicht heraus; sie gehört zum ersten Motiv. Wie schwierig diese Unterscheidungen selbst sind, sieht man daran, dass sich alle drei Ansätze auch in der Kirchenkonstitution des II. Vatikanums[1] finden. Freilich gibt es hier eine deutliche Präferenz für das eschatologische Kirchenbild vom „pilgernden Gottesvolk".

Und nun die These: die jeweilige Vorrangstellung dieser Kirchenbilder hängt mit theologischen Gewichtungen zusammen. Gibt man in der Theologie der Christologie den Primat, dann führt dies zu einer Bevorzugung des Leib-Christi-Gedankens in der Kirchentheologie. Akzentuiert man die Lehre vom Heiligen Geist („Pneumatologie"), dann wirkt sich dies in einer Vorrangstellung des Communio-Modells aus. Schließlich empfiehlt der theologische Primat der Eschatologie ekklesiologisch das Leitbild vom „Volk Gottes".

13.1 Der christologisch-christozentrische Ansatz: das Leib-Christi-Motiv

Eine einseitig am „Inkarnationsgedanken" orientierte Christologie führt ekklesiologisch zur Leitvorstellung von Kirche als „fortlebender Christus" oder gar als „fortgesetzte Inkarnation". Die paulinische bzw. deuteropau-

---

[1] Dogmatische Konstitution über die Kirche „Lumen gentium".

13. Der theologische Grundansatz im Spiegel der Kirchenbilder   227

linische Leib-Metapher wird herangezogen, um die Kirche in ihrem *Gestaltgefüge* zu interpretieren. Damit wird einer weltlichen Auslegung der kirchlichen Institution Vorschub geleistet, die immer mehr „Machtfragen" in den Vordergrund der Interessen drängte. Man denke etwa an die spätmittelalterlichen Machtkämpfe zwischen Kirche und Staat, die auch das Kirchenbild der Gegenreformation bis hinein in das Vatikanum I beherrschten. So hat sich seit den Kontroversstreitigkeiten der katholische Blick auf die sichtbare Kirche konzentriert. Katholizität und „romanitas" wurden nahezu synonyme Eigenschaften. Diese Ekklesiologie tendiert auf eine Monopolisierung der Christuspräsenz im Amt, weil das Amt als Hierarchie, als heilige Ordnung der ausgezeichnete Ort der Vergegenwärtigung Christi in der Geschichte ist.

Dieser Prozess war in der neuzeitlichen Ekklesiologie eng verknüpft mit der Selbstbewusstwerdung des modernen Staates. Nur galt in ihr nicht das Volk als Träger der Souveränität, sondern der Papst und die in ihm gipfelnde Hierarchie. Für die neuzeitliche Ekklesiologie ist unschwer der Einfluss der Staats- und Gesellschaftstheorie des Französischen Traditionalismus zu erkennen, der gegen die Französische Revolution gerichtet war und der dieses Modell vom Souverän und Untertan bestimmte.

Die profiliertesten Vertreter dieses Traditionalismus (Louis de Bonald, Joseph de Maestre, Robert de Lamennais) waren Laien. Es waren primär eigentlich Staatstheoretiker, Gesellschaftstheoretiker, nicht unmittelbar Theologen, aber Katholiken, die aus einem ganz spezifisch traditionell-katholischen Überlieferungszusammenhang argumentierten. Die „Denunzierung" der Vernunft war im Französischen Traditionalismus von einem handfesten geschichtlich-gesellschaftlichen oder politischen Interesse geleitet. Man wollte vor allem die sogenannte „Selbstregierung" des Menschen, also die Wurzelidee der politischen Demokratie, als Utopie erweisen. Der Mensch ist ja so der erbsündig Korrumpierte, dass er sich niemals politisch selber führen könne. Hier steht also die traditionalistische Geringschätzung der Vernunft nicht primär in einem theologischen Interessenszusammenhang (wie z. B. die Vernunftkritik Martin Luthers). Um die als unmündig empfundenen Massen beherrschbar zu halten und vor allem eine monarchisch-politische Ordnung gegen die Aufklärung und die in ihr behauptete Autonomie der menschlichen Vernunft durchzusetzen, bediente man sich des Dogmas der „Erbsünde". Deshalb sprechen wir von einer Restauration als einer Utopie nach rückwärts.

Wenn wir also theologiegeschichtlich sagen, dass der Traditionalismus auf dem I. Vatikanum verurteilt worden ist, weil er der natürlichen Ver-

228 III. Einleitungen, Exkurse, theologische Hintergrundprämissen

nunft des Menschen nicht genügend Kompetenz in der Gotteserkenntnis zugetraut hat, dann verkennt man den gesellschaftspolitischen Interessenszusammenhang, den dieser Traditionalismus verfolgte. Denn seine Auffassung vom „Souverän" schlägt sich eigenartiger Weise im kirchlichen Selbstverständnis vom Primat und vor allem der beanspruchten Infallibilität des Papstes nieder. Die sogenannte Unfehlbarkeitsdiskussion auf dem Vatikanum I hat also eine Vorgeschichte in den Theorien des Traditionalismus. Um die Prozesse der bürgerlichen Revolution zu kritisieren, wird hier zwar nicht der Papst, wohl aber der Souverän als infallibel erklärt. In einer nur theologischen Beurteilung des Französischen Traditionalismus käme zumindest dieser ganze Wirkungshintergrund für die Infallibilitätsdiskussion auf dem I. Vatikanum zu kurz.

Eine Politische Theologie möchte diese gesellschaftlichen Interessenszusammenhang aufdecken und die oft unbewusst transportierte Politik in „rein" theologischen Fragen offenlegen. Bezeichnender Weise ringt nämlich die Lehre von der päpstlichen Unfehlbarkeit eigentlich nicht so sehr um den Anspruch der Lehrverkündigung des Papstes, sondern um dessen Jurisdiktion. Das Modell ist das von Gesetzesbefehl (einer Obrigkeit) und Gehorsam (seitens der Untertanen). Übrigens eine Vorstellung, die sich dann später im Überhandnehmen der sogenannten Enzykliken verstärkte. Auch hier verlangt die päpstliche Autorität – obwohl es sich um einen an sich nicht unfehlbaren Bereich der Lehrverkündigung handelt – strikten Gehorsam.

Es ist klar: Im gesellschaftlichen Kontext der Moderne führt diese Kirchenauffassung mehr und mehr zum Abbruch des ernstgemeinten Dialogs mit anderen weltanschaulichen Gruppierungen, mit anderen Religionen und anderen christlichen Kirchen. In dieser Absetzung verfestigte sich die Kirchentheologie – wie wir heute sagen – zu einer Ekklesiologie der „Substanz" im Unterschied zur relationalen Ekklesiologie. Man spricht von einer „petrifizierten" Kirche.

13.1.1 Würdigung

Die biblische Leib-Metapher ist durchaus in der Lage, das theologische Geheimnis der Kirche – ihr Sein in Christus – auszudrücken: die mystische Christusverbundenheit. Dies, dass die Kirche sich aus der Feier des Herrenmahls je neu empfängt, selber aufbaut und erneuert, also vor Ort, d. h. als *Ortskirche* sich ereignet. Schließlich wird in den Deuteropaulinen (Epheser- und Kolosserbrief) dieses Einssein der Gemeinde in Christus und untereinander auf die eine und allumfassende Kirche Jesu Christi bezogen.

13. Der theologische Grundansatz im Spiegel der Kirchenbilder 229

13.1.2 Gefahren und Kritik

Doch müssen wir im Lichte der geschichtlichen Entwicklung auch auf Gefahren aufmerksam machen.

Erstens: Versteht man die Kirche als eine in die Geschichte hinein fortgesetzte Inkarnation, dann wird die Differenz zwischen Christus und Kirche, zwischen Heilbringer und Heilsvermittlung verschliffen. Die Kirche muss in einer äußerst problematischen Weise ihre eigene Heilsnotwendigkeit postulieren. „Extra ecclesiam nulla salus" (außerhalb der Kirche gibt es kein Heil). Dieser Satz stimmt so nicht. Richtiger müsste es heißen: „Extra Christum nulla salus". Die Kirche ist nicht um ihrer selbst willen da, sie darf nicht ihrer Selbstbehauptung dienen, sondern der geschichtlichen Behauptung des Heils für alle. So wie in der Christologie eine anbetungswürdige Höhe Christi den messianischen Weg Jesu verdecken kann, so kann eine Leib-Christi-Ekklesiologie den Charakter der Kirche als „Weggemeinschaft" mit den Menschen verdecken, die ihren Weg immer auch schöpferisch suchen muss. Vorsicht also bei Ist-Aussagen, die ein „hypostasiertes" Subjekt unterstellen und ontologisch verfestigen.

Zweitens: Dies gilt vor allem auch für die Rede von der „heiligen" Kirche. Dann kann man von der „heiligen" Kirche reden wie von einer völlig ungefährdeten und ungefährlichen Seinsbestimmung, in der nicht mehr die Aufgabe einer kirchlichen Selbstreform gesehen werden kann. Dass die Kirche „sündige" Kirche ist, hat keinen Platz mehr. Höchstens kann man noch zugestehen, dass es in dieser objektiv heiligen Kirche auch noch Sünder gibt. Dennoch gehört das Eingeständnis ihrer Sündigkeit zu ihrer Heiligkeit. Nur so wird die Differenz von Heilbringer und Heilsvermittlung, von Christus und seiner Kirche, auch konkret vollzogen und aufrechterhalten. Die Kirche selber ist in ihrer öffentlichen Gestalt – bis in ihre amtlichen Vollzüge hinein – immer auch „sündige Kirche". Sie sollte eigentlich eine Aufbruchskirche sein, in der der Exodus weitergeht. Und doch hat sie oft Aufbrüche gefährdet und oft zu spät, zu opportunistisch, zu konformistisch, zu kleinlich gehandelt. Aus diesem Grund kann die „Umkehr" nie bloß Sache Einzelner in der Kirche sein. Sie muss immer auch einen „politischen", d. h. das öffentliche Erscheinungsbild der Kirche selber betreffenden Ausdruck finden.

Drittens: Damit verbunden ist auch die Einebnung der Differenz von Kirche und Reich Gottes. Die kirchliche Institution verliert das eschatologische Gewissen und verfehlt so ihre gesellschafts-kritische Aufgabe. Es geht ja um die Sendung bzw. Aufgabe der Kirche unter den Bedingungen gegenwärtiger Gesellschaft und deren gewandelten Öffentlichkeitsstruktu-

230   III. Einleitungen, Exkurse, theologische Hintergrundprämissen

ren. Wenn es stimmt, dass die Wahrheit der christlichen Überlieferung einen eschatologischen Grundzug hat, wenn sie also immer auch ausstehende Wahrheit ist, dann ist damit doch auch dies gesagt: die jeweils gegenwärtig bestehende Welt, ihre Ausgangslage, ist gar nicht die zureichende Basis für das Verständnis dieser eschatologischen Wahrheit. Nur eine *Veränderung* dieser Gegenwart, eine Veränderung der gegenwärtigen Bedingungen des Verstehens eröffnet auch einen Zugang zu dieser künftigen Wahrheit. Das Identitätsproblem der Kirche ist also nicht bloß ein Problem der Interpretation, sondern einer öffentlichen Vertretung der Wahrheit für alle. Die Öffentlichkeit ist hier nicht verstanden als Gegenstand einer sekundären christlichen oder kirchlichen Öffentlichkeitsarbeit, auch nicht als Gegenstand eines christlichen Öffentlichkeitsanspruchs (vielleicht machtpolitischer Art), sondern verstanden als Ort theologischer Wahrheitsfindung und Wahrheitsvertretung unter ständiger Berücksichtigung des Strukturwandelns dieser Öffentlichkeit. Ihre Aufgabe ist es, in der Erinnerung Jesu den Blick für dieses Reich Gottes kritisch offenzuhalten, dass diese Hoffnung der Menschheit im Gang ihrer Geschichte nicht mehr erlischt. Daran wird sie sich auch messen lassen müssen, ob sie diesem Reich unter den Menschen „Raum" geben kann.

13.2 Pneumatologisch-trinitätstheologischer Ansatz im Kirchenverständnis: Kirche als „Communio" („Koinonia")

Dieser Ansatz hat seine dauernde Heimat vor allen in ostkirchlichen Traditionen des Christentums. In der gegenwärtigen katholischen Kirchentheologie wird dieser pneumatologische Ansatz vor allem als Korrektur einer einseitig-christologisch orientierten Leib-Christi-Ekklesiologie verstanden und behandelt. Denn Christus ist nur im „Pneuma" gegenwärtig. Der Geist ermöglicht Einheit in der Vielfalt, d. h. Communio in den vielen Sprachen und Völkern. Daher müsse die Lehre von der Kirche ihren Ausgangspunkt in der Lehre von diesem Geist Gottes finden. In ihm hat sie ihren Grund und ihm soll sie in der Verwirklichung dieser Einheit dienen. Das Modell einer „einförmigen Großkirche" wird aufgesprengt.

Joseph Ratzinger bekräftigt in seiner „Einführung in das Christentum"[2]:

„Damit wird die Interferenz zwischen Trinität und Heilsgeschichte praktisch angewandt. Wiederum muss man es als das Unglück der späteren Entwicklung be-

---

[2] *Joseph Ratzinger*, Einführung in das Christentum, München 1968, 276.

13. Der theologische Grundansatz im Spiegel der Kirchenbilder 231

trachten, dass diese Interferenz auseinanderfiel. Die Lehre von der Kirche wie die Lehre vom Heiligen Geist haben dadurch gleichermaßen Schaden gelitten. Kirche wurde nun nicht mehr pneumatisch-charismatisch, sondern aussschließlich von der Menschwerdung her allzu irdisch geschlossen verstanden und schließlich ganz von den Machtkategorien weltlichen Denkens her ausgelegt. Auf diese Weise wurde aber auch die Lehre vom Heiligen Geist ortlos; soweit sie nicht in reiner Erbaulichkeit ein kümmerliches Dasein weiterfristete, war sie in die allgemeine Trinitätspekulation aufgesogen und damit praktisch ohne Funktion für das christliche Bewusstsein. Hier stellt der Text unseres Glaubensbekenntnisses eine ganz konkrete Aufgabe: die Lehre von der Kirche muss ihren Ausgangspunkt in der Lehre vom Heiligen Geist und seinen Gaben finden".

Das Konzil hat sich theologisch nicht mehr primär an der Leib-Christi-Vorstellung ausgerichtet, sondern die Kirche vom Geist der „Einheit" her als Communio interpretiert. Und dieses Konzil hat die Communio-Theologie aus biblischen und patristischen Wurzeln zu erneuern versucht. Irritiert wird diese Tatsache höchstens dadurch, dass das Konzil vor allem im 3. Kapitel der Kirchenkonstitution immer noch neben anderen Gesichtspunkten ein hierarchisches Kirchenverständnis vorgetragen hat, was dann z. B. Hermann Josef Pottmeyer veranlasste, von einer „zwiespältigen" Ekklesiologie des Konzils zu sprechen. Immerhin: Dieses Konzil hat in seiner heilsgeschichtlichen Sicht einem pneumatologisch-trinitätstheologischen Ansatz im Kirchenverständnis zum Durchbruch verholfen.

Ob man mit Walter Kasper in der Communio überhaupt die ekklesiologische Leitidee des II. Vatikanums erkennen kann oder ob nicht gerade auch im Gedanken vom „pilgernden Gottesvolk" noch andere Potentiale stecken, mag hier dahingestellt bleiben. Jedenfalls spielt der Begriff Communio in den Konzilstexten eine zentrale Rolle.

Damit wird ein Kirchenverständnis beendet, das an die Stelle der Gemeinschaft von Ortskirchen die Einförmigkeit einer Zentralkirche setzte, die sich sozusagen als eine einzige gigantische Ortskirche verstand. Ortskirchen aber sind nicht bloße Abteilungen einer Großkirche. Und diese nicht bloß eine Dachorganisation solcher Ortskirchen. Deshalb erklärt das Konzil: Die Katholische Kirche besteht in und aus Ortskirchen.[3] Eine solche Communio-Ekklesiologie will freilich nicht in einem „mystizistischen" Ansatz steckenbleiben, denn Communio muss auch strukturell in einer „Kommunikationsgemeinschaft" ihren Ausdruck finden, d. h. in gemeinschaftlich akzeptierten Glaubens- und Lebensformen, die

---

[3] Lumen gentium, Art. 23.

232   III. Einleitungen, Exkurse, theologische Hintergrundprämissen

eine weitestgehende Partizipation und Mitverantwortung aller einschließt. Darin steckt eine gewaltige Sprengkraft. Wir spüren es an ganz
konkreten Phänomenen, dass diese Strukturierung hin zu einer nicht
nur spirituell, sondern auch strukturell-gemeinschaftlichen Kirche auf
harte Widerstände stößt.

13.2.1 Vorzüge und Gefahren des Communio-Modells

1. Es rechnet damit, dass die Glaubenden nicht mehr bloß Adressaten,
Objekte der lehrenden Kirche sind, sondern selbst unersetzbare Träger des
Gottesgedächtnisses. Deshalb hört die Kirche auf dem Konzil eine Forde-
rung der Moderne: der Glaube kann nur subjekthaft tradiert werden. Der
Erneuerung der Theologie im 20. Jahrhundert im Geiste des Neuen Testaments und der frühen Kirche ist es zu verdanken, dass das II. Vatikanum
auf die alte kirchliche Theologie des *Glaubenssinns* zurückgreift und die
religiös-theologische Kompetenz, die in ihm liegt, als „Lehrunfehlbarkeit"
der Kirche als Ganzer erkannte. Es wurde die fatale Unterscheidung von
aktiver und passiver Lehrunfehlbarkeit fallengelassen. Die Frage des Konzils war, ob der Glaubenssinn eine wenigstens relativ eigenständige Be-
zeugungsinstanz sei oder sich im Sinne der nachtridentinischen Apologetik bloß als Reflex des Lehramtes verstehen müsse („Echo"-Modell). Die
Tendenz ist eindeutig. Gegen die Verengung des Glaubenssinns zu einem
bloßen Reflex der Hierarchie bestehen die Väter des Konzils auf dessen
Eigenständigkeit, seine Unersetzbarkeit und Würde. Im Begriff des Glaubenssinns tritt die Erkenntnis zutage, dass die Dogmenentwicklung sich
in der mitschaffenden Subjektivität der Glaubenden vollzieht. Der Glaubenssinn ist sozusagen die Voraussetzung für die weitergehende Entfaltung des Glaubensgutes oder der Glaubenshinterlage („depositum fidei")
in einem lebendigen Glaubensverständnis. So wurde der Glaubenssinn
vornehmlich im Zusammenhang mit der Frage der Dogmenentwicklung
erörtert.

Wenn es dabei geblieben wäre, dann hätte das Konzil freilich nur eine
vergessene Wahrheit revitialisiert. Doch geschah hier mehr. Ansatzweise
wird nämlich nun der Glaubenssinn zum Motor einer neuen Identitäts-
suche in der möglichst *basishaften* lebensgeschichtlichen Identifizierung
eines authentischen Christentums, die unter dem Monopolanspruch des
Lehramts bislang verdrängt oder gesperrt blieb. Deshalb kündigt sich im
Glaubenssinn prophetisch der Exodus der Glaubenden aus der Rolle blo-
ßer Objektivität, der Befreiung aus einem bloß „geliehenen Christentum"

13. Der theologische Grundansatz im Spiegel der Kirchenbilder 233

an, um einem lebensgeschichtlich vergewisserten Christentum der Authentizität („Orthodoxie") zum Durchbruch zu verhelfen.
Ein erster Schlüsseltext für die Erneuerung der Theologie des Glaubenssinns findet sich in Lumen gentium, Art. 12:

> „Die Gesamtheit der Gläubigen, welche die Salbung von dem Heiligen haben, (vgl. 1 Joh 2,20 und 27), kann im Glauben nicht irren. Und diese ihre besondere Eigenschaft macht sie durch den übernatürlichen Glaubenssinn des ganzen Volkes dann kund, wenn sie ,von den Bischöfen bis zu den letzten gläubigen Laien' ... ihre allgemeine Übereinstimmung in Sachen des Glaubens und der Sitten äußert. Durch jenen Glaubenssinn nämlich, der vom Geist der Wahrheit geweckt und genährt wird, hält das Gottesvolk unter der Leitung des heiligen Lehramtes, in dessen treuer Gefolgschaft es nicht mehr das Wort vom Menschen, sondern wirklich das Wort Gottes empfängt (vgl. 1 Thess 2,13), den einmal den Heiligen übergebenden Glauben (Jud 3) unverlierbar fest. Durch ihn dringt es mit rechtem Urteil immer tiefer in den Glauben ein und wendet ihn im Leben voller an".

Auffällig sind hier zwei Dinge: Erstens wird die Lehrunfehlbarkeit eingebunden in die Glaubensunfehlbarkeit aller Glaubenden. Zweitens wird ansatzweise die einseitige Fixierung auf die theoretische Wahrheit überwunden. Hier werden wir für eine Weiterentwicklung ansetzen.
Die Communio-Ekklesiologie kann – was diesen universalistischen Grundimpuls angeht – bereits auf das Neue Testament verweisen. Denn darin gibt es kein Geheimwissen als Privileg einzelner Personen oder Stände. Das frühe Christentum widerstand der Versuchung zum Elitären und Esoterischen. Der Heilige Geist war immer universalistisch gedacht und das Prinzip einer Universalisierung, die in die geschichtliche Wahrnehmung drängt und darin auch Menschen miteinander verbindet. Und es ist eben dieser Geist, der den Einzelnen mit einer *Autorität* ausstattet, die ihn zum authentischen Glaubenszeugnis befähigt und auch sprachfähig macht.[4]

---

[4] Wichtige Entscheidungen der frühen Kirche resultieren aus dem Konsens der ganzen Gemeinde: z. B. die Nachwahl zur Vervollständigung des Zwölferkreises durch die 120 Brüder (Apg 1,15–26), die Konstituierung der „Sieben" durch die ganze Schar der Jünger mittels Wahl (Apg 6,1–7) und schließlich das Jerusalemer Konzil (Apg 15), auf dem drei Gruppen agierten: die Apostel, die Ältesten, die ganze Gemeinde. Nach Apg 15,22 sind alle stimm- und schlussberechtigt. Die aktive Mitwirkung von Nichtamtsträgern bei den Regionalsynoden des 2. und 3. Jahrhunderts ist bekannt.

13.2.2 Die Wiederentdeckung von „Communio" und „Receptio"
(II. Vatikanum)

Deutlich werden somit das Gewicht und die Pflicht der Rezeption für das Amt herausgestellt. Auch der Bischof von Rom ist nicht Herr des Glaubens, sondern nur Organ der Feststellung des Glaubens der Gesamtkirche. In seinen „Definitionen" legt er

> „die katholische Glaubenslehre aus und schützt sie in seiner Eigenschaft als oberster Lehrer der Gesamtkirche, in dem als einzelnem das Charisma der Unfehlbarkeit der Kirche selbst gegeben ist."[5]

Auf der anderen Seite misst das Konzil aber auch der Rezeption eines Dogmas durch die Gesamtkirche hohe Bedeutung bei. Ein noch so hoch angesetzter formaler Autoritätsanspruch kann nicht die Pflicht der Bischöfe und der Ortskirchen zur inhaltlichen Prüfung (Rezeption) außer Kraft setzen. Die Rezeption lehramtlicher Äußerungen durch das Lehramt selbst kann niemals ersetzt werden. Somit sind also in der Feststellung des gemeinsamen Glaubens alle aufeinander verwiesen und in diesem Zueinander alle gemeinsam verwiesen auf das eine Wort Gottes. Die Rezeption bezieht sich in ihrem Wesen nach auf den Inhalt der Äußerungen und besteht in dem Urteil, dass die betreffende Äußerung einen für das Wohl der Gemeinschaft wie des Einzelnen wichtigen Wert enthält. Erst durch diese Anerkenntnis wird eine derartige Äußerung „effizient".

Die Rezeption freilich ist ein unabschließbarer *Lehr- und Lernprozess*. Das „Faktum" jedes Lehrentscheids kann nur in der Rezeption der Gläubigen – in lebendiger Befassung und kritischer Prüfung – wirksam werden. Es gehört selbst in die Verantwortlichkeit des Lehramtes, dass diese Rezeption auch gelingen kann. Daher bieten sich breite Konsultationen, die auch institutionalisiert sein sollten, eine angemessene öffentliche Erörterung usw. als Phase für die Entscheidungsvorbereitung an. Aber auch in der Phase der Rezeption haben die Hirten wieder Anlass, zu lernen und zu rezipieren. Sie können aus der kritischen Rezeption lernen, ob sie die zu vermittelnde Wahrheit so angemessen zur Sprache gebracht haben, dass sie sich in ihrer Rezeption als für das Leben der Gemeinden förderlich erwiesen haben. Selbst eine Nichtrezeption kann dazu führen, dass die Kirche von einem Irrtum oder einem unklugen pastoralen Vorgehen bewahrt wird. Kurz: der Rezeptionsprozess ist ein Lehr- und Lernprozess,

---

[5] Lumen gentium, Art. 25.

13. Der theologische Grundansatz im Spiegel der Kirchenbilder 235

der Hirten, Theologen und den „Sensus fidelium" mit seinen vielfältigen Ausdrucksformen in einem kommunikativen Regelkreis miteinander verbindet.

Abschließend bleibt die schon angesprochene Frage, ob die Communio-Ekklesiologie nicht allzu versöhnt, allzu gesellschaftlich unschuldig wirkt? Hebt sie nicht zu schnell von den gesellschaftlichen Problemen ab, um eine „spiritualistische" Sicht von Kirche zu forcieren? Bleibt in einem solchen Modell noch Raum dafür, dass die Wahrheit des Evangeliums uns auch über uns selber erschrecken lässt? Der Begriff der Gemeinschaft, so sehr er innerkirchlich und innertheologisch relevant ist und in einer gewissen Korrespondenz vor allem zum Begriff der Gemeinde ständig seine Bedeutung behält, trägt indes romantische und archaische Züge. Er wirkt wie eine Art künstliches Gegenbild zur verlorenen Gesellschaftsdimension. Und deshalb bleibt er im Banne des entwickelten Gemeinschaftsparadigmas ohne kritische Effizienz für die gesellschaftliche Öffentlichkeit. Es zeigt sich also die Aporie einer gesellschaftslosen Kirche. Daran muss weitergearbeitet werden. Nicht etwa, um einer modischen Angleichung an den Gesellschaftsprozess Vorschub zu leisten, denn nichts ist angeglichener als eine gesellschaftslose Kirche. Die Öffentlichkeit der neutestamentlichen Verkündigung und das Thema des Verhältnisses von Kirche und Gesellschaft ist auf die Tagesordnung einer Kirche gepresst. Vermutlich ist auch die Institution bzw. Institutionalisierung des Christentums in den heutigen Gesellschaftsprozessen angefragter als früher einmal. Ideen können sich bekanntlich halten und auch ausbreiten, solange sie den Bedürfnissen einer Zeit, einer Kulturordnung oder Gesellschaftsordnung entgegenkommen, nicht aber, wo sie kritisch widersprechen und dabei nur auf die Subjektivität des Einzelnen bzw. einer gesellschaftslosen Gemeinschaft gestellt werden. Hier taucht nämlich das Problem der Institutionalisierung nicht als Repression, nicht als Verhinderung von Freiheit aus dem Glauben, sondern als Ermöglichung derselben auf. Die übliche Alternative zwischen kritischer Mündigkeit und Institution ist überholt, weil es mehr um die Frage geht, wie und in welcher Form eine Glaubensgemeinschaft, die sich als Exodusgemeinde versteht, institutionalisiert sein muss, um überhaupt ihren Weg gehen zu können.

13.3 Eschatologisch-gesellschaftskritisch: Kirche als Volk Gottes

Die Eschatologie ist *erstens* nicht eine regionale, sondern eine radikale und fundamentale theologische Disziplin. Insofern sind alle theologi-

236 III. Einleitungen, Exkurse, theologische Hintergrundprämissen

schen Aussagen als solche von eschatologischen Aussageformen mitbestimmt. Man kann nicht die Gottheit Gottes ohne Rücksicht auf das in der eschatologischen Botschaft verkündete Thema von der kommenden Gottesherrschaft definieren. Diese Eschatologie ist eine gesellschaftsbezogene, eine schöpferische, eine durch zeitliche Zukunft bestimmte Eschatologie.

Der *zweite* Punkt aber ergibt sich aus den universalen Optionen der biblischen Reich-Gottes-Vision. Und hier stellt sich die Frage, wie diese universalen Gehalte auch öffentlich umgesetzt, d. h. in ein kritisches, veränderungsfähiges Verhältnis zur jeweiligen Gesellschaft eingebracht werden können: das Zeugnis von einer neuen Welt in der kritischen Veränderung dieser Welt.

Erstens: Dieses Leitbild empfiehlt sich schon deshalb, weil es die Nähe Israels und der Kirche bewusst macht. Israel ist keine überholte Vorstufe auf dem Weg zur Kirche. Es gibt nur *ein* Gottesvolk. Es gibt nur ein Volk und seine Erneuerung, weil es berufen ist, dem Reich Gottes im Selbstüberstieg in die fremde Geschichtswelt hinein jeweils konkreten Ausdruck zu geben.

In Röm 9–11 wird der bleibende Zusammenhang zwischen Israel und der Kirche am deutlichsten entfaltet. So kehrt sich der Richtungssinn der „Völkerwallfahrt" (Jes 2,2–4) geradezu um. Nicht die Völker strömen zu dem sich versagenden Israel, sondern der Kreis der gläubigen Juden geht über Israel hinaus zu den Völkern, verkündet ihnen das Evangelium von Jesus Christus und wird genau dadurch zum wahren endzeitlichen Volk Gottes aus Juden und Heiden. Kirche also entsteht und identifiziert sich im Prozess dieser *universalen* Sendung. Deshalb ist sie gerade in ihrer Partikularität das vermittelnde Zeichen des universalen Heilswillens Gottes.

Zweitens: Besser als in der Communio-Ekklesiologie kommt im Bild vom „Gottes-Volk" der *viatorische* Charakter der Kirche, das Unterwegssein in der Spur Jesu, das eschatologisch beunruhigte Gewissen zum Ausdruck.

Dieses eschatologische Gewissen der Theologie greift mit seiner Orientierung an den Freiheits-, Friedens- und Gerechtigkeitsverheißungen nicht direkt und positiv in das partiale Planungsgeschäft der Politik ein, es respektiert vielmehr die Sachzwänge und demokratischen Entscheidungsprozesse. Die auf die Politik beziehbaren Begriffe der christlichen Eschatologie sind ja zunächst *Universalbegriffe*, d. h. sie wenden sich in ihrem Anspruch an alle, unterschiedslos. Aber als solche können sie unter

13. Der theologische Grundansatz im Spiegel der Kirchenbilder 237

den Bedingungen unserer Gesellschaft und der ihr zugeordneten politischen Handlungsweisen nur dann eben ideologiefrei zur Geltung gebracht werden, wenn sie selbst in der Figur der *kritischen Negativität* formuliert und eingesetzt werden, d. h. in der bestimmten Verneinung, in der bestimmten Bestreitung konkreter Formen von Unfreiheit, Unfrieden und Ungerechtigkeit. Diese bestimmte Negativität von Freiheit, Frieden und Gerechtigkeit ist vermutlich die einzige Form, in der unter den Bedingungen unserer Gesellschaft überhaupt universale, allgemeine Normen des Handelns gewusst und mitgeteilt werden können. Diese kritische Negativität darf nicht unterschätzt werden. Als *bestimmte* Negation, als bestimmtes Nein zu ganz konkreten Bedingungen ist sie keineswegs eine unverbindliche, rein ästhetische oder rein begriffliche Haltung, schon gar nicht bloß die Haltung des Zuschauers. Diese Negation kann nämlich als bestimmte Weigerung unter Umständen durchaus die Figur des revolutionären Protestes an sich tragen. Das negative Wissen, das hier angesprochen ist, ist nicht in einem unbestimmten und leeren Sinn rein negativ. Es ist darauf zu achten, dass in diesen Negativitäten gerade eine große Kraft der Vermittlung des Positiven, des Gesuchten, steckt. Positiv gesuchte Möglichkeiten werden durch Negation bestehender Verhältnisse, aber auch nur durch diese Negation hindurch und nicht mit einem universalen Vorgriff auf das Ganze inhaltlicher Art freigelegt.[6]

Wir sollten diese negative Erfahrung nicht unterschätzen. Diese „negative Vermittlung" des gesuchten Friedens, der gesuchten Freiheit und Gerechtigkeit ist die einzige Form eines allgemein verbindlichen Zugangs zum positiv Humanen. Gerade diese negative Erfahrung stiftet Solidarität. Wenn wir uns auch nicht direkt und unvermittelt über das einigen können, was Freiheit, Friede und Gerechtigkeit positiv sind, so haben wir doch eine lange und schmerzliche Erfahrung dessen, was Unfreiheit, Unfriede und Ungerechtigkeit sind. Diese negative Erfahrung bietet die Chance zur Einigkeit – weniger im positiven Entwurf der Freiheit und Gerechtigkeit, als im Widerstand gegen das Grauen und den Terror der Unfreiheit und der Ungerechtigkeit. Die in dieser Erfahrung liegende Solidarität, die Möglichkeit einer gemeinsamen Front des Protestes muss gesehen und mobilisiert werden.

In der bewusst angenommenen Differenz zwischen der Kirche und dem von ihr verkündeten „Reich Gottes", also dort, wo sich die Kirche

---

[6] Zum dialektischen Verständnis dieser „kritischen Negation" vgl. JBMGS 3/2, 260.

238 III. Einleitungen, Exkurse, theologische Hintergrundprämissen

in ihrer eigenen endzeitlichen Vorläufigkeit bewusst annimmt, ist immer neu ein kritischer Ansatz gegen die Tendenz zur Beharrung und Stabilisierung gegeben, gegen die Tendenz, nur das Gewordene und Bestehende gelten zu lassen und dem Neuen, dem noch nie Gewesenen grundsätzlich zu misstrauen; andererseits auch gegen die Neigung, den unterstellten Konsens der Gläubigen als einheitlich überschaubare Größe aufzufassen, die sich in den Äußerungen der Institution adäquaten Ausdruck verschafft. Das eschatologisch beunruhigte Gewissen lässt der Versuchung widerstehen, alle *partiellen* Identifizierungen mit der kirchlichen Institution rein negativ zu kennzeichnen, ohne sich zu fragen, ob diese Verhaltensweisen nicht dem kritischen Gespür für jenen Überschuss und Überhang an eschatologischer Wahrheit entspringen, der in der kirchlichen Institution nicht zur Erscheinung kommt usw.

In diesem Sinn erwächst auch der Hoffnung der Impuls zum Aufbau einer kritischen Öffentlichkeit in der Kirche selber. Die Kirche, die die damit gegebenen Spannungen innerhalb ihres institutionellen Rahmens abschaffen und ausräumen wollte, würde nicht einheitlicher und geschlossener wirken. Es würde sich in ihr nur die Friedhofsruhe erstorbenen Lebens ausbreiten.[7]

Drittens: Doch gibt es in den Jahren nach dem Konzil schon gegenläufige Signale und Tendenzen: die Rede von der Kirche als Volk Gottes wird zwar nicht geleugnet, aber doch sehr deutlich zurückgestuft, und zwar gerade dadurch, dass man die Kirche wieder bewusst als „Mysterium" betont („corpus Christi mysticum"). Ohne die theologische Legitimität der Kirche als Geheimnis bestreiten zu wollen, muss man doch in diesem Vorschlag Anzeichen eines Rückzugs hinter die Konzilsaussagen in die sogenannte Pianische Epoche der jüngeren Kirchengeschichte, also in die Periode der Piuspäpste von Pius IX. bis Pius XII. sehen. In der Betonung der Kirche als Geheimnis versucht sich eine Kirche schnell gegenüber innerer und äußerer Kritik und gegenüber längst fälligen Reformprozessen zu immunisieren. So soll mit dem Kirchenverständnis jener Prozess gebremst werden, der mit der Bestimmung der Kirche als Volk Gottes gerade hoffnungsvoll angestoßen war, nämlich der Prozess der wachsenden Subjektwerdung der Glaubenden in der Kirche.

---

[7] JBMGS 6/1, 143 f.

14. Einheit, Heiligkeit, Katholizität, Apostolizität der Kirche. Unterwegs zu einem Paradigmenwechsel im Verständnis kirchlicher Kennzeichen

Im Blick auf den historischen Ort der Entfaltung ist die Lehre von den sogenannten Kennzeichen („notae ecclesiae") der wahren Kirche Jesu Christi relativ jung. Was unter den Kennzeichen der wahren Kirche gemeint ist, ist zentraler Inhalt jenes Glaubensbekenntnisses, das alle Christen beten. Es heißt: Ich glaube an die *eine, heilige, katholische, apostolische* Kirche. Das Problem, welche Kirche hier gemeint ist, wird da prekär, wo es wirklich nicht mehr einfach die eine Kirche gibt, sondern wo plötzlich neue kirchliche oder zumindest kirchenähnliche Gemeinschaften entstehen – speziell seit der Zeit der Reformation. Ich möchte wenigstens andeuten, inwiefern sich hier ein *Paradigmenwechsel* in der Bestimmung dieser vier Eigenschaften kirchlicher Identität im Rahmen einer „Politischen Theologie" abzeichnet.

Die gemeinsame Voraussetzung für das Kirchenverständnis in der Neuzeit war zunächst einmal, dass die beiden Kirchen auf dem Boden einer christlich geprägten Gesellschaft gelebt haben. Diese Voraussetzung ist immer mehr hinfällig geworden seit den späteren neuzeitlichen Prozessen in Europa: seit der politischen Aufklärung, seit der Französischen Revolution, seit den sog. Säkularisierungsprozessen. Das Christentum selber wird nun im Verhältnis zur Gesellschaft partikular, muss also sein Gesellschaftsverhältnis selbst reflektieren. Anders ausgedrückt und mit einem anderen Hinweis versehen: Die Staaten mussten sich um des politischen Friedens willen immer mehr von ihren religiösen Grundlagen lösen, weil sich die religiösen Gemeinschaften selber in Kontroversen und Konflikte verstrickt hatten. Die Konfessionskriege haben immer mehr die staatliche Friedenssicherung in Frage gestellt, sodass das Sich-ablösen der neuzeitlichen Staatengebilde von den christlichen Grundlagen eigentlich eine hausgemachte Säkularisierung ist. Dass der Staat sich säkularisierte, war eine der Voraussetzung dafür, dass er überhaupt Friedensordnungen erstellen konnte. Diese Situation haben wir seitdem. Nun meine ich, dass die Politische Theologie sich im Grunde genommen mit dieser Frage beschäftigt, wie denn nun die Eigenschaften kirchlichen Lebens nicht mehr einfach zwischenkirchlich bestimmt und eigentlich nur kontroverstheologisch definiert werden können, sondern wie sie nun *gesamtgesellschaftlich* eine Rolle spielen. Und das kann man an den vier Eigenschaften als Kennzeichen der wahren Kirche in praktisch-gesellschaftlicher Hinsicht verdeutlichen.

240   III. Einleitungen, Exkurse, theologische Hintergrundprämissen

14.1 „Einheit" (ecclesia una)

Der innere Zusammenhang zwischen Ökumenismus und kirchlicher Reform entspringt nicht einer puren Resignation und Skepsis gegenüber theologischen Verständigungsmöglichkeiten. Er huldigt nicht einer theologiefeindlichen Ideologie der Praxis, nicht einem Fetischismus der Handlung und Veränderung, der die Frage nach den Bedingungen des Handels unterschlägt. Er ist zunächst ganz allgemein begründet in dem operationalen und sozialen Charakter der theologischen Frage nach Wahrheit und Einheit überhaupt. Diese Frage kann gar nicht mehr als reines Theorieproblem gestellt und beantwortet werden; sie ist ein Theorie-Praxis-Problem, und die Öffentlichkeit ist unaufgebbares Medium der Wahrheits- und Einheitsfindung. Die Frage nach der Einheit im Glauben überführt sich selbst in eine praktische Frage. Der Fundort dieser Einheit ist nicht die reine Theorie, sondern der Kanon des praktizierten Bekenntnisses der Kirchen.

„Einheit", die eine Kirche, ist nun nicht mehr im Sinn des Exklusivitätsanspruchs gemeint, sondern als Aufgabe im ökumenischen Sinn, d. h. in dem Versuch, den gesellschaftlichen Skandal der kirchlich zerrissenen und gespaltenen Christenheit zu überwinden. So bahnt sich ein Weg von der innerkirchlichen Kontroverstheologie zwischen den beiden Kirchen zu einer ökumenischen Diskussion um die Einheit der wahren Kirche Jesu Christi an. Heute erkennt man, dass die Einheitsvorstellung selber im weltkirchlichen Horizont einem Wandel unterliegt.[1] Was heißt Einheit, wenn in ihr geschichtliche Entwicklungen nicht einfach ignoriert werden können?[2]

Geschichte ist eine Sache aus Fleisch und Blut, und deshalb kann, was geschichtlich sich begab, nie rein spekulativ ausgeräumt oder revidiert werden. Geschichte ist die Erfahrung der Wirklichkeit in Konflikten, die nicht rein begrifflich versöhnt werden können. Der geschichtliche Identitätsverlust des Christentums lässt sich nicht einfach durch eine Neuinterpretation der christlichen Tradition überwinden; das rein gedankliche Verhältnis zur Trennungsgeschichte bleibt selbst in der Unwahrheit, in die wir durch unsere geschichtlichen Handlungen geraten sind. Und ökumenische Theologie wird den Gedanken der Einheit in Christus nur dann nicht un-

---

[1] Siehe die vorausgehenden Überlegungen in § 12.
[2] Auch hier wird das eschatologisch beunruhigte Gewissen in seiner vermittelnden Kraft für den gesellschaftlichen Weltauftrag des Christentums sichtbar und darin auch die Einheit der Kirche Jesu Christi auf neue Weise identifizierbar.

14. Einheit, Heiligkeit, Katholizität, Apostolizität der Kirche 241

verbindlich mystifizieren oder ideologisch missbrauchen zur Verschleierung der faktischen Zerrissenheit der Christen, wenn in ihr die gegenwärtigen Bedingungen kirchlichen und christlichen Lebens selbst angegriffen und geändert werden.

Der theologische Fundort (locus theologicus) der verlorenen und gesuchten Einheit der Christen ist primär jene „fremde Welt", die der Sohn als sein „Eigentum" reklamierte und in die hinein Kirche sich immer neu übersteigen muss, wenn sie sich nicht selbst verlieren oder verraten will. Diese Fremde ist der Ort, an dem sich Christen wiederfinden können in der Treue zu der einen Botschaft, in deren Angesicht der Konfessionalismus der Christen gerade so bedenklich und gefährlich erscheint wie der Nationalismus im Angesicht der einen Welt und der Rassismus im Angesicht der einen Menschheit. Annäherung und Einheit der Christen geschieht so gewissermaßen indirekt und wie beiläufig: Sie kommen einander näher, indem sie aus ihren eigenen kirchlichen Traditionen heraus immer neu diesen Überstieg, diese Selbsttranszendenz im Zeugnis und Dienste der Liebe wagen. Sie können und sollen dies tun ohne Rücksicht auf die konfessionellen Differenzen. So, in diesem indirekten ökumenischen Verfahren, wächst die Einheit, und zwar nicht nur eine Einheit in karitativer, sozialer Kooperation, sondern die substantielle Einheit im Glauben selbst, weil diese Einheit eben nur in der Selbsttranszendenz der Kirche und ihrer Traditionen als Einheit *in* Christus gewährleistet ist.

14.2 „Heiligkeit" (ecclesia sancta)

In der Frage nach der Heiligkeit als Kirchenattribut müssen wir uns zunächst gegen eine „paradoxale Interpretation" wenden. Gewiss, die Kirchengeschichte ist eine tief sündige Geschichte. Und sie war es von Anfang an. Um die Kirche nicht zu kompromittieren, war es eine Ausflucht, lediglich den Einzelnen in ihr als Sünder zu denken, die Kirche selbst aber in einem objektiven Sinn als „heilig". Nein: die Kirche ist in ihrer konkreten Erscheinung, ihrer Sichtbarkeit, immer auch eine tief sündige, eine versagende Kirche (Karl Rahner). Heilig ist die Kirche oder muss sie in ihrer sichtbaren Erscheinung sein. Nicht bloß in ihrem Glauben, sondern in ihrem gehorsamen *Gotteszeugnis*. Deshalb ist sie als heilig nur identifizierbar, wenn in ihrem Raum Aufbrüche und Erneuerungen geschehen, die der sündigen Verkleinerung oder Kompromitierung des Evangeliums entgegenwirken.

242   III. Einleitungen, Exkurse, theologische Hintergrundprämissen

14.2.1 Gegen eine individualistische Verengung erscheint „Heiligkeit" gesellschaftlich als jene kritische Öffentlichkeit, die gegen die Nivellierungen der Großkirche innovativ die rettende Kraft des Evangeliums für die Menschen der Zeit einbringt. Sie ist nicht eine weltlose Heiligkeit, die leicht zum Konformismus mit den Verhältnissen führt, nicht politische Schicksallosigkeit, sie ist eine Heiligkeit, die sich einmischt, die nicht am Schicksal der Welt vorbeiführt, sondern als „Ärgernis" in sie einwirkt und eingreift bis zum Skandal des Kreuzes. Der Nonkonformismus der messianischen Nachfolge zielt nicht auf eine quasi elitäre Gelassenheit und Entspanntheit gegenüber der Welt. In dem Begriff der „heiligen Kirche" muss es um den Gehorsam nicht bloß in der Kirche, sondern der Kirche selber in der einen und ungeteilten Nachfolge ihres Herrn gehen. Hier wird also nach einem auf die gesellschaftlichen Zusammenhänge hin orientierten Verständnis von Heiligkeit gesucht. Als völlig unpolitischer Mensch wäre Jesus von Nazareth sicherlich nicht gekreuzigt worden.

14.2.2 Es gibt einen geschichtlich-kulturellen Wandel im Typ der Heiligkeit bzw. im Profil des Heiligen: den Wandel vom „heldenhaften" Heiligen zum mehr oder weniger „anonymen" Heiligen, vom „großen" Heiligen zum „kleinen" Heiligen. Heute ist vor allem auch – im Blick auf die armen Kirchen – auf eine neue Gestalt politischer Heiligkeit aufmerksam zu machen, und zwar auf jene, die aus der unbedingten Liebe zu den Geringsten der Brüder erwächst und die darin dem armen und leidenden Jesus nachfolgt – bis zum Tod.[3]

14.3 „Katholizität" (ecclesia catholica)

„Katholisch" ist die Kirche nicht im Sinne einer Konfessionsbezeichnung, sondern im Blick auf die ihr aufgetragene universale Sendung und ihrer Wahrnehmung im Pluralismus der Religions- und Kulturwelten. Gemeint ist das Hineinwachsen in die Gestalt einer kulturell polyzentrischen Weltkirche. Dieser indirekte Ökumenismus ist indirekt, weil er eigentlich nicht direkt die Verbindung der beiden Konfessionen im Blick hat, sondern die *Weltkirche* im Übergang zu ihrer kulturell-polyzentrischen Gestalt. In diesem Übergang gewinnt auch die Einheit im Glauben eine andere Identifizierbarkeit als in einer eurozentrischen Kirchenperspektive.

---

[3] *Johann Baptist Metz*, Sie leben im Herzen des Volkes. Lateinamerikanisches Martyrologium (JBMGS 6/1, 266–270).

14. Einheit, Heiligkeit, Katholizität, Apostolizität der Kirche 243

14.4 „Apostolizität" (ecclesia apostolica)

Die Frage nach der Apostolizität gehört schon einem anderen Zeitalter an als dem der Apostel. Die paulinischen Gemeinden knüpfen daher – in der ersten nachapostolischen Generation – ihre kirchliche Identität an die Verbindung mit dem Apostel Paulus. Der Epheserbrief versteht den Apostel als Begründer und Garanten der die Kirche tragenden Tradition (Eph 2,20; 3,1–7), die Pastoralbriefe sehen in ihm den, der die Tradition getreu bewahrt und der für ihre Weitergabe Sorge getragen hat. Auch für Lukas sind die Apostel zugleich Garanten der Tradition und Prototypen der kirchlichen Amtsträger. Bereits seit dem 2. Jahrhundert kommt es dann – insbesondere in Reaktion auf die Gnosis – zu einer umfassenden Konzeption der Apostolizität. Gegen die diffusen pseudoapostolischen Überlieferungen der Gnosis hatte Irenäus eine identifizierbare Überlieferung konzipiert, indem er die Tradition personal konkret im amtlichen Zeugnis des Bischofs zusammenfasst. Die Nachfolge im Bischofsamt steht in der Form einer historischen Kette von amtlichen Tradenten für die Rückbindung der Kirche an den apostolischen Ursprung. Damit ist zum ersten Mal die Idee der apostolischen Sukzession der Bischöfe formuliert.

Das Motiv der Apostolizität verpflichtet die Kirche auf Tradition und ihre identitätsstiftende Bedeutung. Wir sind also eine Kirche, die durch die Tradierungskrise, in der wir stehen, eine ihrer schärfsten Identitätskrisen erfährt. Man kann die Apostolizität als solche und die Frage nach ihrer kriteriologischen Relevanz von einem einfachen Tatbestand her angehen.

Die Kirche steht seit ihren Anfängen unter einem *schockartigen* Eindruck. Und das unbegreifliche, das neue, ja das ungeheuerliche Christusereignis hat Tradition geschaffen. Man konnte es nicht in eine Idee aufheben. Deshalb also Tradition. Man wollte und musste es weitersagen, weitergeben, weiterbezeugen. Das zähe Festhalten und Festmachen dieser Erinnerung bestimmt das Leben der jungen Kirchen. Insofern die spätere Kirche auf dem Fundament dieses Erstzeugnisses – nicht nur im Wort der Verkündigung, sondern auch hinsichtlich der Institutionalisierung dieser Erinnerung – und ihrer apostolischen Träger aufruht, ist sie „apostolische Kirche". „Apostel" ist der Zeuge und Bote, mehr noch: er repräsentiert den ihn Sendenden und hat darin auch seine Autorität. Man müsste dieses „Repräsentieren" wohl noch genauer bestimmen. Wesentlich ist – wenn auch nicht allein ausschlaggebend – die Unwiederholbarkeit des Apostolates. Das kann man daran erkennen, wie Paulus seine Sendung als Apostel legitimiert. Er stellt sich mit seinem Zeugnis in die Reihe der Männer,

244   III. Einleitungen, Exkurse, theologische Hintergrundprämissen

die mit Jesus selber Umgang hatten und die durch ihn gesandt wurden. Denn auch ihm ist Christus erschienen, um ihn für sein Zeugnis zu bevollmächtigen. Die Apostel geben diese ihre Sendung weiter, indem sie bestimmte Menschen beauftragen. Das müsste man ja alles nicht tun, wenn es nicht um eine bestimmte – unvergessliche – Erinnerung ginge. So hat der Apostolat eine besondere Rolle im Tradierungsgeschehen selbst. Und sein Erstzeugnis wird für die weitere Geschichte der Kirche zum Maßstab. Doch wirkt auch dieses Maß nur in der Rezeption.

Die Tradierungskrise des Glaubens ist, genau besehen, eine fundamentale Krise des Glaubens selber, weil der christliche Glaube ohne Tradierung und gelingende Tradition überhaupt nicht ist. Der Glaube selbst ist ein Gedächtnis, ein lebensprägendes Gedächtnis, ein „gefährliches Gedächtnis": memoria passionis, mortis et resurrectionis Jesu Christi. Tradition ist nicht mehr der Katalysator oder Durchlauferhitzer eines an sich traditions- und erinnerungslosen Glaubens. Der Glaube hat aus sich selbst mit geschichtlichem Eingedenken zu tun. Die Tradierungskrise des Glaubens ist nur in abgeleiteter Weise eine Krise zwischen den Generationen.

Die Tradierungskrise des Glaubens liegt (innerchristlich besehen) darin, dass wir die Gedächtnisverfassung des Glaubens zwar kultisch bewahrt („Tut dies zu meinem Gedächtnis"), sie aber nicht hinreichend geistig-kulturell ausgebildet und gesichert haben.[4]

Heute „aus Traditionen leben" heißt: lebensprägend in etwas eingeübt sein, ehe man darüber nachgedacht hat – mit der Bereitschaft, diese Lebenseinstellungen dem Rechtfertigungs- und Kommunikationsdruck und auch der Veränderungszumutung auszusetzen.

In diesem Sinne aber ist „aus Traditionen leben" nicht nur Glaubensbedingung, sondern Lebensbedingung, nicht nur Christentumsprämisse, sondern Humanitätsprämisse. Keiner lebt und versteht sich als „creatio ex nihilo". Wo fortschreitende Erinnerungslosigkeit zum Paradigma des eigentlichen Fortschritts wird, da kommt in solchem Fort-schritt der Mensch sich selbst abhanden. Der Kampf um eine Erinnerungskultur als Hintergrund der Moderne ist also Aufgabe, die Christen und Nichtchristen miteinander verbinden müsste.

---

[4] Vgl. JBMGS 4, 215–222.

15. Vier Dimensionen der Ökumene heute

15.1 Ökumene im biblisch-messianischen Horizont – Christen und Juden, Kirche und Synagoge

Sie sucht den vergessenen oder verdrängten „Partner von Anbeginn", das jüdische Volk anzusprechen und in der unersetzbaren „Prophetie seines Lebens und Leidens" zu hören. Was die Phasen der christlich-jüdischen Ökumene betrifft, spannt sich der Bogen vom Stadium eines diffusen Wohlwollens, das seinerseits wenig stabil, leicht anfällig und verdrängbar ist, über den Dialog „zwischen Christen und Juden" bis hin zu Ansätzen eines bewussten theologischen Umdenkens im Christentum selber. Dabei darf sich die Perspektive nicht bloß auf eine christliche Theologie des Judentums mit Anerkennung der bleibenden messianischen Würde Israels, der wurzelhaften Bedeutung Israels für die Kirche beschränken. Es muss um die Einsicht der Christen in die konkrete *glaubensgeschichtliche Abhängigkeit* von den Juden gehen, weil sich die Christen selbst in ihrer eigenen Identität nicht mehr ohne die Juden definieren können. Hier wird mit Auschwitz „als Unterbrechung und als Ende" theologisch ernst gemacht, und zwar nicht etwa als Ende für eine bestimmte Phase der jüdischen Geschichte, sondern als Ende für jede Art von Christentum, das sich weigert, seine Identität im Angesichte der Juden und mit ihnen zu bilden. Schließlich geht es – im Blick auf Auschwitz – nicht nur um eine Revision der christlichen Theologie des Judentums, sondern um eine Revision christlicher Theologie überhaupt.[1] Die biblisch-messianische Dimension hängt innerlich mit den anderen Dimensionen der Ökumene zusammen.

15.2 Ökumene im innerchristlichen Horizont – Einheit der Christen

Das meint Ökumene in dem uns zunächst vertrautesten, nämlich dem innerchristlichen Horizont, vor allem als Aufarbeitung der Kirchenspaltungen innerhalb der Christenheit, speziell für uns, als Aufarbeitung der Kirchenspaltung des 16. Jahrhunderts. Diese Ökumene muss als „indirekte Ökumene" im gemeinsamen Gespräch mit „der Welt" vorankommen.[2]

---

[1] Vgl. JBMGS 1, 167–181.
[2] Siehe oben die Überlegungen zur „Einheit" der Christen in der Selbsttranszendenz der Kirchen und ihrer Traditionen im Zeugnis und im Dienste der Liebe.

246   III. Einleitungen, Exkurse, theologische Hintergrundprämissen

Die Überwindung eines eurozentrisch verengten Kirchenbildes kann indirekt die europäischen Kirchengeschichten wieder enger zusammenführen und zu einer neuen Einheit bringen. Denn die langsam sich entfaltende kulturell-polyzentrische Weltkirche muss als ein *Lernraum* begriffen werden, in dem das Verhältnis von Einheit und Vielheit auch in einer ökumenisch relevanten und verpflichtenden Weise neu eingeübt wird. Gerade auf dem Wege der kirchlichen Selbsttranszendenz in die geschichtliche Welt hinein hat auch der Ökumenismus unter den Christen eine neue Perspektive und eine neue Chance, die über das, was durch theologische Versöhnungsarbeit geleistet wird und dann von den beiden Kirchen doch nicht oder nur schleppend vollzogen wird, hinausgeht. Anders gesagt: Der Zuwachs an theologischer Verständigung und christlicher Einheit wird nicht allein und primär durch den unmittelbaren und direkten Dialog der Kirchen untereinander hervorgebracht, sondern durch die je eigene Auseinandersetzung der christlichen Kirchen und ihrer spezifischen Traditionen mit einem „dritten Partner", nämlich mit den Problemen und Herausforderungen der Welt von heute.

Denkt man an Ökumene als direkte und kontroverstheologisch endgültig bereinigte Verständigung zwischen den Großkirchen, so möchten heute viele den Mut sinken lassen. Lebendig erscheint dagegen die kleine, die Ökumene vor Ort, und zwar vor allem in Gestalt einer *indirekten* Ökumene im Horizont gemeinsam wahrgenommener Weltverantwortung: im Ringen um Frieden, um mehr Gerechtigkeit unter den armen Ländern, für die Erde als Wohnraum auch künftiger Generationen, für Chancen im Neuanfang verschuldeter Länder, um mehr Solidarität unter den Völkern usw.[3]

Im Blick auf das Papsttum, auf das Petrusamt, das noch Paul VI. als das eigentliche Hindernis in der innerchristlichen Ökumene bezeichnete, lässt sich mit Karl Rahner sagen, dass dieses Petrusamt auf dem Weg der Kirche zur polyzentrischen Weltkirche ein neues Gewicht und neue Bedeutung gewinnt. In der Weltkirche wird das Bedürfnis nach einer sichtbaren und greifbaren Repräsentanz ihrer bleibenden Einheit tatsächlich größer. So kann – ich sage: kann – die rein rechtliche Darstellung dieser Einheit, wie sie sich auch im Jurisdiktionsprimat des Papstes ausdrückt, eher zurücktreten, damit das Petrusamt zur geschichtlich-greifba-

---

[3] Zum Begriff zum Rang der „indirekten Ökumene" im Horizont der „Neuen Politischen Theologie" vgl. JBMGS 1, 262 f.; JBMGS 6/1, 15, 32, 234, 261 f.; JBMGS 6/2, 74.

15. Vier Dimensionen der Ökumene heute   247

ren Repräsentanz der lebendigen Einheit einer Weltkirche wird. Der Papst darf dann sein Petrusamt für die Gesamtkirche nicht nur einfach im Stil eines Patriarchen des Abendlandes ausüben, der die lateinische Kirche des Westens über die ganze Welt auszubreiten sucht. So kann auch die katholische Kirche im Übergang zur *realen* Weltkirche von innen her sich so verändern, dass sie selbst ökumenisch wird.[4]

Gewiss, jüngste Entwicklungen innerhalb der katholischen Kirche, gerade auch im Bezug auf die vatikanische Praxis der Besetzung von Bischofstühlen in den nichteuropäischen Teilkirchen wie überhaupt ein von Rom aus über die Weltkirche sich ausbreitendes defensives Sicherheits- und Einheitsdenken, scheinen solche Vorschläge in weite Ferne zu rücken und den ökumenischen Mut zu schwächen. Doch was wäre denn die verheißungsvolle Alternative? Einerseits probt die Kirche ein authentisches Weltkirchentum, in dem kirchengeschichtlich erstmals greifbar wird, was in der ersten Kirchengeschichte verheißen ist: „Ihr werdet meine Zeugen sein bis an die Grenzen der Erde." (Apg 1,8) Andererseits wird in eben diesem Prozess immer deutlicher, dass die Kirche überall auf der Welt – und nicht zuletzt in Europa – immer mehr in eine Minderheitensituation, biblisch „ins Exil" gerät. Und wie sollen wir das in einer nicht sektiererischen Weise anders als gemeinsam bestehen, in der Gemeinsamkeit derer, die der biblischen Verheißung treu bleiben? Es ist nicht von ungefähr, dass gegenwärtig auch die innerchristliche Ökumene so schwer vorankommt, wenn gleichzeitig im offiziellen Kirchenbewusstsein das jüdische Erbe bei der Erläuterung und Verteidigung des christlichen Erbes wieder zugunsten des griechisch-hellenistischen Erbes zurücktritt.

15.3 Ökumene im Horizont der Weltreligionen

Auch für die Ökumene im Horizont der Weltreligionen ist die biblisch-messianische Dimension der Ökumene von fundamentaler Bedeutung. Nur wenn wir Christen die messianische Perspektive der Ökumene nicht verdrängen, wenn wir also den christlichen Einheitsgedanken immer auch im Blick auf den jüdischen Partner entfalten, wird es uns möglich sein, produktiv beizutragen zu einer Ökumene der großen Religionen überhaupt, zumindest zu einer Koalition der Religionen im Widerstand

---

[4] Im eurozentrisch verengten Kirchenverständnis war „Weltkirche" eher nur in einer simulierten Form möglich. Hier zeigt sich wiederum die spekulative Unhintergehbarkeit geschichtlicher Entwicklungen.

248　　III. Einleitungen, Exkurse, theologische Hintergrundprämissen

gegen die gemeinsam erlebten Bedrohungen des Menschen in der heraufziehenden Weltgesellschaft.[5]
Gedacht ist dabei vor allem auch an das Verhältnis zur Religion des Islam. Eine direkte Annäherung der Christen an den Islam, sozusagen an den Juden vorbei, scheint weder theologisch noch kulturgeschichtlich möglich zu sein. Denn am Ende sollten wir nicht vergessen: die jüdische Religion, geächtet und verfolgt, ist und bleibt die Wurzelreligion sowohl für uns Christen wie auch für den Islam.

15.4 Ökumene im Welthorizont

Sie kennzeichnet die Aufgabe, am Abbau der leidverursachenden sozialen Differenzen in der einen Weltgesellschaft zu arbeiten. Es gibt heute ja so etwas wie einen Klassengegensatz zwischen den Weltreligionen im sogenannten Nord-Süd-Gefälle: zwischen den reichen Industrieländern des Nordens und den armen Ländern des Südens. Dieser Klassengegensatz schlägt inmitten der einen Weltkirche durch, er wirkt sich z. B. im Verhältnis der mitteleuropäisch-nordamerikanischen Kirche zur Kirche des lateinamerikanischen Subkontinents unmittelbar aus. Er wird zur Frage an die Einheit, Glaubwürdigkeit und praktischen Identität der christlichen Kirche selbst: Wie wird die Kirche damit fertig, dass in ihr viele Menschen, ja geradezu ganze Völker in kollektiver Verfinsterung leben – so als wären sie „keines Menschen Sohn"? Dieser „Riss"ruft zum Zeugnis der einen Hoffnung in praktizierter Solidarität zwischen den Kirchen der Ersten Welt und den armen Kirchen als indirekte Ökumene: Solidarität in einer „Ökumene der Compassion"[6], die sich in *tätiger* Mitleidenschaft*als* Zeugnis der gemeinsamen Hoffnung bewährt.

---

[5] Vgl. die Ausführungen zu einer „Koalition der Weltreligionen" im Widerstand gegen Banalität, gegen Hass und die Auflösungstendenzen humaner Identität, in I. Band („Gott der Religionen") dieser Ausgabe.
[6] Vgl. JBMGS 5, 63, 176; JBMGS 6/2, 191, 208, 223.

Anhang

Quellenverzeichnis

I. Zur Genese des Credo-Textes „Unsere Hoffnung". Ein Bekenntnis zum Glauben in dieser Zeit: Skizze eines Wegprotokolls
Grundlage für die Genese des Credo-Textes sind die Veröffentlichungen der Gemeinsamen Synode der Bistümer in der Bundesrepublik Deutschland. Diese bestehen aus Texten, die im Mitteilungsblatt „SYNODE. Amtliche Mitteilungen der Gemeinsamen Synode der Bistümer in der Bundesrepublik Deutschland" veröffentlicht wurden, sowie Auszügen aus den Protokollbänden mit den Wortprotokollen der Vollversammlungen und der zweibändigen offiziellen Gesamtausgabe. Sie werden in chronologischer Reihenfolge aufgeführt.

1. Unsere Hoffnung. Ein Glaubensbekenntnis in dieser Zeit (Vorlage zur Ersten Lesung), in: Synode 1/1975, 1–16.
2. Bericht zur Vorlage „Unsere Hoffnung. Ein Glaubensbekenntnis in dieser Zeit" (Kommissionsbericht), in: Synode 2/1975, 59–64.
3. Unsere Hoffnung – Ein Glaubensbekenntnis in dieser Zeit, in: Gemeinsame Synode der Bistümer in der Bundesrepublik Deutschland. 7. Vollversammlung. Protokoll 7.–11. Mai 1975, hrsg. v. Sekretär der Gemeinsamen Synode der Bistümer in der Bundesrepublik Deutschland Josef Homeyer, Bonn 1975, 11–47.
4. Unsere Hoffnung. Ein Bekenntnis des Glaubens in dieser Zeit (Vorlage zur Zweiten Lesung), in: Synode 6/1975, 9–25.
5. Bericht zur Vorlage „Unsere Hoffnung. Ein Bekenntnis des Glaubens in dieser Zeit (Kommissionsbericht zur Zweiten Lesung), in: Synode 6/1975, 27–32.
6. Unsere Hoffnung – Ein Bekenntnis des Glaubens in dieser Zeit (Zweite Lesung), in: Gemeinsame Synode der Bistümer in der Bundesrepublik Deutschland. 8. Vollversammlung. Protokoll 18.–23. November 1975, hrsg. v. Sekretär der Gemeinsamen Synode der Bistümer in der Bundesrepublik Deutschland Josef Homeyer, Bonn 1975, 145–193.
7. Unsere Hoffnung. Ein Bekenntnis zum Glauben in dieser Zeit (Beschluss), in: Synode 4/1976, 5–22.
8. Unsere Hoffnung. Ein Beschluss der Gemeinsamen Synode der Bistümer in der Bundesrepublik Deutschland. Einleitung: Prof. Dr. Theodor Schneider, Bonn [1976] (Heftreihe Synodenbeschlüsse Nr. 18).
9. Unsere Hoffnung. Ein Bekenntnis zum Glauben in dieser Zeit. Einleitung: Prof. Dr. Theodor Schneider; Beschluss, in: Gemeinsame Synode der Bistümer in der Bundesrepublik Deutschland. Beschlüsse der Voll-

252 Anhang

versammlung. Offizielle Gesamtausgabe Bd. 1, hrsg. im Auftrag des Präsidiums der Gemeinsamen Synode der Bistümer in der Bundesrepublik Deutschland und der Deutschen Bischofskonferenz von L. Bertsch u. a., Freiburg/Basel/Wien 1976, 71–111.

10. Gemeinsame Synode der Bistümer in der Bundesrepublik Deutschland. Ergänzungsband: Arbeitspapiere der Sachkommissionen [Dokumentation, Register, Anhang]. Offizielle Gesamtausgabe Bd. 2, hrsg. im Auftrag des Präsidiums der Gemeinsamen Synode der Bistümer in der Bundesrepublik Deutschland und der Deutschen Bischofskonferenz von L. Bertsch u. a., Freiburg/Basel/Wien 1977.

11. Ulrich Boom, Unsere Hoffnung. Bilder aus dem Würzburger Dom, Würzburg 2016.

II. Textdokumentation

1. „Unsere Hoffnung". Ein Glaubensbekenntnis in dieser Zeit (Vorlage zur Ersten Lesung), in: Synode. Amtliche Mitteilungen der Gemeinsamen Synode der Bistümer in der Bundesrepublik Deutschland 1/1975, 1–16. Im Anmerkungsteil wurden die Korrekturen und Texteinschübe aus der Vorlage zur Zweiten Lesung (Synode 6/1975, 25–41) vermerkt und eingearbeitet.

2. Johann Baptist Metz: Mündlicher Bericht zur Ersten Lesung, in: Protokoll VII, TOP 3, 11–13. Die Diskussionsbeiträge des Berichterstatters wurden in den Anmerkungen ausgewiesen.

3. Johann Baptist Metz: Mündlicher Bericht zur Zweiten Lesung, in: Protokoll VIII, TOP 9, 146–150. Die Diskussionsbeiträge des Berichterstatters wurden in den Anmerkungen ausgewiesen.

III. Einleitungen, Exkurse, theologische Hintergrundprämissen des Credo-Konzepts der Würzburger Synode

1. Aktuelle Einleitung: Religion und Politik, in: Credo-Vorlesung, Münster WS (Wintersemester) 1981/82.

2. Einleitung, theologisch-biographisch, in: Credo-Vorlesung, Münster SS (Sommersemester) 1984.

3. Basistheologie und wissenschaftlich-akademische Theologie, in: Credo-Vorlesung, Münster WS 1977/W78 und WS 1979/80.

4. Vom inneren Antagonismus der Symbolik biblischer Gottesrede, in: Credo-Vorlesung, Münster WS 1977/78.

5. Nichts als Illusion (Projektion)?, in: Wiener Vorlesung SS 1996 (Einführung in das Christentum, gemeinsam mit Johann Reikerstorfer).

Quellenverzeichnis 253

6. Sitzhermeneutik und Weghermeneutik, in: Credo-Vorlesung, Münster WS 1977/78.
7. Der apokalyptische Gott – Annäherungen, in: Credo-Vorlesung, Münster WS 1977/78.
8. Brot des Überlebens. Das Lebensprinzip der Religion und die Überlebenskrise der Menschheit: Einleitung in die Credo-Vorlesung, Münster SS 1979. Rede auf dem Deutschen Evangelischen Kirchentag 1979 in Nürnberg; erstmals veröffentlicht im offiziellen Dokumentationsband des Kirchentages („Brot des Überlebens. Das Abendmahl der Christen als Vorzeichen einer anthropologischen Revolution"), Stuttgart – Berlin 1979, 342–351, sowie in: Forum Abendmahl, hrsg. v. G. Kugler, Gütersloh 1979, 15–29 (JBMGS 1, 182–193).
9. Hoffnung auf Reformation. Oder: die Zukunft des Christentums in einer nachbürgerlichen Welt. Einleitung in die Vorlesung, Münster WS 1979/80. (Diese Rede zum Reformationsfest in München, St. Matthäus, wurde erstmals abgedruckt in drei Folgen des Deutschen Allgemeinen Sonntagsblattes 1980: Nr. 2–4): JBMGS 1, 194–209.
10. Exkurs: Nachfolge-Christologie als Weg-Christologie: Vorlesung, Münster SS 77 (Nachfolgechristologie) und Wiener Vorlesung SS 1996 (Einführung in das Christentum, gemeinsam mit Johann Reikerstorfer).
11. Warum überhaupt Kirche? In: Vorlesung, Münster SS 1990 (Apologie der christlichen Gottesrede) und Auszug aus Wiener Vorlesung WS 1995/96 (Religion – Moral – Politik. Aus dem Problemkreis Politischer Theologie) sowie der Wiener Vorlesung SS 1996 (Einführung ins Christentum, gemeinsam mit Johann Reikerstorfer).
12. Konsequenzen für die Zukunft der Kirche: Beharrliche Entfaltung zweier Konzilsimpulse, in Vorlesung, Münster SS 1991 (Ekklesiologie: Kirche in der Welt von heute) und Wiener Vorlesung SS 1994 (An den Grenzen der Moderne I: Das Christentum in der „geistigen Situation der Zeit").
13. Der theologische Grundansatz im Spiegel der Kirchenbilder: Leib Christi, Communio, Volk Gottes, in: Vorlesung, Münster SS 1991 (Kirche in der Welt von heute) und Wiener Vorlesung SS 1996 (Einführung ins Christentum, gemeinsam mit J. Reikerstorfer).
13. Einheit, Heiligkeit, Katholizität, Apostolizität der Kirche. Unterwegs zu einem Paradigmenwechsel im Verständnis kirchlicher Kennzeichen, in: Vorlesung, Münster WS 1982/83 (Traktat über die Kirche), Vorlesung, Münster SS 1985 (Traktat über die Kirche), Vorlesung, Münster SS 1991 (Ekklesiologie: Kirche in der Welt von heute) und Wiener

Vorlesung SS 1994 (An den Grenzen der Moderne I. Das Christentum in der „geistigen Situation der Zeit").

14. Vier Dimensionen der Ökumene heute, Vorlesung, Münster WS 1982/ 83 (Traktat über die Kirche) und Wiener Vorlesung SS 1996 (Einführung ins Christentum, gemeinsam mit Johann Reikerstorfer)

Abkürzungsverzeichnis

DBW Dietrich Bonhoeffer Werke, hrsg. von Eberhard Bethge u. a., 17 Bände und 2 Ergänzungsbände, München 1986 ff.

JBMGS Johann Baptist Metz, Gesammelte Schriften, hrsg. von Johann Reikerstorfer, 9 Bände und 2 Teilbände, Freiburg i. Br. 2015–2018

KRSW Karl Rahner, Sämtliche Werke, hrsg. von der Karl-Rahner-Stiftung unter Leitung von Karl Kardinal Lehmann, Johann Baptist Metz, Albert Raffelt, Herbert Vorgrimler und Andreas R. Batlogg SJ, Freiburg i. Br. 1995–2018

KSA Friedrich Nietzsche, Sämtliche Werke. Kritische Studienausgabe in 15 Einzelbänden, hrsg. von Giorgio Colli und Mazzino Montinari, München – New York 1967 ff.

Konzilsbeschlüsse

DH	Erklärung über die Religionsfreiheit „Dignitatis humanae"
DV	Dogmatische Konstitution über die Offenbarung „Dei Verbum"
LG	Dogmatische Konstitution über die Kirche „Lumen gentium"
NA	Erklärung über das Verhältnis der Kirche zu den nichtchristlichen Religionen „Nostra aetate"

Personenregister

Adorno, Theodor W.   I 67, 101,
167, 281, 283 ff.; II 114, 203
Aland, Kurt   I 224 f.
Amery, Carl   I 245
Apollos   I 47; II 49
Aris, Marc-Aeilko   I 220
Augustinus, Aurelius   I 10, 131,
212, 218 f., 221 ff.

Barth, Karl   I 108, 227, 272; II 95
Bauer, Bruno   I 127
Beauvoir, Simone de   I 164
Ben-Chorin, Schalom   I 256
Benedikt von Nursia   II 104
Benjamin, Walter   I 281; II 96 f.,
114 f., 153, 156, 166, 168, 222
Benn, Gottfried   I 115
Berger, Peter L.   I 11, 291 f., 297;
II 13, 134
Bertsch, Ludwig   II 15, 252
Bethge, Eberhard   I 63, 151, 243;
II 143, 255
Bloch, Ernst   I 11, 167, 194 ff.,
260 f., 266–269, 273, 280, 284;
II 13, 114, 149, 200, 202
Bombacigno, Roberto   I 240
Bonald, Louis de   II 227
Bonhoeffer, Dietrich   I 63, 74, 85,
138, 151, 243; II 114, 143,
177 f., 189, 255
Boom, Ulrich   II 252
Boonen, Philipp   II 15
Braulik, Georg   I 59
Brecht, Bertolt   I 115, 156, 170 f.,
195; II 151
Brod, Max   I 255 f., 270

Buber, Martin   I 78 f., 258
Bultmann, Rudolf   II 154

Camus, Albert   I 114
Cardenal, Ernesto   II 99
Chesterton, Gilbert K.   I 99 f., 211
Clemens von Alexandrien   II 201
Colli, Giorgio   I 117; II 255

Dante, Alighieri   I 157
Darwin, Charles   I 247
Deibl, Jakob   I 20
Descartes, René   I 116; II 156
Diederich, Eugen   I 168
Dominikus   II 104
Döpfner, Julius   II 66, 82
Dorner, Albert   I 168
Dostojewski, Fjodor M.   I 114;
II 206

Eichinger, Franz   I 243
Emeis, Dieter   II 16
Enderwitz, Ulrich   I 100
Engels, Friedrich   I 126
Eppler, Erhard   I 246
Erdheim, Mario   I 123
Eusebius von Caesarea   I 220,
222

Feiertag, Michaela   I 20
Feuerbach, Ludwig   I 13, 70,
121 f., 126, 162, 164, 244;
II 132–138
Fischer, Henry   II 18, 56, 79
Forster, Karl   II 16, 69, 77 f.

Foucault, Michel I 94, 198
France, Anatole I 153
Franziskus II 104, 126, 189
Franziskus (Papst) II 15
Freud, Sigmund I 122 f., 125, 244, 246 f., 301; II 132
Friedlander, Albert H. I 115
Fromm, Erich I 156, 171
Funk, Rainer I 171

Gadamer, Hans-Georg II 144
Gebhardt, Carl I 240
Glockner, Hermann I 229
Gollwitzer, Helmut I 237, 290
Gumnior, Helmut I 282

Habermas, Jürgen I 11, 67, 94, 275, 291, 293; II 13, 93
Haecker, Theodor I 281
Hammerschmidt, Rudolf II 15
Harnack, Adolf von II 201
Hegel, Georg F.W. I 8, 90, 109, 126, 128 f., 163, 193, 229
Heinen, Wilhelm I 237
Hermann, Horst I 296
Hippolyt von Rom II 201
Hoffmeister, Johannes I 128
Homeyer, Josef II 15, 18, 251
Horkheimer, Max I 67, 281 f., 284; II 114

Illich, Ivan I 246, 248 f.
Imhof, Paul II 15
Irenäus II 201, 243

Johannes XXIII. II 182
John, Ottmar II 115, 222
Jüngel, Eberhard I 232, 272

Kafka, Franz I 270
Kamphaus, Franz I 19, II 64
Kant, Immanuel I 139; II 114
Karl der Große I 61
Karl V. I 224
Käsemann, Ernst I 215 f.
Kasper, Walter II 231
Kiefhaber, Martin I 168
Kierkegaard, Sören I 138, 167 f., 276, 296; II 114, 143, 145, 175, 189, 197, 205 f.
Klausener, Erich II 68 f., 78 f., 81
Konstantin der Große I 220, 226, 292
Köppen, Ulrich I 94, 198
Kronenberg, Friedrich II 15
Kugler, Georg II 253
Küng, Hans I 82, 296
Kuske, Martin I 74, 85; II 177

Lamennais, Robert de II 227
Lang, Albert I 211
Lang, Bernhard I 59
Laurien, Hanna-Renate II 67
Lehmann, Karl II 15, 17, 255
Lessing, Gotthold Ephraim I 276; II 142
Levinas, Emmanuel II 137, 196
Lohfink, Norbert I 59
Lorenz, Konrad I 177
Löwith, Karl II 133
Luther, Arthur II 206
Luther, Martin I 10, 212, 216, 218, 222, 224 ff., 228–232, 268, 270; II 12, 171, 173, 185, 205 f., 227

Machovec, Milan I 101
Maestre, Joseph-Marie de II 227

Personenregister

Marcuse, Herbert I 229, 231, 246 f., 249
Markion II 200 ff.
Marquard, Odo I 192
Marti, Kurt I 157
Marx, Karl I 8, 70, 90, 98, 122, 126 ff., 174, 244, 274, 276, 281; II 10, 90, 96, 114, 132, 153, 168 f.
Meadows, Dennis I 253
Meadows, Donella H. I 253
Meister Eckhart (Eckhart von Hochheim) I 229
Mensching, Gustav II 190
Metz, Johann Baptist I 1, 3, 12, 17 ff., 82, 93, 109, 112, 176, 204, 237 f., 275, 290, 297 f., 307; II 1, 3, 5, 15 f., 18 ff., 56, 67, 99, 137, 242, 252, 255
Michelangelo II 80
Milling, Peter I 253
Mitscherlich, Alexander I 167
Mitscherlich, Margarete I 167
Moltmann, Jürgen I 272, 290, 297
Montinari, Mazzino I 117; II 255
Müntzer, Thomas I 226

Nenning, Günther I 167
Nero I 210 f.
Nietzsche, Friedrich I 70, 90, 116 f., 260; II 132, 152, 160, 163 f., 169, 255
Noll, Monika I 100

Oelmüller, Willi I 290, 297
Origenes I 152, 220; II 201

Pannenberg, Wolfhart I 109, 290; II 135, 143
Pascal, Blaise I 88, 111
Paul VI. II 182, 246
Paulus (Apostel) I 10, 47, 51, 64 f., 79 ff., 83, 87, 139, 147 f., 203, 212–218, 232; II 12, 49, 52, 121, 148, 155, 158, 188, 193, 200, 243
Péguy, Charles II 67
Perl, Carl Johann I 219
Peterson, Erik I 88
Picht, Georg I 251
Pius IX. II 238
Pius XII. II 238
Platon I 93
Pottmeyer, Hermann J. II 231
Praher, Ingrid I 20

Raffelt, Albert II 255
Rahner, Karl I 185; II 114, 143, 194, 209, 214, 224, 241, 246, 255
Rahsin, Elisabeth K. I 114
Ratzinger, Joseph II 230
Reikerstorfer, Johann I 3, 20; II 3, 252–255
Reimarus, Hermann Samuel II 142
Ricoeur, Paul I 151
Röhl, Hermann II 206

Sauermost, Burkard II 16
Scheler, Max I 229 ff.
Schelling, Friedrich W. J. I 193
Schlier, Heinrich I 203, 205 f.
Schmid, Josef I 207

Schmidt, Alfred I 281, 283
Schmidtchen, Gerhard II 16
Schneider, Horst Philipp I 220
Schneider, Theodor II 15 ff.,
  19 f., 251
Schnurre, Wolfdietrich I 115
Schreiner, Josef I 237
Schrempf, Christoph I 168
Schröder, Brigitte I 20
Schweppenhäuser, Hermann
  II 97, 153, 156, 166, 168
Servatius, Bernhard II 67
Shakespeare, William I 276
Skinner, Burrhus Frederic I 178
Sloterdijk, Peter II 118
Sokrates II 108, 120, 144
Sölle, Dorothee I 184, 258, 271
Spaemann, Robert I 236
Spinoza, Baruch de I 240; II 142
Stimpfle, Josef II 63
Stingl, Josef II 67

Tacitus I 210
Taubes, Jacob II 193, 200
Tertullian II 201
Thomas von Aquin I 93, 131,
  145, 155, 216, 282; II 136
Tiedemann, Rolf I 101, 167;
  II 97, 153, 156, 166, 168, 203
Tödt, Ilse I 74, 85; II 177

Uhl, Hardee I 115

Vogel, Bernhard II 56
Vorgrimler, Herbert II 255

Wasmuth, Ewald I 88
Weber, Stephan I 19
Wellershoff, Dieter I 115
Werner, Hans II 18, 23, 62
Wolff, Hanna I 156

Zahn, Erich I 253
Zulehner, Paul M. II 15